LE PANLATINISME

CONFÉDÉRATION

GALLO-LATINE

ET

CELTO-GAULOISE

CONTRE-TESTAMENT DE PIERRE LE GRAND

ET

CONTRE-PANSLAVISME

PARIS

PASSARD, LIBRAIRE-ÉDITEUR
7 RUE DES GRANDS-AUGUSTINS

1860

PASSARD, ÉDITEUR, 7, RUE DES GRANDS-AUGUSTINS, A PARIS.

LE PANLATINISME

CONFÉDÉRATION

GALLO-LATINE

ET CELTO-GAULOISE

CONTRE-TESTAMENT DE PIERRE LE GRAND

ET CONTRE-PANSLAVISME

ou

PROJET D'UNION FÉDÉRATIVE DES PEUPLES

GALLO-LATINS :

LES FRANÇAIS, BELGES, ITALIENS, ESPAGNOLS ET PORTUGAIS ;

GRÉCO-LATINS : LES GRECS LIBRES ; ANGLO-GALLO-LATINS : LES ANGLAIS ;

CELTO-GAULOIS, DE RACE PURE :

LES IRLANDAIS, ÉCOSSAIS, GALLOIS, CORNWAILLAIS, ETC.

OUVRAGE SUIVI DU

TRAITÉ DE PARIS, DE SES ANNEXES, ETC.

Un volume in-8°

PRIX : **3 FR. 50 CENT.**

Et franc de port, 4 francs.

Sous presse : **DU PANSLAVISME,** ou Examen d'un Projet de confédération des peuples D'ORIGINE SLAVONNE, les Russes, les Polonais, les Tscheks ou Bohêmes et les Illyriens, brochure in-8°.

NOTA. Il y a parenté de sang et de langage entre les Russes, les Polonais, les Bohêmes et les Illyriens, comme il y a parenté de sang et de langage entre les Français, les Italiens, les Espagnols, les Portugais, etc., qui sont issus du mélange des Gaulois, des Ibères et des Romains; les langues française, italienne, espagnole et portugaise sont issues du latin comme les langues russe, polonaise, bohême, illyrienne et illyro-serbe sont issues de l'ancien slavon, de là le nom de peuples slaves donné aux uns et celui de peuples latins ou gallo-latins donné aux autres.

En vente : **TESTAMENT DE PIERRE LE GRAND,** ou Plan de domination européenne, etc., avec pièces justificatives, brochure in-8°. — Prix : 1 fr.

LE PANLATINISME ET LE MÉMORANDUM DU GÉNÉRAL GARIBALDI COMPARÉS, piqûre in-8°.

Opinions et contradictions des principaux historiens sur nos origines nationales ?

D'OÙ IL RÉSULTERAIT, SUIVANT QUELQUES-UNS, QUE LES CELTES ET LES GAULOIS ÉTAIENT UN PEUPLE IDENTIQUE, ET SUIVANT D'AUTRES, QUE LES BELGES SERAIENT D'ORIGINE GERMANIQUE, TANDIS QUE L'AUTEUR DU « PANLATINISME » SOUTIENT, A L'AIDE D'ARGUMENTS FAUSSEMENT INTERPRÉTÉS JUSQU'A CE MOMENT, QUE LES CELTES ET LES GAULOIS FORMAIENT DEUX PEUPLES DISTINCTS, ET QUE LES

Toute la Gaule est divisée en trois parties, dont l'une est habitée par les Belges, l'autre par les Aquitains, et la troisième par ceux que nous appelons Gaulois, *et qui, dans leur langue, se nomment Celtes.* Ces nations diffèrent entre elles par le langage, les mœurs et les lois. Les Gaulois sont séparés des Aquitains par la Garonne et les Belges par la Seine.   Jules César. Traduction Artaud; édition Panckoucke.

La race celtique s'est répandue dans l'Europe par diverses routes et à des époques qui sont antérieures à celles où commencent les connaissances historiques; ses invasions ont déterminé la formation des nations civilisées de l'antiquité; les peuples principaux de cette race sont dans l'ordre de leur arrivée, les *Pélasges*, les *Ibères* et les *Galls* ou *Keltes*[2].   Lavallée.

La race teutonique remplaça la race celtique dans la partie que celle-ci abandonnait[3] et elle se trouva placée au nord des Galls dans toute la largeur de l'Europe depuis le pont Euxin jusqu'à la mer de Scandinavie. Les principaux peuples de cette race étaient les *Kimris*[4], voisins du Pont-Euxin et des Palus Méotides: les *Goths* qui peuplaient la presqu'île de Scandinavie; les *Teutons* voisins de la mer Baltique.   Le même.

Nota. Voici les Belges désignés ici sous le nom de Kimris présentés comme d'origine teutonique ou germanique.

Trois ou quatre cents peuplades divisées en trois grandes familles, les *Celtes* ou *Galls*, les *Belges* ou *Kymris*, et les *Ibères* ou *Vascons* se partageaient anciennement le territoire gaulois.   Duruy, *Histoire de France*, t. 1er. Paris, Hachette, 1860.

Nota. Les voici présentés comme différents des Galls, ce qui devra paraître singulier si on veut bien réfléchir que c'est seulement dans la partie de la Gaule qui portait le nom de Belgique, que le nom de ces derniers s'est conservé jusqu'à nos jours chez les Wallons (ou Gallons), Gallois ou Gaulois, et ce qu'il y a de plus extraordinaire, c'est que c'est dans le pays wallon, le pays des trouvères (l'Artois, le Cambrésis, etc.), que la langue d'oïl, la langue française, celle que nous parlons, a pris naissance. Si au nord du pays wallon on trouve aujourd'hui des Germains, cela n'a rien d'étonnant, les invasions franques doivent être comptées pour quelque chose. Henri Martin nous apprend en outre que Charlemagne transporta des Saxons dans la Flandre.

Les Gaulois sont nos ancêtres. Leurs tombeaux sont les plus anciens que l'on découvre en creusant notre sol. Les invasions romaines et franques ont modifié notre antique nationalité, mais seulement à la surface: le fond de la population attachée aux travaux de la terre toujours resta le même. . . . . . .   Henri Bordier et Édouard Charton.

Nos ancêtres, dans leur langue, se nommaient *Gaels*. Les Grecs les appelaient *Galates* ou *Keltes*; les Romains *Galli*, c'est de ce dernier nom que l'on a fait au moyen âge le mot *Gaulois*. . . . .   Les mêmes.

Jules César dit que ceux que les Romains appelaient Gaulois se nommaient eux-mêmes Celtes (Keltes). Voici maintenant MM. Bordier et Charton qui disent qu'ils se nommaient Gaels, et que ce sont les Grecs qui les nommaient Keltes; confusion que tout cela.

Dans l'intervalle des années 631 à 587 av. J.-C. le nord de la Gaule fut envahi et bouleversé par un peuple qui, dans la marche des races antiques, suivait les *Gaels primitifs.* C'étaient les *Kimris.* Ils se répandirent dans les îles Britanniques, dans la Gaule entière jusqu'à la Garonne, et se maintinrent en masses compactes entre le Rhin, par lequel ils avaient débouché, l'Océan et la Seine. Peu différents de la race gallique, ils se fondirent

1. Le W n'est ici que supposé pour montrer le rapprochement, mais supposé avec quelque apparence de raison, car M. H. Martin nous apprend que la permutation du B en W est fréquente dans les langues celtiques. Il eût même dû y ajouter le G, et dire que cette permutation existait aussi dans les langues ibériques, comme nous en avons ci-dessus un exemple dans Gascons, que M. Duruy écrit Vascons; on prononce indifféremment Bascons, Gascons, Vascons, qui ne sont que des variantes de Basque, Gasque, Vasque. Le B, le G et le W ont dû permuter de même dans Baëls, Gaëls, Waëls; de là *Belges* (ou Baëls) en Belgique, Gaels, en Écosse, et Welshs (ou Waels) dans la principauté de Galles, que les Anglais écrivent *principality of Wales*, et cela, suivant que dans telle ou telle contrée on a adopté plus particulièrement le B, le G ou le W.
    Voir ce que dit Henri Martin des premiers habitants des rives de la Garonne, que nous appelons Gascons, et qu'il nomme Basques ou Wasques dans le tome 1er de son *Histoire de France*, 1855, page 4.
    En glissant un *a* entre les deux premières lettres de Belges, on a Baelges, et en permutant le W de Waels en B on a Baels, que dans les langues gothiques on doit prononcer Baelches; les Anglais écrivent Welshs, qu'à la manière française il faudrait prononcer Velces, et qu'ils prononcent Ouelches.
    Un ancien professeur nous dit que nos ancêtres ne prononçaient pas leur nom Waels ou Gaels, mais au contraire Ouals ou même plutôt Hhouals, ce qui nous fait supposer que la prononciation du W anglais en *ou*, comme dans Oualter Scott pour Valter Scott, doit être d'origine gauloise, car dans les langues gothiques le W se prononce comme chez nous à la manière du V simple. Beaucoup d'observations pourraient être faites à l'appui de cette opinion, mais la dimension d'un prospectus ne le permet pas.
2. Du mot celtique *Gaels* les Grecs ont fait *Keltes*, et les Romains *Galli*.   Lavallée.
    Si de *Gaels* les Grecs ont fait Keltes, que l'on nous montre la filiation et nous y croirons, en attendant nous contestons.
3. C'est *dont celle-ci était dépossédée* qu'il fallait dire.
4. Appelé *Cimmériens* par les Grecs et *Cimbres* par les Romains.

avec elle autant qu'ils la refoulèrent, et devinrent les Gaulois du nord qu'on appela aussi *Belges*.
LES MÊMES.

Les Belges ne devinrent point les Gaulois du Nord parce qu'ils étaient les véritables Gaels, les autres étaient Celtes ou Keltes.

Dans les chroniques de l'Irlande, les envahisseurs de diverses races venus d'Angleterre *et du pays des Belges sont des Galls*.
MOKE.

En parlant de la masse entière des peuples appelés Gaulois (les Gaulois et les Celtes), Michelet s'exprime ainsi : . . . . Le génie de ces *Galls* ou *Celtes* n'est d'abord autre chose que mouvement, attaque et conquête, etc. . . . .

Les Galls et les Ibères formaient un parfait contraste. . . . . .
MICHELET.

Lavallée dit que les Galls et les Ibères étaient Celtes, voici maintenant Michelet qui dit qu'ils formaient un parfait contraste ; d'après Moke ce seraient les Celtes qui seraient des Ibères. Voilà comme les historiens sont d'accord. Comment étudier l'histoire de notre pays en présence de semblables contradictions.

Les Galls ne se contentèrent pas de refouler les Ibères jusqu'aux Pyrénées, ils franchirent ces montagnes, s'établirent aux deux angles sud-ouest et nord-ouest de la Péninsule sous leur propre nom ; au centre, se mêlant aux vaincus, ils prirent les noms de Celtibériens et de Lusitaniens. . . . .
LE MÊME.

Aussi loin que l'on puisse remonter dans l'histoire de l'occident on trouve la race des Galls occupant le territoire continental compris entre le Rhin, les Alpes, les Pyrénées et l'Océan. . . . .
AMÉDÉE THIERRY.

La société politique (des Galls) avait pour éléments la famille ou la tribu. LE MÊME.

Telle était la confédération des *Celtes* ou tribus des bois qui habitaient les vastes forêts [1] situées alors entre les Cévennes, l'Océan, la Garonne et le pied des monts arvernes, etc.
LE MÊME.

Les premiers hommes qui peuplèrent le centre et l'ouest de l'Europe furent les Gaulois, nos véritables ancêtres.
HENRI MARTIN.

Les premiers hommes qui peuplèrent l'ouest de l'Europe furent les Ibères, qui furent suivis des Celtes, comme ceux-ci le furent des Gaels, Waels, Welshes ou Belges. On suppose même maintenant que des *Finnois* auraient précédé les *Ibères ;* il est vrai qu'on prétend aussi que ces derniers étaient de race *finnoise*, peut-être les Ibères sont-ils mélangés de Finnois. C'est une question à examiner.

La race des Gaëls apparaît à l'origine de l'histoire divisée en un grand nombre de peuplades indépendantes, mais agglomérées en plusieurs groupes par des liens fédératifs. Un de ces groupes acquit une telle importance dans la Gaule primitive que son nom a été souvent attribué à la race gauloise tout entière : c'était la fameuse confédération des Celtes.
LE MÊME.

Une population caractérisée par une témérité confiante, des dispositions guerrières, une intelligence vive et ingénieuse, des penchants aventureux et mobiles, paraît avoir habité depuis les temps les plus reculés cette grande contrée connue dans l'antiquité sous le nom de *Celtique*, puis célèbre sous le nom de *Gaule* et aujourd'hui illustre sous le nom de France.
ABEL HUGO.

L'identité des Galls et des Celtes est admise par tous les écrivains anciens, c'était un même peuple connu sous deux appellations différentes.
LE MÊME.

Pages 50 et suivantes du « Panlatinisme, » ces pensées et opinions sur nos origines se trouvent complètement réfutées en ce qui concerne les noms des Celtes et des Gaulois.

TABLE DES MATIÈRES DU PANLATINISME.

Pages.

Au lecteur... 4
Des races européennes... 5
Race slave.. 5
Race gothique... 7
Race gallo-latine... 7
Race tartare.. 9
Race juive.. 10
Race euskarienne ou basque.. 11

1. De ce qu'en Irlande Celte signifie habitant des bois, M. Amédée Thierry en conclut qu'il en a été de même dans la Gaule, mais les forêts dont il est ici question nous paraissent avoir pris naissance dans l'imagination de M. Thierry, au moins celles dont les Celtes auraient pris le nom, car nous ne contestons pas qu'il y ait eu des forêts dans la Gaule.

Singulier peuple que ce peuple celte pour aimer les bois et pour avoir la chance d'en trouver à son gré partout où il porte ses pas.

Les Celtes, Keltes ou Koïltes ont dû, en Irlande, donner leur nom aux forêts lorsqu'ils s'y sont réfugiés, et non le recevoir d'elles. Voilà pourquoi nous le supposons : Koïlte y signifie à la fois *forêt* et *habitant des bois*.

	Pages.
Race bohémienne	11
Types comparés des Galls et des Kimris	80
Tableau de la population de l'empire chinois	80
Encore un mot sur le nom des Belges ou Gaulois[1], ou comme quoi les Belges sont les véritables Gaulois, et comme quoi les Celtes ne le sont pas	137

> 1. L'auteur donne 82 variantes ou formes différentes du mot *Gaulois* avec leur concordance entre elles et l'indication des sources où il les a puisées.

La Roumanie, sentinelle perdue du monde romain dans l'orient européen	148
Notes et pièces historiques et justificatives	161
Note A. Sur les Cosaques	161
Note B. Sur la langue anglaise et sur l'époque où elle a dû cesser d'être appelée saxonne	162
Note C. Sur divers paronymes romano-latins qu'il ne faut pas confondre	163
Note D. Sur la langue hongroise, etc	165
Note E. Sur les Finlandais	166
Note F. Sur les Bohémiens	167
Note G. Sur l'unité de langage en France	170
Note H. Sur les Hongrois et leurs différentes appellations	171
Note I. Sur la germanisation de la Hongrie	172
Note J. Sur la situation des Slaves (Croates et autres) en Hongrie	173
Note K. Sur divers paronymes slavons qu'il ne faut pas confondre	177
Notes L et EE. Sur la Hongrie	178
Populations hongroises d'après M. Paul de Bourgoing	185
» » un Hongrois, M. Fényes	186
» » une brochure intitulée : *la Question hongroise*, par un autre Hongrois	195
Notes M et N. Sur les Slaves et sur leurs appellations	197
Note O. Sur les Slaves et le congrès de Prague	203
Note P. Sur les Slaves par rapport au panslavisme	204
Note Q. Sur les langues dérivées du latin	205
Note R. Sur l'Italie, tirée de Masselin	206
Note S. Sur les Gaulois et Alexandre le Grand	207
Note S *bis*. Sur les Grecs, frères des Latins	208
Note T. Sur une rencontre de Gallois et de Gallo-Bretons après une séparation de treize siècles, et sur une rencontre de Gallo-Ambrons barbares et de Gallo-Ambrons romains après une séparation de neuf siècles	209
Note U. Sur la confusion des Celtes et des Gaulois	210
Note V. Sur les Celtes et autres populations irlandaises	211
Note V *bis*. Sur la synonymie du mot Gael et sur celle du mot Celte	211
Note X. Sur l'île de Gottland	212
Note Y. Sur le mot Gall ou G'hall	213
Note Z. Sur le mot gallique *Tachd* et sur le mot gothique *Land*	214
Note AA. Sur le mot *Gwyddelod*, donné à tort par H. Martin comme paronyme de Gaël	214
Note BB. Sur la propagation de certaines erreurs	216
Note CC. Remplacée par « Encore un mot sur le nom des Belges ou Gaulois »	137
Note » . Sur les Anglo-Américains	217
Note CC *bis*. Sur les Chinois	217
Pensées sur les Chinois	221
Note » Circulaire de M. le prince Gortschakoff	222
Note DD. Sur quelques moyens qui pourront être employés pour fertiliser le Sahara	225
Note EE. Réunie à la note L	178
Note FF. Sur la page où sont comparées les langues anglaise, française et allemande	223
Note GG. Ou acte de navigation de Cromwell	228
Note HH. Sur la révolution américaine	231
Note II. Sur l'Angleterre comparée avec Carthage	231
Note JJ. Sur l'Angleterre et la France	232
Traité de Paris	235

PASSARD, ÉDITEUR, 7, RUE DES GRANDS-AUGUSTINS, A PARIS.

LE PANLATINISME

CONFÉDÉRATION

GALLO-LATINE

ET CELTO-GAULOISE

CONTRE-TESTAMENT DE PIERRE LE GRAND

ET CONTRE-PANSLAVISME

OU

PROJET D'UNION FÉDÉRATIVE DES PEUPLES

GALLO-LATINS :

LES FRANÇAIS, BELGES, ITALIENS, ESPAGNOLS ET PORTUGAIS;

GRÉCO-LATINS : LES GRECS LIBRES; **ANGLO-GALLO-LATINS :** LES ANGLAIS;

CELTO-GAULOIS, DE RACE PURE :

LES IRLANDAIS, ÉCOSSAIS, GALLOIS, CORNWAILLAIS, ETC.

OUVRAGE SUIVI DU

TRAITÉ DE PARIS, DE SES ANNEXES, ETC.

> Un volume in-8°
> PRIX : **3 FR. 50 CENT.**
> Et franc de port, 4 francs.

Sous presse : **DU PANSLAVISME**, ou Examen d'un Projet de confédération des peuples D'ORIGINE SLAVONNE, les Russes, les Polonais, les Tscheks ou Bohêmes et les Illyriens [1], brochure in-8°.

NOTA. Il y a parenté de sang et de langage entre les Russes, les Polonais, les Bohêmes et les Illyriens, comme il y a parenté de sang et de langage entre les Français, les Italiens, les Espagnols, les Portugais, etc., qui sont issus du mélange des Gaulois, des Ibères et des Romains; les langues française, italienne, espagnole et portugaise sont issues du latin comme les langues russe, polonaise, bohême, illyrienne et illyro-serbe sont issues de l'ancien slavon, de là le nom de peuples slaves donné aux uns et celui de peuples latins ou gallo-latins donné aux autres.

En vente : **TESTAMENT DE PIERRE LE GRAND**, ou Plan de domination européenne, etc., avec pièces justificatives, brochure in-8°. — Prix : 1 fr.

LE PANLATINISME ET LE MEMORANDUM DU GÉNÉRAL GARIBALDI COMPARÉS, piqûre in-8°.

Opinions et contradictions des principaux historiens sur nos origines nationales

D'OÙ IL RÉSULTERAIT, SUIVANT QUELQUES-UNS, QUE LES CELTES ET LES GAULOIS ÉTAIENT UN PEUPLE IDENTIQUE, ET SUIVANT D'AUTRES, QUE LES BELGES SERAIENT D'ORIGINE GERMANIQUE, TANDIS QUE L'AUTEUR DU « PANLATINISME » SOUTIENT, A L'AIDE D'ARGUMENTS FAUSSEMENT INTERPRÉTÉS JUSQU'A CE MOMENT, QUE LES CELTES ET LES GAULOIS FORMAIENT DEUX PEUPLES DISTINCTS, ET QUE LES

Toute la Gaule est divisée en trois parties, dont l'une est habitée par les Belges, l'autre par les Aquitains, et la troisième par ceux que nous appelons Gaulois, *et qui, dans leur langue, se nomment Celtes*. Ces nations diffèrent entre elles par le langage, les mœurs et les lois. Les Gaulois sont séparés des Aquitains par la Garonne et les Belges par la Seine. JULES CÉSAR. Traduction Artaud ; édition Panckoucke.

La race celtique s'est répandue dans l'Europe par diverses routes et à des époques qui sont antérieures à celles où commencent les connaissances historiques ; ses invasions ont déterminé la formation des nations civilisées de l'antiquité ; les peuples principaux de cette race sont dans l'ordre de leur arrivée, les *Pélasges*, les *Ibères* et les *Galls* ou *Keltes* [2]. LAVALLÉE.

La race teutonique remplaça la race celtique dans la partie que celle-ci abandonnait [3] et elle se trouva placée au nord des Galls dans toute la largeur de l'Europe depuis le pont Euxin jusqu'à la mer de Scandinavie. Les principaux peuples de cette race étaient les *Kimris* [4], voisins du Pont-Euxin et des Palus Méotides : les *Goths* qui peuplaient la presqu'île de Scandinavie ; les *Teutons* voisins de la mer Baltique. LE MÊME.

NOTA. Voici les Belges désignés ici sous le nom de Kimris présentés comme d'origine teutonique ou germanique.

Trois ou quatre cents peuplades divisées en trois grandes familles, les *Celtes* ou *Galls*, les *Belges* ou *Kymris*, et les *Ibères* ou *Vascons* se partageaient anciennement le territoire gaulois. DURUY, *Histoire de France*, t. Ier. Paris, Hachette, 1860.

NOTA. Les voici présentés comme différents des Galls, ce qui devra paraître singulier si on veut bien réfléchir que c'est seulement dans la partie de la Gaule qui portait le nom de Belgique, que le nom de ces derniers s'est conservé jusqu'à nos jours chez les Wallons (ou Gallons), Gallois ou Gaulois, et ce qu'il y a de plus extraordinaire, c'est que c'est dans le pays wallon, le pays des trouvères (l'Artois, le Cambrésis, etc.), que la langue d'oïl, la langue française, celle que nous parlons, a pris naissance. Si au nord du pays wallon on trouve aujourd'hui des Germains, cela n'a rien d'étonnant, les invasions franques doivent être comptées pour quelque chose, Henri Martin nous apprend en outre que Charlemagne transporta des Saxons dans la Flandre.

Les Gaulois sont nos ancêtres. Leurs tombeaux sont les plus anciens que l'on découvre en creusant notre sol. Les invasions romaines et franques ont modifié notre antique nationalité, mais seulement à la surface : le fond de la population attachée aux travaux de la terre toujours resta le même. . . . . . . HENRI BORDIER et ÉDOUARD CHARTON.

Nos ancêtres, dans leur langue, se nommaient *Gaels*. Les Grecs les appelaient *Galates* ou *Keltes* ; les Romains *Galli*, c'est de ce dernier nom que l'on a fait au moyen âge le mot *Gaulois*. . . . . LES MÊMES.

Jules César dit que ceux que les Romains appelaient Gaulois se nommaient eux-mêmes Celtes (Keltes). Voici maintenant MM. Bordier et Charton qui disent qu'ils se nommaient Gaels, et que ce sont les Grecs qui les nommaient Keltes ; confusion que tout cela.

Dans l'intervalle des années 631 à 587 av. J.-C. le nord de la Gaule fut envahi et bouleversé par un peuple qui, dans la marche des races antiques, suivait les *Gaels primitifs*. C'étaient les *Kimris*. Ils se répandirent dans les îles Britanniques, dans la Gaule entière jusqu'à la Garonne, et se maintinrent en masses compactes entre le Rhin, par lequel ils avaient débouché, l'Océan et la Seine. Peu différents de la race gallique, ils se fondirent

---

1. Le W n'est ici que supposé pour montrer le rapprochement, mais supposé avec quelque apparence de raison, car M. H. Martin nous apprend que la permutation du B en W est fréquente dans les langues celtiques. Il eût même dû y ajouter le G, et dire que cette permutation existait aussi dans les langues ibériques, comme nous en avons ci-dessus un exemple dans Gascons, que M. Duruy écrit Vascons ; on prononce indifféremment Bascons, Gascons, Vascons, qui ne sont que des variantes de Basque, Gasque, Vasque. Le B, le G et le W ont dû permuter de même dans Baels, Gaels, Waels ; de là *Belges* (ou Baels) en Belgique, Gaels, en Ecosse ; et Welshs (ou Waels) dans la principauté de Galles, que les Anglais écrivent *principality of Wales*, et cela, suivant que dans telle ou telle contrée on a adopté plus particulièrement le B, le G ou le W.
Voir ce que dit Henri Martin des premiers habitants des rives de la Garonne, que nous appelons Gascons, et qu'il nomme Basques ou Wasques dans le tome Ier de son *Histoire de France*, 1855, page 4.
En glissant un *a* entre les deux premières lettres de Belges, on a Baelges, et en permutant le W de Waels en B on a Baels, que dans les langues gothiques on doit prononcer Baelches ; les Anglais écrivent Welshs, qu'à la manière française il faudrait prononcer Velces, et qu'ils prononcent Ouelches.
Un ancien professeur nous dit que nos ancêtres ne prononçaient pas leur nom Waels ou Gaels, mais au contraire Ouals ou même plutôt Hhouals, ce qui nous fait supposer que la prononciation du W anglais en *ou*, comme dans Oualter Scott pour Valter Scott, doit être d'origine gauloise, car dans les langues gothiques le W se prononce comme chez nous à la manière du V simple. Beaucoup d'observations pourraient être faites à l'appui de cette opinion, mais la dimension d'un prospectus ne le permet pas.
2. Du mot celtique Gaels les Grecs ont fait Keltes, et les Romains Galli. LAVALLÉE.
Si de Gaels les Grecs ont fait Keltes, que l'on nous montre la filiation et nous y croirons, en attendant nous contestons.
3. C'est *dont celle-ci était dépossédée* qu'il fallait dire.
4. Appelé *Cimmériens* par les Grecs et *Cimbres* par les Romains.

avec elle autant qu'ils la refoulèrent, et devinrent les Gaulois du nord qu'on appela aussi *Belges*. LES MÊMES.

Les Belges ne devinrent point les Gaulois du Nord parce qu'ils étaient les véritables Gaels, les autres étaient Celtes ou Keltes.

Dans les chroniques de l'Irlande, les envahisseurs de diverses races venus d'Angleterre *et du pays des Belges sont des Galls.* MOKE.

En parlant de la masse entière des peuples appelés Gaulois (les Gaulois et les Celtes), Michelet s'exprime ainsi : . . . . Le génie de ces *Galls* ou *Celtes* n'est d'abord autre chose que mouvement, attaque et conquête, etc. . . . .

Les Galls et les Ibères formaient un parfait contraste. . . . . . MICHELET.

Lavallée dit que les Galls et les Ibères étaient Celtes, voici maintenant Michelet qui dit qu'ils formaient un parfait contraste ; d'après Moke ce seraient les Celtes qui seraient des Ibères. Voilà comme les historiens sont d'accord. Comment étudier l'histoire de notre pays en présence de semblables contradictions.

Les Galls ne se contentèrent pas de refouler les Ibères jusqu'aux Pyrénées, ils franchirent ces montagnes, s'établirent aux deux angles sud-ouest et nord-ouest de la Péninsule sous leur propre nom ; au centre, se mêlant aux vaincus, ils prirent les noms de Celtibériens et de Lusitaniens. . . . . LE MÊME.

Aussi loin que l'on puisse remonter dans l'histoire de l'occident on trouve la race des Galls occupant le territoire continental compris entre le Rhin, les Alpes, les Pyrénées et l'Océan. . . . . AMÉDÉE THIERRY.

La société politique (des Galls) avait pour éléments la famille ou la tribu. LE MÊME.

Telle était la confédération des *Celtes* ou tribus des bois qui habitaient les vastes forêts[1] situées alors entre les Cévennes, l'Océan, la Garonne et le pied des monts arvernes, etc. LE MÊME.

Les premiers hommes qui peuplèrent le centre et l'ouest de l'Europe furent les Gaulois, nos véritables ancêtres. HENRI MARTIN.

Les premiers hommes qui peuplèrent l'ouest de l'Europe furent les Ibères, qui furent suivis des Celtes, comme ceux-ci le furent des Gaels, Waels, Welshes ou Belges. On suppose même maintenant que des *Finnois* auraient précédé les *Ibères ;* il est vrai qu'on prétend aussi que ces derniers étaient de race *finnoise*, peut-être les Ibères sont-ils mélangés de Finnois. C'est une question à examiner.

La race des Gaëls apparaît à l'origine de l'histoire divisée en un grand nombre de peuplades indépendantes, mais agglomérées en plusieurs groupes par des liens fédératifs. Un de ces groupes acquit une telle importance dans la Gaule primitive que son nom a été souvent attribué à la race gauloise tout entière : c'était la fameuse confédération des Celtes. LE MÊME.

Une population caractérisée par une témérité confiante, des dispositions guerrières, une intelligence vive et ingénieuse, des penchants aventureux et mobiles, paraît avoir habité depuis les temps les plus reculés cette grande contrée connue dans l'antiquité sous le nom de *Celtique*, puis célèbre sous le nom de *Gaule* et aujourd'hui illustre sous le nom de France. ABEL HUGO.

L'identité des Galls et des Celtes est admise par tous les écrivains anciens, c'était un même peuple connu sous deux appellations différentes. LE MÊME.

Pages 50 et suivantes du « Panlatinisme, » ces pensées et opinions sur nos origines se trouvent complétement réfutées en ce qui concerne les noms des Celtes et des Gaulois.

TABLE DES MATIÈRES DU PANLATINISME.

	Pages.
AU LECTEUR	1
DES RACES EUROPÉENNES	5
Race slave	5
Race gothique	7
Race gallo-latine	7
Race tartare	9
Race juive	10
Race euskarienne ou basque	11

1. De ce qu'en Irlande Celte signifie habitant des bois, M. Amédée Thierry en conclut qu'il en a été de même dans la Gaule, mais les forêts dont il est ici question nous paraissent avoir pris naissance dans l'imagination de M. Thierry, au moins celles dont les Celtes auraient pris le nom, car nous ne contestons pas qu'il y ait eu des forêts dans la Gaule.

Singulier peuple que ce peuple celte pour aimer les bois et pour avoir la chance d'en trouver à son gré partout où il porte ses pas.

Les Celtes, Keltes ou Koïltes ont dû, en Irlande, donner leur nom aux forêts lorsqu'ils s'y sont réfugiés, et non le recevoir d'elles. Voilà pourquoi nous le supposons : Koïlte y signifie à la fois *forêt* et *habitant des bois.*

Race bohémienne... 11
Types comparés des Galls et des Kimris... 80
Tableau de la population de l'empire chinois.. 80

> Encore un mot sur le nom des Belges ou Gaulois[1], ou comme quoi les Belges sont
> les véritables Gaulois, et comme quoi les Celtes ne le sont pas........... 137
>
> 1. L'auteur donne 39 variantes ou formes différentes du mot *Gaulois* avec leur concordance entre elles et l'indication des sources où il les a puisées.

La Roumanie, sentinelle perdue du monde romain dans l'orient européen........... 148
Notes et pièces historiques et justificatives...................................... 161
Note A. Sur les Cosaques.. 161
Note B. Sur la langue anglaise et sur l'époque où elle a dû cesser d'être appelée saxonne. 162
Note C. Sur divers paronymes romano-latins qu'il ne faut pas confondre............. 163
Note D. Sur la langue hongroise, etc... 165
Note E. Sur les Finlandais... 166
Note F. Sur les Bohémiens.. 167
Note G. Sur l'unité de langage en France... 170
Note H. Sur les Hongrois et leurs différentes appellations......................... 171
Note I. Sur la germanisation de la Hongrie... 172
Note J. Sur la situation des Slaves (Croates et autres) en Hongrie................. 173
Note K. Sur divers paronymes slavons qu'il ne faut pas confondre................... 177
Notes L et EE. Sur la Hongrie.. 173
    Populations hongroises d'après M. Paul de Bourgoing.................... 185
    »   » un Hongrois, M. Fényes..................... 186
    »   » une brochure intitulée : *la Question hongroise*,
    par un autre Hongrois.. 195
Notes M et N. Sur les Slaves et sur leurs appellations............................. 197
Note O. Sur les Slaves et le congrès de Prague..................................... 203
Note P. Sur les Slaves par rapport au panslavisme.................................. 204
Note Q. Sur les langues dérivées du latin.. 205
Note R. Sur l'Italie, tirée de Masselin.. 206
Note S. Sur les Gaulois et Alexandre le Grand...................................... 207
Note S *bis*. Sur les Grecs, frères des Latins..................................... 208
Note T. Sur une rencontre de Gallois et de Gallo-Bretons après une séparation de
    treize siècles, et sur une rencontre de Gallo-Ambrons barbares et de Gallo-Am-
    brons romains après une séparation de neuf siècles................. 209
Note U. Sur la confusion des Celtes et des Gaulois................................. 210
Note V. Sur les Celtes et autres populations irlandaises........................... 211
Note V *bis*. Sur la synonymie du mot Gael et sur celle du mot Celte............... 211
Note X. Sur l'île de Gottland.. 212
Note Y. Sur le mot Gall ou C'hall.. 213
Note Z. Sur le mot gallique *Tachd* et sur le mot gothique *Land*................. 214
Note AA. Sur le mot *Gwyddelod*, donné à tort par H. Martin comme paronyme de Gaël. 214
Note BB. Sur la propagation de certaines erreurs................................... 216
Note CC. Remplacée par « Encore un mot sur le nom des Belges ou Gaulois »........ 137
Note » . Sur les Anglo-Américains... 217
Note CC *bis*. Sur les Chinois... 217
Pensées sur les Chinois.. 221
Note » Circulaire de M. le prince Gortschakoff............................... 222
Note DD. Sur quelques moyens qui pourront être employés pour fertiliser le Sahara.. 225
Note EE. Réunie à la note L.. 178
Note FF. Sur la page où sont comparées les langues anglaise, française et allemande. 228
Note GG. Ou acte de navigation de Cromwell... 228
Note HH. Sur la révolution américaine.. 231
Note II. Sur l'Angleterre comparée avec Carthage.................................. 231
Note JJ. Sur l'Angleterre et la France... 232
Traité de Paris.. 235

LE PANLATINISME

*par Cyprien Robert
d'après Beaupré*

Si l'amitié réunit deux peuples, deux villes ou deux individus, la concorde fait leur bonheur; si la haine les sépare,
leur perte est assurée.

MAXIME ORIENTALE.

PARIS. — TYP. J. CLAYE, RUE SAINT-BENOIT, 7.

LE PANLATINISME

CONFÉDÉRATION

GALLO-LATINE

ET CELTO-GAULOISE

CONTRE-TESTAMENT DE PIERRE LE GRAND

ET CONTRE-PANSLAVISME

OU

PROJET D'UNION FÉDÉRATIVE DES PEUPLES

GALLO-LATINS :
LES FRANÇAIS, BELGES, ITALIENS, ESPAGNOLS ET PORTUGAIS ;
GRECO-LATINS : LES GRECS LIBRES ; **ANGLO-GALLO-LATINS :** LES ANGLAIS ;
CELTO-GAULOIS, DE RACE PURE :
LES IRLANDAIS, ÉCOSSAIS, GALLOIS, CORNWAILLAIS, ETC.

OUVRAGE SUIVI DU

TRAITÉ DE PARIS, DE SES ANNEXES, ETC.

> Frères d'un même sang, voici l'heure
> de la fraternité.　　V. ALEXANDRI,
> Poète roumain (moldo-valaque).
>
> Prouvez au monde qu'il existe encore
> de vrais Roumains dans le pays roumain.
> LE MÊME.

<hr>

PARIS

PASSARD, LIBRAIRE-ÉDITEUR
7, RUE DES GRANDS-AUGUSTINS

AU LECTEUR

La vérité est l'âme de l'histoire;
le mensonge en est le masque.
Sagesse des nations.

La question de races qui s'agite dans ce moment est un des événements les plus considérables qui aient jamais remué le monde.

On verra dans cette brochure comment elle a pris naissance en Hongrie, dans une querelle de langage entre les Hongrois et les Croates[1] ; mais le germe en était en quelque sorte dans la forte constitution et dans l'unité de langage de la nationalité française, sur laquelle toutes les nations européennes et autres tendent plus ou moins soit directement soit indirectement à se calquer. L'unité de langage qui existe chez nous a donné à l'Allemagne le désir de l'établir dans ses possessions non allemandes et par conséquent de germaniser la Hongrie, qui à son tour a voulu hongroiser ou, suivant les termes employés au delà du Rhin, magyariser les Croates, lesquels ont résisté et combattu cette prétention des Magyars.

Cette pensée d'unifier, ou si on l'aime mieux, d'uni-

1. En matière politique, les moindres éléments sont précieux; tel grand résultat qui étonne n'a souvent pour cause qu'un imperceptible accident. LÉOUZON LEDUC. — *Question russe.*

1

formiser le langage n'a pas toujours existé en Hongrie, car, chose digne de remarque et qui est peut-être un des faits les plus bizarres et les plus singuliers de l'histoire, un roi de Hongrie, saint Étienne avait coutume de dire : *Unius lingua uniusque moris regnum imbecille et fragile est* (c'est un faible et absurde royaume que celui qui n'a qu'une seule langue et une seule coutume).

Quoi qu'il en soit, cette question du langage et du principe de la reconstitution des nationalités, a donné naissance au *panslavisme* qui effraye aujourd'hui l'Occident européen et contre lequel, comme nous l'avons dit et comme on le verra dans cet ouvrage, il n'y a d'autre remède que le *panlatinisme*.

Pénétré de cette pensée que chacun, dans la limite de ses forces, doit non-seulement concourir au développement et au bien-être de sa patrie, et à plus forte raison lui signaler les dangers, les écueils et les périls contre lesquels elle pourrait aller se briser, nous avons cru devoir faire connaître à la France et en même temps à tous les peuples latins et gaulois, ce qu'une étude, nous ne dirons pas approfondie, mais spéciale, nous a appris sur les dangers qui menacent le monde romain et le monde gaulois tout entiers; dangers contre lesquels nous croyons avoir été assez heureux pour trouver à la fois le préservatif et le remède, mais encore comme on pourra le voir, un tonique puissant qui lui donnera une force, une vigueur et une santé qui lui manquent présentement.

Nous avons tâché, dans cet écrit, de raconter les choses aussi simplement que possible, afin de mettre le récit à la portée de tous, et cela peut-être au détriment de l'harmonie du livre, mais nous avons tenu à nous faire comprendre, et nous espérons avoir réussi ; si nous n'avons pas fait mieux, ce n'est pas la bonne volonté qui a fait défaut.

Le prince de Ligne a dit :

« Pour peu que l'on soit assez considéré dans le monde pour y jouer un rôle, on est lancé comme une boule qui ne reprend jamais sa tranquillité.

« Le monde est aussi lui-même une boule que Dieu fait rouler. Elle ne va peut-être pas toujours bien, mais elle va et elle ira toujours. On dit : Si cet homme qui remplit si bien sa place vient à mourir, comment fera-t-on ? Il est remplacé et cela va. On dit : Si nous ne faisons pas telle chose cette année, qu'est-ce qui arrivera ? Rien. Si tel changement n'a pas lieu dans l'administration, tout est perdu ; non, tout s'en tire. Il faut faire et faire faire à chacun son devoir ; et quand on ne le fait pas, cela revient encore à peu près au même [1]. »

Quel travers d'esprit exprimé en quelques lignes par un homme qui pourtant avait la réputation d'être éminemment spirituel ! et que voilà bien le langage d'un homme auquel il n'a jamais rien manqué !

Nous disons à notre tour : Non, il ne faut pas dire : *si nous ne faisons pas telle chose cette année, il n'arrivera rien ;* — non ! il ne faut pas dire : *il faut faire faire à chacun son devoir, et quand on ne le fait pas cela revient encore à peu près au même.*

C'est en se conformant à de pareilles maximes que les Bourbons ont perdu trois fois la couronne de France ; c'est en écoutant de pareils conseils que l'Autriche s'est aliéné les populations soumises à son sceptre ; c'est en

1. *Pensées inédites du prince de Ligne,* publiées par Mme de Staël, p. 378 ; 1809, in-8°.

faisant de même que les ducs italiens viennent de perdre
leurs couronnes ; c'est en suivant les mêmes errements
que le roi de Naples vient de perdre la Sicile et qu'il
perdra prochainement peut-être aussi le royaume de
Naples.

Pour montrer l'inconséquence d'un pareil langage,
nous demanderons ce que l'on penserait d'un laboureur
qui dirait : *si je n'ensemence pas mon champ cette année,
je n'aurai point de récolte l'an prochain*, et qui,
quoique négligeant de le faire, compterait cependant
que les choses n'en iraient pas plus mal pour cela.

La Sagesse des nations dit :

« Pour quiconque fait chaque chose en son temps,
une journée en vaut trois. » Nous sommes, malgré le
prince de Ligne, de l'avis de *la Sagesse des nations*.

Il y a des choses que l'impérieuse nécessité commande
de faire, et surtout de faire en temps et saison, sous
peine d'arriver trop tard. La confédération gallo-latine
est de ce nombre ; il faut s'en occuper dès aujourd'hui,
parce qu'autrement il pourrait être trop tard demain.

Enfin, pour terminer, nous ajouterons : *La Sagesse
des nations* dit encore : « Apportez chacun une pierre à
l'édifice, et vous élèverez une montagne. »

Voici la nôtre, que chacun apporte la sienne, et non-
seulement nous verrons bientôt s'élever l'édifice, mais
encore la montagne.

PROJET

CONFÉDÉRATION GALLO-LATINE

DES RACES EUROPÉENNES.

L'Europe est habitée par trois grandes races d'hommes :

I. La RACE SLAVE, qui habite une grande partie de l'orient.

II. La RACE GOTHIQUE, qui habite une partie du centre et le nord-ouest.

III. Et la RACE GALLO-ROMAINE OU GALLO-LATINE, qui habite le sud-ouest, mais dont une faible partie se trouve placée sur le Bas-Danube.

I. — RACE SLAVE[1].

La race slave se compose :

1° De tous les RUSSES proprement dits, envi-

---

[1]. La race slavonne se divise en deux groupes : l'un au midi des monts Carpathes (ce sont les IUGO-SLAVES de Cyprien Robert), distingué par le dialecte bosnien ou illyrien, et composé d'hommes bruns ; l'autre, au nord de la même ligne, et divisé en populations brunes (le Bohémien (Bohême), le Wénède, le petit

ron   40,000,000

2° De tous les Polonais de Russie, de Prusse et d'Autriche, « Polanes, Lettons, Ruthènes, Cosaques[1], etc., » environ   20,000,000

3° Des Tschecks ou Bohêmes[2] moraves, etc., appartenant à l'Autriche, environ.   5,000,000

4° De divers autres peuples habitant la Hongrie, la Slovaquie, l'Esclavonie, la Croatie, etc., environ.   7,000,000

5° Des Slaves de Turquie « Serbes, Monténégrins, Bosniaques, Albanais et Bulgares, » environ. . . .   8,000,000
                                            ____
Total environ.   80,000,000

Russe, etc.) et blondes (le Polonais, le grand Russe). (Moke, *Histoire des Francs*, t. Ier, p. 113.)

Moke ajoute d'après Hippocrate et Hérodote que les Slaves blonds (Polonais et grands Russes) ne ressemblaient déjà plus aux Slaves bruns : il dit qu'ils avaient un dialecte mélangé et abâtardi, qu'ils passaient pour descendre d'un croisement de Scythes avec les Amazones : ils s'appliquent encore aujourd'hui dans quelques contrées (en Pologne) le nom de *Sarmates* qui les distinguait autrefois.

Page 116 de l'ouvrage déjà cité, Moke dit encore : « Les Slaves méridionaux, quoique sans souvenirs historiques, sont évidemment de la même famille que ceux du nord (mais non pas de la même branche) ».

Les Iugo-Slaves ou Slaves du sud sont au sud de la Hongrie et de la Valachie, ils sont séparés et isolés des Slaves du nord par ces mêmes contrées, de là les deux groupes dont il est parlé dans la page précédente.

1. Voir la note A à la fin du volume.

2. Il ne faut pas confondre les Bohêmes avec les Bohémiens. Voir à ce sujet la note F à la fin du volume.

II. — RACE GOTHIQUE.

La race GOTHIQUE, GERMANIQUE OU TEUTONIQUE, se compose :

1° De tous les ALLEMANDS proprement dits « Autrichiens, Prussiens, Bavarois, Saxons, Hanovriens, Wurtembergeois, Badois, Hessois, Suisses-Allemands, etc., » environ. 42,000,000

2° Des HOLLANDAIS[1], environ. 3,200,000

3° Des DANOIS, environ. 2,300,000

4° Des SUÉDOIS et des NORVÉGIENS, environ 4,500,000
____
52,000,000

A ce nombre, on ajoute ordinairement les «ANGLAIS» d'origine saxonne, mais qui sont aujourd'hui semi-latinisés, et que pour cette raison, et en raison aussi de leur croisement continu avec les races gauloises de la Grande-Bretagne et de l'Irlande, il est plus convenable de ranger dès aujourd'hui parmi les Gallo-Latins[2].

III. — RACE GALLO-LATINE.

La race GALLO-LATINE, née du mélange des Gaulois, des Ibères et des Romains, se compose en Europe[3] :

1. Nous démontrerons plus loin que les anciens Bataves étaient d'origine gauloise et non germanique comme on l'a cru jusqu'à ce moment.

2. Voir la note B à la fin du volume.

3. Nous disons en Europe parce que presque toute l'Amérique du sud est latine aussi.

1° Des « Français proprement dits, des Belges,
et des Suisses français, » environ. .   43,000,000

2° De tous les Italiens « Napoli-
tains, Romains, Toscans, Piémontais,
Lombards, Vénitiens, Siciliens, etc., »
environ   26,000,000

3° Des Espagnols et Portugais,
environ   20,000,000

4° Des Roumains[1] du Bas-Danube,
« Moldaves, Valaques, Bessarabes,
Transylvains, Bukoviniens, etc., »
environ 10 à 12 millions, terme moyen.   11,000,000
                                        ____
                                        100,000,000

A ce nombre, il faut ajouter :
Les Græco-Latins « les Grecs, »
environ   3,500,000

Les Anglo-Gallo-Latins ou semi-
Latins, les « Anglais, » partie des
« Écossais » et quelques Irlandais,
environ 17 à 18 millions, soit. . .   17,500,000

Les Gaulois, de race pure,
1° grande partie des « Écossais, »
environ   2,000,000

2° Presque tous les « Irlandais, »
environ 7 à 8 millions, soit.   7,500,000
                                        ____
           A reporter. . .   130,500,000

____

1. Paronymes géographiques qu'il ne faut pas confondre avec la
campagne de Rome, Campanie, Romagnes, Romanie ou Roumélie
et Roumanie. Voir à ce sujet la note C à la fin du volume.

Report. . . 130,000,000

3° Les « GALLOIS » de la principauté de Galles. 800,000

Les « Cornouaillais » habitants du comté de CORNWAILLE. . . . .

Les habitants des îles de la Manche (GALLO-LATINS). . . . . } 500,000

Les GALLO-GERMAINS ou « Gaulois-Rhénans » (habitants des provinces rhénanes), environ 7 à 8 millions, soit. 7,500,000

TOTAL. 138,800,000

Les autres races de l'Europe sont comparativement peu nombreuses, si on en excepte la race tartare qui suit, et qui, toutefois, ne s'élève pas à une vingtaine de millions d'individus épars dans l'orient et à l'extrême nord. Ce sont :

IV. — RACE TARTARE.

Les MAGYARES, Hongrois[1] ou Ougres (Ogres[2]) proprement dits, et Szeklers, Sicules[3], Scythules ou

1. Voir la note D à la fin du volume.

2. C'est des ancêtres des Hongrois, qui étaient si barbares, que les nourrices font encore peur aux enfants sous le nom d'Ogres, en leur disant : « Si tu es méchant, l'ogre va venir te manger. »

(3) Il ne faut pas confondre les Szeklers ou Sicules de Transylvanie qui sont de race hongroise, et ce qui reste des descendants des Huns venus en Europe avec Attila, avec les Sicules, qui ont peuplé et donné leur nom à la Sicile ; ces derniers, ainsi que nous aurons occasion de le dire, étaient d'origine ibérique.

petits Scythes, environ.   4,800,000
   Les Turcs, environ (en Europe) .   2,000,000
   Les Finns, Finnois, Finlandais [1]
ou Tschoudes.   1,350,000
   Autres Tschoudes ou Finnois,
les « Esthoniens, Lives ou Livoniens,
Lapons, Krivihes, Karèles, Zirianes,
Permiens, Baskirs, Tchouvaches,
Tchéremisses, Mordouines, Metche-
riaks, etc., » dont il est très-diffi-
cile de fixer le nombre, mais qui,
joints aux Tartares de Crimée et des
autres contrées de la Russie, peuvent
former environ.   10,000,000
                      ——————
                      18,150,000

Nous n'insistons nullement sur ce chiffre.

V. — RACE JUIVE.

Vient ensuite la race juive, hébraïque ou israé-
lite, dispersée dans toutes les contrées de l'Europe,
et dont il est, par conséquent, difficile de fixer le
chiffre. Cependant, comme on estime qu'il y en a
environ 5 millions dans l'univers entier, nous fixe-
rons approximativement le nombre de ceux qui sont
en Europe à.   3,000,000

—————————

[1]. Voir la note B à la fin du volume.

VI. — RACE EUSCARIENNE OU BASQUE.

Les Euscariens, Basques, anciens Cantabres ou
Ibères purs, forment aussi une race à part, ils sont
enclavés et réunis à la race gallo-latine, partie à
l'Espagne, partie à la France; on fixe leur nombre
à environ. 900,000

VII. — RACE BOHÉMIENNE.

Les Tschingènes[1] des Turcs, Zigans des Valaques, Zigeunes des Allemands, Zingares, Zingari
ou Égyptiens des Italiens, Gitanos des Espagnols,
Gypsis (Égyptiens) des Anglais et Bohémiens des
Français[2], peuple nomade, race vagabonde, maudite,
misérable et persécutée, dont la majeure partie des
individus n'a feu ni lieu; on les trouve sous les différents noms que nous venons d'indiquer en Turquie
et dans la Valachie, la Moldavie, la Hongrie, l'Italie, l'Allemagne, l'Espagne, l'Angleterre et le midi de
la France, leur nombre peut s'élever à 6 ou 800,000.

Maintenant que le lecteur a fait connaissance avec
les divers éléments dont se compose la population

---

1. Excepté dans le français, où la prononciation est douce,
dans presque toutes les langues le g est dur et se prononce gué;
le z se prononce ordinairement tched, tz ou dz (tzède ou dzède),
de sorte que nous avons quelque raison de croire qu'il faut
dire Tchinguènes ou Tzinguènes, Tzigans ou Tziganes, Tzigueunes,
Tzingares, Tzingaris, Dgitanos ou Dzitanos et Guypsis.

2. Voir la note F à la fin du volume.

européenne, nous allons essayer d'expliquer quels
sont les dangers ou la grandeur, la gloire et la puissance qui attendent l'Europe, mais surtout la race
gallo-latine, suivant qu'on négligera ou qu'on saura
prendre dès à présent même les précautions nécessaires à ce sujet.

« *Un quart d'heure de négligence cause quelquefois du dommage pour un an,* » disent les Danois.

La France, chacun le sait, possède l'unité sous
toutes les formes. Unité de race et de langage[1],
administration unique, force militaire unique. Elle
est aussi l'unique puissance au monde qui ait une
semblable unité.

Cette unité double sa puissance, déjà si considérable par elle-même.

« *Trois, s'aidant l'un l'autre, sont suffisants pour
faire le travail de six,* » disent les Espagnols.

Cette unité, qu'elle possédait déjà, quoique d'une
manière moins complète avant la Révolution, était
contre-balancée de l'autre côté du Rhin par la réunion, sous le sceptre impérial, de tous les États et
fiefs de l'Allemagne, royaumes, grands-duchés, duchés, principautés, archevêchés, évêchés, margra-
viats (marquisats), seigneuries, etc., etc., qui
étaient au nombre d'environ 300.

Napoléon a brisé l'empire d'Allemagne, qui a été
remplacé par la Confédération du Rhin, qui, brisée
à son tour en 1814, à la chute de l'empire, a été

---

1. Voir la note G à la fin du volume.

remplacée par la Confédération germanique, actuellement encore en vigueur.

Au moyen de cette puissante confédération, l'Allemagne maintient sous son joug et opprime environ 30 millions de sujets, appartenant à des races qui lui sont étrangères, et que l'on peut classer ainsi :

SLAVES, environ 17 à 18 millions, soit.	17,500,000
ITALIENS, « Vénitiens, Lombards[1], Tyroliens. ».	5,000,000
HONGROIS et SZEKLERS.	4,800,000
ROUMAINS « Valaques, etc. ». . . .	3,000,000
JUIFS, BOHÉMIENS, etc.	500,000
Chiffre approximatif. . .	30,800,000

C'est cette pression de l'Allemagne sur des populations qui lui sont étrangères qui a donné à celles-ci, et principalement aux Slaves, l'idée de se confédérer aussi, dans le but de renverser le joug qui les opprime.

Peut-être cette pensée de confédération ne serait-elle jamais venue aux Slaves, si ceux-ci n'y avaient été en quelque sorte provoqués par leurs oppresseurs, ou plutôt par leurs sous-oppresseurs.

Ceci a besoin d'explication :

Les oppresseurs sont les Allemands ; les sous-oppresseurs, les Hongrois.

1. Les Lombards viennent d'en être détachés par la cession que l'Autriche en a faite à la France, et la rétrocession que celle-ci en a faite au Piémont.

Voici comment :

La Hongrie portait anciennement le nom de Pannonie : on croit qu'elle était alors habitée par des Slaves, successivement conquise par Philippe, roi de Macédoine, et par son fils Alexandre le Grand; elle devint ensuite province romaine sous le nom de *Pannonia*. Lors du démembrement de l'empire romain, Attila, à la tête de ses Huns, l'envahit, la bouleversa de fond en comble, traversa la Germanie, porta ensuite ses ravages dans la Gaule et l'Italie, puis revint y fixer le siége de son empire [1]. Elle fut ensuite envahie par les Gépides et les Avares [2]. Charlemagne combattit ces derniers, les força à recevoir le christianisme et étendit son empire jusqu'à la Raab, mais en l'an 894, de nouveaux barbares Huns, descendant de ceux qu'Attila avait laissés dans le voisinage de l'Oural, envahirent de nouveau cette contrée, sous la conduite d'Arpad, un de leurs chefs, la conquirent en dix années, se la partagèrent et réduisirent les habitants en esclavage, ce qui explique, sans le justifier, disent MM. Chauchard et Müntz, la division actuelle de la population. Des anciens habitants, réduits en esclavage, descendent les Croates, les Dalmates, les Slovaques, les Slovènes, etc., de race slave, et les Transylvans d'origine valaque ou roumaine.

Les Hongrois eurent des rois particuliers jusqu'en

1. De là le nom de Hungaria ou Hongrie donné ensuite au pays.
2. Voir la note H à la fin du volume.

1526, à la mort de Louis II, qui tomba en combattant contre les Turcs. La division éclata alors parmi les grands; les uns choisirent pour roi Jean de Zapolya, gouverneur de Transylvanie; les autres proclamèrent Ferdinand d'Autriche, qui réussit à maintenir son élévation. Néanmoins, il fut obligé d'abandonner à Jean de Zapolya la Transylvanie et une partie de la Hongrie proprement dite. Ce ne fut qu'en 1687 que ces deux contrées furent également réunies à l'Autriche, qui les arracha à la Turquie, au pouvoir de laquelle elles étaient tombées. Depuis cette époque, et surtout depuis Joseph II, les Hongrois accusent l'Autriche de vouloir les germaniser, et à plusieurs reprises ils ont fait entendre leurs plaintes à ce sujet[1], ce qui probablement a provoqué chez eux le désir de magyariser les populations non hongroises qui leur étaient soumises; ce dont celles-ci se plaignent et les accusent à leur tour, et ce qu'il est utile de remarquer, car c'est là ce qui a donné naissance à cet antagonisme des races, si vivace dans l'orient européen.

Si les Magyars s'étaient contentés de rendre obligatoire l'exercice de leur langue dans les actes publics, en remplacement du latin[2], jusqu'alors usité,

---

[1]. Voir la note I à la fin du volume et le manifeste slave inséré dans la note O.

[2]. « On avait très-sagement pensé, dans les siècles précédents, que puisque la migration des peuples avait rassemblé en Hongrie, plus que partout ailleurs en Europe, excepté dans le Caucase peut-être, de nombreuses variétés de populations fractionnées et mêlées à l'infini, il convenait d'adopter une langue commune

il est probable que l'usage en aurait été adopté sans grande difficulté. Mais ils ont eu en même temps la malencontreuse idée de substituer au nom latin *Hungaria* de la Hongrie celui de *Magyar Orzag*, c'est-à-dire royaume magyar, sous prétexte que le mot latin n'avait pas d'autre sens dans leur langue nationale.

C'est ce qui les a perdus.

Cette prétention des Magyars de vouloir imposer leur nom et leur langue à des peuples auxquels l'un et l'autre étaient étrangers, a froissé ceux-ci dans leur amour-propre national. Ils avaient accepté le nom de Hongrois qu'ils portaient depuis longtemps, bien qu'il ne fût pas le leur, mais ils ont énergiquement repoussé celui de Magyars ; ç'a été, ainsi que nous venons de le dire en d'autres termes, le commencement de la résistance, le signal et le point de départ du réveil des races[1].

à tous et servant à débattre et concilier les intérêts divers. Le latin avait été choisi à cet effet. Dans ces derniers temps, et plus particulièrement en 1836, les Hongrois ont voulu que leur langue, le magyar, fût la seule officielle ; il a été exigé qu'aucune autre ne fût parlée dans la diète, et, de plus, qu'elle servît dans tous les actes de l'état civil. Les Croates et autres Slaves, qui sont en Hongrie beaucoup plus nombreux que les Magyars, ont protesté contre cette prétention, etc.　　　« Paul DE BOURGOING. »

1. Les Magyars, dit M. H. Desprez, prétendirent, vers 1830, imposer leur langue nationale aux Roumains (Valaques) de la Transylvanie et aux Tchèques ou Slovaques du nord, comme aux Illyriens du sud. Les Croates (partie des Illyriens) s'éveillèrent alors, bien décidés à résister ; leurs droits municipaux, leurs institutions locales se trouvaient menacés ; ils se mirent sur la défensive et combattirent ardemment *pro aris et focis*. C'est dans cette lutte seulement, et une idée amenant l'autre, que l'idée de

Si à ces causes on ajoute que l'Autriche, par l'organe de Jellachich, avait promis aux Croates et autres Slaves de l'Adriatique la création d'un royaume d'Illyrie, indépendant de la Hongrie, avec exercice de leur langue nationale, on concevra sans peine le concours que ceux-ci lui ont prêté dans la question hongroise, promesse que l'Autriche toutefois s'est bien donné de garde de tenir, lorsque le concours des Slaves (Croates et autres) ne lui a plus été nécessaire [1].

Les Croates, les Slavons [2] et les Dalmates, dont le pays portait le titre de royaume de Croatie, de Slavonie et de Dalmatie, et qui était annexé à celui de Hongrie, ont jeté un coup d'œil rétrospectif sur leur passé; leur histoire, dont ils ont évoqué les souvenirs, s'est dévoilée sous leurs yeux; elle leur a rappelé les invasions successives des Magyars ou Hongrois et leur établissement dans le pays; elle leur a appris, ce qu'ils n'y cherchaient pas, qu'ils obéissaient où

nationalité prit possession de leurs esprits. Les Magyars ne se sont pas rendu compte immédiatement de ce mouvement de résistance, qu'ils attribuaient à des machinations de la Russie. Ce n'est qu'en 1842 que l'un d'eux crut en deviner le motif. Il reconnut que le mouvement des Slovaques, des Croates et des Valaques, dérivait non de la Russie, mais du principe impérissable des races, violemment irrité par l'injustice du magyarisme débordé. Széchényi communiqua ses impressions à l'Académie de Pesth, qui refusa de reconnaître la vérité. Malgré cet aveu, la diète de 1843 enjoignit aux députés croates de parler le magyar dans un délai de six ans. Comme ceux-ci semblaient faire peu de cas de cette injonction, ils coururent même quelque danger pour leur vie.

1. Voir la note J à la fin du volume.
2. Voir la note K à la fin du volume.

ils devraient commander, qu'ils étaient seulement tenanciers de terres dont leurs ancêtres étaient propriétaires et dont ils avaient été dépouillés par les Magyars; enfin qu'ils n'étaient rien là où ils devraient être tout. Puis ils se sont comptés avec leurs autres frères de race et se sont trouvés en Hongrie plus nombreux que les Hongrois mêmes[1]. Alors ils se sont demandés pourquoi, étant les plus nombreux dans l'État, ils n'étaient pas aussi les maîtres; ils se sont ensuite comptés dans l'empire d'Autriche, et, joints aux Bohêmes ou Tscheks, aux Moraves, aux Galliciens, etc., ils se sont trouvés 17 à 18 millions, et se sont demandé aussi pourquoi l'État n'était pas slave au lieu d'être allemand, lorsqu'il ne renfermait pas plus de 8 millions de ces derniers; puis, étendant plus loin leurs regards, ils ont compté leur race tout entière, et se sont trouvés, comme nous l'avons dit, 80 millions. Alors, d'un bout à l'autre de la Slavie, un cri universel d'animadversion s'est fait entendre. 80 millions d'individus, 80 millions d'esclaves, car il n'y en avait pas un seul de libre, ont maudit leurs oppresseurs; en Hongrie les Magyars; dans le reste de la monarchie autrichienne et dans le duché de Posen les Allemands; en Turquie (dans la Serbie, le Monténégro, la Bosnie, l'Albanie et la Bulgarie) les Turcs; en Pologne, les Russes, et en Russie la bureaucratie allemande qui pèse sur eux et les opprime aussi.

1. Voir la note L à la fin du volume.

Ils se sont demandé alors comment, étant si nombreux, il pouvait se faire qu'ils fussent ainsi opprimés par des races qui leur étaient numériquement
si inférieures. Puis ils se sont dit : c'est que nos oppresseurs s'entendent, s'unissent, se liguent et se
confédèrent pour nous opprimer; unissons-nous et
confédérons-nous aussi, et nous serons les plus forts,
nous serons maîtres et nous commanderons où nous
ne sommes que sujets et esclaves.

Telle est l'origine de ce panslavisme dont tout le
monde parle sans le connaître, à quelques exceptions près, et au sujet duquel maintes fois nous
avons lu les phrases les plus bizarres[1].

L'idée primitive en était républicaine et fédé-
rative; mais lorsque l'empereur Nicolas eut connaissance de son existence, il s'en empara, se dit qu'il
était le grand empereur des Slaves, et dès lors il
conçut la pensée de les réunir tous sous le sceptre
russe : de là aussi l'existence de deux pansla-
vismes, l'un fédératif et républicain, et l'autre
moscovite ou tsarien, c'est-à-dire impérialiste (cé-
sarien[2]).

[1]. Voir les notes M et N à la fin du volume.

[2]. De czar, que les Russes et tous les Slaves en général prononcent tzar ou mieux tsar, à cause du c qui, dans les langues
slaves, se prononce *tcé* ou *tsé*. Il n'est autre que le mot latin slavisé
de *Cesar*, qui, en Russie, équivaut presque au titre d'empereur. Les Russes disent le tsar et la tsarine, comme les Allemands
disaient autrefois et disent encore en Autriche, le kaiser et
a kaiserine; le nom de kaiserliks donné aux soldats allemands
n'a pas une autre origine et signifie les césariens, les impériaux.
Quant au mot russe czarewitz, qui se prononce tsarewitch, il

Des rapports fréquents avec un voyageur qui, à plusieurs reprises, a parcouru les pays slaves,

signifie fils de tsar. Avant la *dissolution* de l'empire d'Allemagne*, le fils de l'empereur, l'héritier présomptif de l'empire, portait le titre de roi des Romains (peut-être dans les mêmes vues Napoléon avait-il donné à son fils le titre de roi de Rome). C'est dans l'espoir de ressaisir ce titre, qui pourtant nous semble à jamais perdu pour elle, que l'Autriche tient tant à ses possessions italiennes, et ne veut à aucun prix, ni pour or, ni pour argent, se dessaisir de la Vénétie; c'est pour cela aussi qu'elle cherchait constamment à s'étendre, à empiéter de ce côté, et à faire des princes italiens des vassaux de son empire, parce qu'à ses yeux la possession de l'Italie implique et comporte en quelque sorte avec elle, sinon le titre, au moins des prétentions au titre d'empereur d'Occident. Comme on doit le supposer, avec de semblables prétentions, l'Autriche tiendra à avoir un pied en Italie et à conserver la Vénétie, quelque dispendieuse qu'elle puisse être pour elle.

Quant aux vues de la Russie sur Constantinople, elles ont une autre origine et ont dû déjà recevoir plusieurs modifications. Pierre le Grand, comme on le verra par son testament, avait conçu le dessein de subjuguer et dominer l'Europe, et par conséquent de la soumettre entièrement à la Russie; mais Catherine II, pour un motif ou pour un autre, par ruse peut-être et pour rendre l'Europe moins soupçonneuse et moins jalouse, lors de la conquête de la Turquie d'Europe, s'était proposée, au lieu de la réunir à la Russie, d'en former un second empire qu'elle aurait donné à l'un de ses petits-fils; dans ce but elle avait fait donner au second fils de l'empereur Paul le nom de Constantin, parce qu'elle le destinait à régner sur Constantinople (Constantinopolis) ou Constantinville, la ville de Constantin **, espérant ainsi faire peut-être plus facilement accepter sa conquête par l'Europe. Mais, ayant prévu sans doute que ce rêve ne pourrait se réaliser du vivant du précédent grand-duc Constantin, l'empereur Nicolas aussi a donné ce même nom de Constantin à son

----

* Ou d'Occident.

** Pour beaucoup de personnes, sans doute, les détails dans lesquels nous entrons sont puérils; mais nous déclarons écrire pour ceux qui, comme nous, ne connaissent ni le grec ni le latin, ce que devraient peut-être faire beaucoup d'écrivains qui croient à tort avoir toujours affaire à des vétérans de l'étude ou à des étudiants qui ont moisi sur les bancs du collége, tandis que les neuf dixièmes des lecteurs ne les comprennent pas.

M. Cyprien Robert, aujourd'hui professeur de littérature slave au collége de France, nous ont souvent mis à même de nous entretenir avec lui de ce panslavisme et de cette race slave si nombreuse et si peu connue.

M. Robert se montrait très-zélé partisan d'une ou second fils, au grand-duc actuel de ce nom, qui disait, dit-on, avant la guerre de Crimée : « Je me nomme Constantin parce que je régnerai sur Constantinople, » ce qui toutefois ne devait pas encore tout de suite se réaliser.

Ce n'est pas la seule ressemblance, du reste, qu'avaient entre eux les fils de l'empereur Nicolas avec ceux de l'empereur Paul. Ce dernier avait quatre fils, qui reçurent les noms d'Alexandre, Constantin, Nicolas et Michel; l'empereur Nicolas a eu quatre fils également, qui ont aussi, et dans le même ordre, reçu les noms d'Alexandre, Constantin, Nicolas et Michel; mais soit que l'empereur Nicolas ait pensé devoir réaliser le rêve de sa famille en accomplissant pendant son règne la conquête de Constantinople, pour ne pas éterniser dans sa famille le nom de Constantin, les fils de l'empereur Alexandre II n'ont plus reçu les mêmes noms, comme cela était arrivé pour les deux générations précédentes. Ce changement a été sans doute opéré en vue du panslavisme, dont le but est de grouper tous les Slaves en un seul corps politique au lieu de deux empires rêvés par Catherine II. Voici les noms des cinq fils de l'empereur Alexandre II; dans l'ordre de leur naissance :

Nicolas Alexandrowitch *;

Alexandre Alexandrowitch;

Wladimir Alexandrowitch;

Alexis Alexandrowitch;

Serge Alexandrowitch;

Plus une princesse née avant ce dernier prince :

Marie Alexandrowna.

* La filiation se décline ainsi en Russie :
Paul Petrowitch, c'est-à-dire Paul (Paul Ier), fils de Pierre;
Nicolas Paulowitch, c'est-à-dire Nicolas, fils de Paul;
Alexandre Nicolaiowitch, c'est-à-dire Alexandre, fils de Nicolas.
Et maintenant, pour le dernier prince héritier :
Nicolas Alexandrowitch, ou Nicolas, fils d'Alexandre.
Pour les princesses, on dit :
Olga Nicolaïewna, pour Olga, fille de Nicolas;
Et Marie Alexandrowna, pour Marie, fille d'Alexandre, etc.

plutôt de deux confédérations slaves : l'une, qui se
serait composée des Russes, d'une part, et l'autre
des Polonais, des Tscheks ou Bohêmes et des autres
Slaves, tant d'Autriche que de Turquie et de Prusse ;
mais cette réunion en deux confédérations qui n'auraient pas tardé à n'en faire qu'une, comme nous avons
eu occasion de le remarquer dans le langage même
des Polonais, qui demandaient l'annexion des Russes[1],
nous effrayait, nous avions la crainte que cette réunion de 80 millions d'individus en un seul corps politique ne fût un jour funeste à la France, si elle venait à avoir quelques démêlés avec eux, elle qui
n'en aurait pas eu 40 millions à leur opposer. Nous
avions enfin la crainte de voir la France réchauffer
un serpent[2].

Enfin, un jour, pendant l'impression de son livre
intitulé : *Le monde slave, son passé, son état présent
et son avenir*, M. Cyprien Robert nous dit : « C'est
« une chose singulière, depuis que j'ai dit que les
« Slaves se divisent en quatre grandes nationalités,
« partout, dans les journaux et dans les livres, on
« dit que les Slaves se divisent en quatre grandes
« nationalités, tandis que personne n'en disait rien
« auparavant. »

Nous lui dîmes alors :

« Vous nous dites que les Slaves se divisent en
quatre grandes nationalités, et d'un autre côté vous
nous dites aussi qu'ils ne forment qu'une seule et

1. Voir la note Q à la fin du volume.
2. Voir la note P à la fin du volume.

même race. Comment se fait-il que, puisqu'ils ne forment qu'une seule et même race, ils ne forment pas aussi qu'une seule et même nationalité? Qu'est-ce qui les divise? Qu'est-ce qui les unit? Où est la différence? Où est le rapprochement? »

Il nous répondit :

« La différence ou le rapprochement, comme on voudra l'appeler, qui existe (dans le langage) entre le russe, le polonais, le tschek ou bohême et l'illyrien (croate, etc.), est à peu près la même que celle qui existe entre le français, l'italien, l'espagnol et le portugais, qui sont des langues d'origine latine comme les autres sont d'origine slavonne[1]. »

Ce fut alors pour nous comme un trait de lumière; c'était un éclair qui brillait dans une nuit obscure, un monde nouveau apparaissait à nos yeux, la crainte fit instantanément place à l'espérance.

Nous lui répondîmes à notre tour :

« Mais si nous avons avec les Italiens, les Espagnols et les Portugais[2], le même degré de parenté qu'ont entre eux les Russes, les Polonais, les Bohêmes et les Illyriens, et que ceux-ci veuillent se confédérer, pourquoi n'en ferions-nous pas autant avec ceux qui

1. Voir la note Q à la fin du volume.
2. Auxquels il faut ajouter les Roumains du Bas-Danube en Europe. La presque totalité des Américains du Sud est latine aussi et une partie de ceux du Nord, les Louisianais et les Canadiens. Les Anglo-Saxons ne sont que semi-latins, encore les fréquentes migrations allemandes changent-elles leur sang dans le sens inverse; il est vrai que beaucoup de Latins vont aussi se mélanger avec eux, ainsi que des Gaulois purs, ce qui peut faire contrepoids et rétablir la balance.

nous sont ainsi unis par les liens du sang et du langage ? le contre-poids de la balance serait tout trouvé.

« Nous vous avons maintes fois témoigné, au sujet de cette confédération des Slaves, nos craintes et nos appréhensions, et nous serions heureux que vous voulussiez bien dire un mot de cette idée, dans le livre que vous avez actuellement sous presse. »

M. Robert partagea notre pensée, et ce mot, il a bien voulu le dire. Voici le passage textuel de son livre où il l'a placé.

Après avoir parlé des confédérations slaves, dont nous venons d'entretenir nos lecteurs, M. Cyprien Robert ajoute :

« Je sais que beaucoup d'hommes éminents, hors des pays slaves, traitent ces idées d'utopies ; on va jusqu'à regarder la coalition libre des diverses nations de race slavonne comme tout aussi impossible que le serait la réunion de toutes les nations romanes ou germaniques en un seul corps ; mais on peut dire que si de telles coalitions ne sont pas encore possibles dans l'ordre politique, elles deviennent peu à peu un fait de l'ordre moral. L'Angleterre, l'Italie, l'Espagne, marient chaque jour davantage leur génie et leurs idées au génie et aux idées de la France, et l'heure où notre pays serait sérieusement menacé dans son indépendance serait infailliblement l'heure qui verrait se décider d'une manière définitive avec l'union celto-latine une espèce de *Panromanisme*. Quant à la centralisation de tous les

États allemands en un seul, cette antique chimère entre de plus en plus dans le monde réel. Depuis la fondation déjà vieille du *Zollverein*, l'unité germanique a fait des progrès rapides et peu rassurants, il faut l'avouer, pour la France[1]. Si cette idée du germanisme ne peut déjà plus être appelée une utopie, pourquoi l'unité slave en serait-elle une? Il y a de bien plus grandes différences de mœurs et d'intérêts entre les Autrichiens, les Prussiens et les Hollandais, qu'il n'y en a certes entre les Polonais, les Bohêmes et les Illyriens[2]. »

Pour l'immense majorité des Français, le nom de Gallo-Romain ou Celto-Latin sera nouveau. Beaucoup ne comprendront pas comment, étant Français, ils peuvent être en même temps Gallo-Romains ou Celto-Latins; la raison en est bien simple cependant, on peut être Normand, Champenois ou Bourguignon, et être Français en même temps.

De même que plusieurs écarts[3], fermes ou hameaux, composent une commune, de même que plusieurs communes, villages, bourgs et villes composent une

---

1. Nous ajouterons :

La Presse du 25 avril 1860 contient le passage suivant d'un discours prononcé à Berlin par un député prussien, M. de Vincke:

« On nous demande ce que nous voulons au fond, dit M. de Vincke. Nous voulons l'unité de l'Allemagne, des peuples allemands, sous la conduite de la Prusse et avec exclusion de l'Autriche, etc. »

2. *Le Monde slave*, déjà cité, Tome Ier, pages 143, 144.

3. On appelle écart une maison isolée dans la campagne.

« Un villageois avait, à l'écart, son logis. »
LA FONTAINE.

sous-province ; de même que plusieurs sous-pro-
vinces comme l'Avranchin, le Cotentin, le Bray, le
pays de Caux, etc., composent une province comme
la Normandie ; de même que plusieurs provinces
comme la Normandie, la Bretagne, la Picardie, la
Champagne, la Bourgogne, la Provence, le Langue-
doc, etc., composent un grand pays comme la France,
de même, à son tour, la France, l'Italie, l'Espagne,
le Portugal, etc., composent le monde romain [1],
gallo-romain, gallo-latin, celto-romain, celto-latin,
comme on voudra l'appeler.

En voici la raison :

La France était, dès la plus haute antiquité, habitée
par les Walls ou Waels, Galls ou Gaels, Gallois,
Gaulois (ou Celtes) [2], et portait le nom de Gaule.

La péninsule hispanique (l'Espagne et le Portugal)
était primitivement habitée par les Ibères.

L'Italie ou péninsule italique, ayant été primitivement habitée par plusieurs peuples, comme il est
plus difficile de définir sa population que celle des
autres contrées gallo-romaines, pour éviter toute
espèce de confusion, nous leur donnerons le nom
collectif de Romains, bien que les Romains soient
peut-être les derniers colons qui s'y soient établis ;
néanmoins nous placerons sous les yeux de nos lecteurs ce qu'en a dit Masselin, dans son *Diction-*

---

1. C'est par une raison semblable que la Russie, la Pologne,
la Bohême et l'Illyrie, forment le monde slave.

2. Nous reviendrons plus tard sur cette confusion du mot celte
avec le mot gaulois.

naire géographique, que nous ne pourrions que répéter, si nous voulions entrer dans quelques détails
à ce sujet [1].

Ainsi qu'on le voit par ce qui précède, la Gaule,
l'Ibérie (Espagne et Portugal) et l'Italie étaient
peuplées par des races bien distinctes les unes des
autres; mais cet état de choses ne devait pas durer
toujours. Ces populations, différentes d'origine, de
mœurs et de langage, étaient destinées à se mêler,
et devaient plus tard, comme on va le voir, ne former qu'une seule et même famille, qu'une seule et
même race.

Les Gaulois ou Celtes envahirent une partie de
l'Ibérie [2], et mêlés aux Ibères, ils reçurent le nom de
Celtibères; leurs deux noms finirent par n'en plus
former qu'un, comme bientôt, nous l'espérons, ceux
des Gaulois et des Romains n'en formeront également qu'un, et ceux-ci pourront être appelés d'un
seul mot Galloromains ou Celtoromains [3].

1. Voir la note R à la fin du volume.
2. En Espagne, on reconnaît encore aujourd'hui la trace du
passage des Gaulois dans le mot Galice, qui ne signifie pas autre
chose que Gaulice ou Gaule; les habitants de cette province sont
appelés Galegos, c'est-à-dire Gaulois; ils sont, comme on le voit,
une preuve vivante de cette antique invasion.
3. Outre les Celtes et les Ibères, dont les noms ont fini par en
faire un composé, Masselin, dans son excellent livre trop peu ré-
pandu et trop peu connu [*], cite encore les *Gothuns, peuples barbares mélangés de Goths et de Huns*, dont il ne dit pas autre chose
et dont les noms ont également fini par n'en former qu'un seul.

[*] Il y a des livres qui se vendent cent mille fois plus que le Dictionnaire géographique de Masselin, et sont par conséquent cent mille fois plus répandus, lorsqu'ils
valent cent mille fois moins.

Les Ibères, à leur tour, refluèrent sur la Gaule[1] et sur l'Italie; un certain nombre d'entre eux, sous le nom d'Aquitains, habitait déjà le versant nord des Pyrénées, jusqu'à la Garonne et le long de la Méditerranée; une autre partie, sous le nom de Ligures, s'établit dans la contrée, appelée depuis de leur nom Ligurie, le duché de Gênes actuel; d'autres, enfin, sous le nom de Sicanes ou Sicules (les historiens les plus recommandables reconnaissent deux peuples dans les Sicanes et les Sicules; nous n'avons ni le temps ni l'intention d'examiner s'ils ont tort ou raison, nous constatons seulement le fait), traversèrent l'Italie et se fixèrent dans la Sicile, qui leur doit son nom, de sorte que les Aquitains (Gascons[2] et autres); les Génois et les Siciliens de nos jours, sont leurs descendants plus ou moins mélangés.

L'Italie, qui recevait ainsi des colons de l'Ibérie, devait également en recevoir de la Gaule. Trois cent mille combattants, guidés par deux chefs, Sigovèse et Bellovèse, partirent du centre de la Gaule; cent cinquante mille sous la conduite de Bellovèse se fixèrent dans le nord de la péninsule, qui, depuis,

1. Telle est au moins l'opinion admise jusqu'ici et sur laquelle il faudra peut-être un jour revenir aussi, comme il faut, suivant nous, revenir sur cette opinion que les Celtes sont les Gaulois proprement dits.

2. Aujourd'hui encore on reconnaît dans le mot Bascon, Gascon ou Vascon, la parenté des Gascons avec les Basques, Gasques ou Vasques des Pyrénées. On sait qu'en Gascogne le b est fréquemment employé pour le v, *et vice versâ*.

prit d'eux le nom de Gaule cisalpine [1], et qui répond aux contrées représentées aujourd'hui par le Piémont, la Lombardie, partie de la Vénétie, les Romagnes, les duchés de Parme, de Plaisance et de Modène, et le grand-duché de Toscane. Ce sont les Gaulois cisalpins qui ont fondé Milan, Come, Bologne et un grand nombre d'autres villes de ces contrées [2].

Les cent cinquante mille autres se fixèrent un moment au nord de la Grèce, où ils se rendirent redoutables. Lorsque Alexandre le Grand partit pour ses conquêtes d'Asie, voulant avant son départ s'assurer de leur amitié, il alla les visiter et leur demanda entre autres choses qui ils craignaient, pensant qu'ils lui répondraient : Nous te craignons, toi. Mais il fut trompé dans son attente, car ils lui répondirent : *Nous ne craignons que la chute du ciel.* Alexandre se contenta de dire : Voilà un peuple bien fier [3]. Plus tard, ils ravagèrent

1. Déjà, avant cette époque, des Gaulois, ou, peut-être mieux, des Celtes Sénonais, sous le nom d'Ambra ou Ambrons (les Vaillants), s'étaient fixés dans la contrée qui de leur nom avait pris celui d'Ombrie. Ils habitaient entre les Apennins et l'Adriatique, dans la région représentée aujourd'hui par les duchés de *Spolette* et *d'Urbin*, et par une partie du Pérousin et des Romagnes Il y eut l'Is-Ombrie ou basse Ombrie, l'Oll-Ombrie ou haute Ombrie, la Vil-Ombrie ou Ombrie du littoral (bord, rivage). Nous n'avons, du reste, pas examiné d'une manière bien attentive quelle était au juste la position géographique, cependant nous croyons être exact.

2. Milan (*Mediolann*), Come (*Comm*), Brescia (*Brixia*), Borgame (*Vergann*), Vérone (*Fearann*), Padoue (*Patav*, *Patavium*), Bologne (*Bononia*), sont filles des Gaulois.   (Henri MARTIN.)

3. Voir la note S à la fin du volume.

la Grèce et passèrent en Asie, où ils se fixèrent dans la contrée appelée aujourd'hui Natolie ou Anatolie, où ils devinrent célèbres sous le nom de Galates. C'était à leurs descendants que s'adressait l'épître aux Galates que l'on trouve dans l'Évangile; mais soit qu'ils aient été détruits ou se soient fondus avec les peuples voisins, on chercherait vainement une goutte de leur sang dans la contrée qu'ils habitaient. Il n'en reste pas vestige.

Ceux de la Gaule cisalpine se rendirent également redoutables. Lorsqu'ils remuaient, dit Masselin, personne à Rome n'était dispensé de prendre les armes. Les guerres contre eux s'appelaient tumultus, c'est-à-dire *timor multus* (alarme générale). Ils pillèrent et saccagèrent Rome, et lorsqu'ils se retirèrent ils imposèrent aux Romains l'humiliante condition, qui fit longtemps le désespoir de ceux-ci, de laisser, en mémoire de cet événement, une porte de Rome toujours ouverte. Cette porte fut placée dans un endroit élevé et inaccessible.

Mais la fortune ayant changé pour les Gaulois et s'étant rangée du côté des Romains, ils furent conquis à leur tour, et leurs descendants, mêlés avec ceux des colons Romains envoyés dans leur pays, forment aujourd'hui la population de l'Italie du nord et d'une partie de l'Italie centrale.

Encore aujourd'hui on reconnaît dans cette contrée les traces de leur descendance dans la prononciation de la lettre *u*, que les Italiens du nord prononcent comme nous dans je supporte, je suppose,

tandis que ceux du sud disent : je soupporte, je
souppose. Il en est de même de la syllabe *eu* que
ceux du nord peuvent prononcer à la manière française dans : Eugène, eucharistie, feuille, etc., tandis que ceux du midi ne peuvent prononcer que :
Ougène, oucharistie, fouille, etc.

Après avoir conquis la Gaule cisalpine, les
Romains conquirent l'Espagne, dont une partie
appartenait alors aux Grecs et l'autre aux Carthaginois, auxquels ils l'enlevèrent ; pendant sept cents
ans elle demeura province romaine, et les populations s'y mêlèrent comme dans la Gaule cisalpine.

Vint ensuite la conquête de la Gaule transalpine,
notre Gaule (la France actuelle), qui a été pendant
cinq cents ans environ au pouvoir de Rome, pendant lesquels les populations se mêlèrent comme
dans les autres provinces de l'empire. Ce sont les
Romains qui ont fondé Lyon et quantité d'autres
villes.

C'est ainsi qu'il y a EN FRANCE : des descendants des Gaulois, des Ibères et des Romains.

EN ESPAGNE : des descendants des Ibères, des
Gaulois et des Romains.

Et EN ITALIE : des descendants des Romains, des
Ibères et des Gaulois.

Voici maintenant comment il se fait que des populations latines habitent le Bas-Danube.

La contrée habitée aujourd'hui par la race roumaine, la « Valachie, la Moldavie, la Bessarabie, la
Bukovine, la Transylvanie et le Bannat, » portait an-

ciennement le nom de Dacie, et ses habitants celui
de Daces. Les Daces, qui étaient barbares, harce-
laient constamment l'empire romain. L'empereur
Trajan conçut le dessein de les anéantir ; il réunit
à cet effet une puissante armée, marcha contre eux,
en tua ou dispersa une partie ; un certain nombre
furent rejetés au delà du Dniéper, et quelques débris
se réfugièrent dans les montagnes, où depuis ils se
sont mélangés avec les colons romains envoyés par
Trajan pour repeupler le pays ; ces colons furent
appelés de tous les coins de l'empire, et l'Italie,
l'Espagne, la Gaule et les autres provinces four-
nirent chacune leur contingent. Ajoutons que lors
des premières invasions des Barbares, ces derniers
(Bulgares[1] et autres) s'étant glissés le long du Danube, entre la rive droite et les Balkans (la Bulgarie
actuelle) ; la garnison romaine, qui se trouvait sur
la rive gauche, s'y trouva bloquée et comme pri-
sonnière. Elle fut obligée de s'y fixer. Les soldats qui
la composaient se marièrent dans le pays, et leur
descendance, qui s'y est multipliée, est représentée
aujourd'hui par les populations de la rive gauche
du bas Danube, de sorte que lorsqu'on demande présentement aux habitants de ces contrées à quelle race
ils appartiennent, ils répondent : « Nous sommes
Roumains, nous sommes les fils des soldats de Trajan, » ne tenant en quelque sorte aucun compte des

---

1. Ceux-ci venaient des bords du Volga, de là leur nom de
Volgares, et par corruption Bulgares, et même plutôt Beulgares ou
même mieux Bœlgares, comme il faut prononcer.

colons établis dans le pays, avant que cette dernière garnison ne fût bon gré, mal gré, contrainte d'y demeurer.

Le nom de Trajan est demeuré si populaire dans ces pays que tout ce qui y porte l'empreinte de la grandeur lui est attribué. Si on voit quelque ruine imposante, un pont gigantesque, c'est le palais ou le pont de Trajan; si l'orage se fait entendre, c'est Trajan qui gronde.

Lorsque plus tard arrivèrent les grandes invasions des barbares, la Dacie fut saccagée et les colons romains refoulés, les uns dans les montagnes, qui gardèrent le nom de Dacie trajane, les autres sur la rive droite du Danube, où ils formèrent, sous le règne d'Aurélien, la Dacie aurélienne. « Après le passage des Avares en Pannonie au vii⁰ siècle, dit M. H. Desprez, les plaines désertes retrouvèrent leur primitive population roumaine, laquelle commença à se grouper en petits États, qui sont devenus à la fin du xiii⁰ siècle la principauté de Valachie, et au milieu du xiv⁰ celle de Moldavie. Quant aux colons de la Dacie aurélienne, ils restèrent campés de l'autre côté du Danube (la rive droite), s'allièrent aux Bulgares avec lesquels ils fondèrent l'empire vlasko-bulgare, qui fut détruit par les Grecs, puis rétabli et enfin renversé à tout jamais par les Turcs. Ces Vlasks, répandus depuis leur ruine dans la Thrace et la Macédoine, ont continué d'y vivre sans se mélanger au milieu des Gréco-Slaves, sous le nom de Kutzovlaques, de Morlaques et de Zinzares. »

Le nom de Valaques, donné aux Roumains du bas Danube, n'est autre que celui de Welshs, Waels, Gaels, Galls, Walls, Vlaks, Valaques (ou Gallaques), Gallois ou Gaulois, qu'ont porté nos ancêtres, et que les Allemands et les Slaves donnent aux races latines en général, et aux Italiens en particulier.

Les Grecs aussi sont également des frères des Latins; on peut voir à ce sujet la note S *bis* à la fin du volume.

Plusieurs autres contrées de l'Europe ont aussi été romaines ou latines, mais nulle part ailleurs, si ce n'est peut-être en Turquie, il n'est resté de traces de langage et de sang latins. Il n'en est pas de même du langage et du sang des Gaulois, car c'est de la Gaule que sont partis les colons qui ont peuplé les îles britanniques, et aujourd'hui encore on les retrouve, pour ainsi dire, purs de tout mélange dans une partie de l'Écosse, dans presque toute l'Irlande, dans l'île de Man, la principauté de Galles, chez une partie des habitants de la Cornouaille (Cornwall[1]) anglaise et dans le Galloway[2].

Si donc il existe quelque part dans le monde des populations dignes de notre affection, ce sont certainement celles qui habitent les pays que nous ve-

---

1. Cornwall, Corn (pointe), Wall, Gall ou Gaule, Corne de Gall, ou Corne Gaule, pointe de Gaule, Corne Wall (Cornouall, le w, en anglais, et probablement aussi dans les langues galliques, se prononçant ou).

2. Prononcez Gallo-ouai, Gallouai, Gallois, à cause de la prononciation du double w. (Voir la note précédente.)

nous de nommer. Leur langage est le même que celui que parlaient nos ancêtres, il y a deux mille ans, bien que nous ne le comprenions plus aujourd'hui, et leur sang, celui qui coulait dans leurs veines.

L'Angleterre elle-même a été primitivement habitée par des colonies de Gaulois qui y pénétrèrent à des époques différentes.

Lorsque les Romains en firent la conquête, toute l'île, l'Écosse comprise, était habitée par trois peuples gaulois : les Scotts, les Pictes et les Bretons. Elle avait d'abord porté le nom d'Albion (la blanche); à l'arrivée des Bretons, elle reçut celui de Bretagne ou Britannia[1].

Les Scotts[2] et les Pictes habitaient l'Écosse : les Scotts à l'extrême nord, et les Pictes dans le sud.

Les Bretons habitaient la contrée qui porte aujourd'hui le nom d'Angleterre, d'où ils avaient chassé les Pictes avec lesquels ils demeurèrent constamment en guerre. La lutte qui durait encore lorsque les Romains firent la conquête de l'île recommença après leur départ. Les Bretons eurent l'imprudence d'appeler à leur secours les Angles et

1. Britain, Bretaen, Prydain. (Henri Martin.)
2. On donne une origine teutonique ou germanique aux Scotts, mais il faut croire que c'était le nom de quelques conquérants ou envahisseurs, et que leur nombre n'était pas considérable, puisque le fond du langage est resté gaulois; leur origine n'est même probablement pas plus teutonique ou germanique que celle des Belges qui, comme on le verra plus loin, ne sont autre que les Gaulois mêmes.

les Saxons, qui alors habitaient le Jutland et le Hols-
tein. Ceux-ci vinrent en effet, mais une fois entrés
dans le pays, ils n'en voulurent plus sortir et y sont
demeurés tout à fait. Ce sont en partie les ancêtres
des Anglo-Saxons de nos jours. Quant aux Bretons,
obligés de céder le terrain à ces nouveaux envahisseurs, ils se retranchèrent dans les montagnes de la
principauté de Galles et dans le comté de Cornouaille.
Un certain nombre réémigra en France dans notre
Bretagne, où on leur distribua des terres et où ils
trouvèrent des frères de leur sang et parlant leur
langage[1].

Ceux qui restèrent en Angleterre disputèrent longtemps le terrain aux Anglo-Saxons qui, à leur tour,
furent envahis par les Danois ; ceux-ci régnèrent sur
eux pendant un certain nombre d'années, furent
chassés ensuite, reconquirent de nouveau le pays
et en furent de nouveau et définitivement chassés[2]
en l'an 1042, qui vit remonter sur le trône un roi de
race anglo-saxonne, Édouard le Confesseur. Mais
ce dernier étant mort sans postérité, Guillaume le
Bâtard, duc de Normandie, qui avait des droits au
trône, envahit le pays à la tête d'une armée considérable de Normands et d'aventuriers de toutes les
provinces de France, qui s'étaient enrolés sous sa bannière et s'y fixèrent pour toujours, car leurs descen-

---

1. Voir la note T à la fin du volume.
2. Disons cependant qu'une partie des Danois est demeurée
dans le pays et restée soumise aux Anglais parmi lesquels elle
s'est fondue depuis.

dants y existent encore. Moreau de Jonnès a dit
d'eux : « Ils se fixèrent principalement sur les côtes
de leur nouvelle patrie, les plus voisines de celles
qu'habitait leur race; et on retrouve presque exclu-
sivement leur descendance et leurs traits dans la
population du Dorset, du Hampshire, du Devon et
du Sommerset. La grande masse de la population
dans ces comtés ne diffère, ni dans son aspect, ni
dans ses habitudes, ni même dans son caractère, de
celle des départements de l'ancienne Normandie,
dont elle tire son origine, et dont elle n'est séparée
que par un bras de mer. »

Avant de compléter cet aperçu sur les populations
gauloises et gallo-romaines, nous avons à dire un
mot de celles que nous désignons sous le nom de
Gallo-Rhénanes ou Gallo-Germaines, parce qu'elles
sont fortement mélangées de Germains. Quelques explications sur l'étymologie du mot Gaulois nous paraissent préalablement nécessaires, afin de bien savoir quel est celui des peuples gaulois auquel il
s'appliquait primitivement et quelles pouvaient être
les véritables limites de la Gaule.

Il existe sur cette étymologie une telle diffusion
et une telle confusion qu'il nous a été d'une difficulté
extrême de nous en rendre compte et de nous former
un jugement et une opinion à son sujet.

Nous croyons pourtant que l'une et l'autre ne proviennent que de cette phrase de Jules-César, qu'A-
médée Thierry appelle désespérante de concision,
et que nous appellerons plutôt ambiguë et erronée.

« Toute la Gaule, dit César, est divisée en trois parties, dont l'une est habitée par les Belges, l'autre par les Aquitains, et la troisième par ceux que nous appelons Gaulois *et qui dans leur langue se nomment Celtes*. Ces nations diffèrent entre elles par le langage, les mœurs et les lois. Les Gaulois sont séparés des Aquitains par la Garonne et des Belges par la Seine [1]. »

Pourquoi les Romains ont-ils donné le nom de Gaulois à ceux qui, dans leur langue, se nommaient Celtes ou même plutôt Keltes?

Pourquoi, à partir d'une certaine époque, les Romains, comme on va le voir, n'ont-ils plus voulu voir que des Gaulois là où précédemment ils ne voyaient que des Celtes? César ne le dit point. C'est que César a confondu les noms des peuples gaulois et qu'il a mal à propos donné aux Celtes la doublure de celui des Belges, comme nous allons le démontrer par ce qui suit.

Abel Hugo a dit [2] :

« Une population caractérisée par une témérité confiante, des dispositions guerrières, une intelligence vive et ingénieuse, des penchants aventureux et mobiles, paraît avoir habité depuis les temps les plus reculés cette grande contrée connue dans l'antiquité sous le nom de *Celtique*, puis célèbre sous le

---

1. *Mémoires de Jules-César*, traduction nouvelle par M. Artaud, inspecteur général des études. Paris, Panckoucke, MDCCCXXXII. Tome 1er, page 21.

2. *France historique et monumentale*, par Abel Hugo, p. 1.

nom de *Gaule* et illustre sous le nom de *France*. »

Il semble d'après ceci découler tout seul qu'une population celtique a dû dans la Gaule précéder la population gauloise; telle est, du moins, notre opinion, et nous allons essayer de démontrer qu'elle est quelque peu fondée, malgré cette autre phrase d'Abel Hugo, qui a dit page 7 du même ouvrage :

« L'identité des Galls et des Celtes est admise par tous les écrivains anciens, c'était un même peuple connu sous deux appellations différentes. »

A cela, nous répondrons *oui*, comme tous les écrivains modernes admettent l'identité des Gaulois et des Français, mais comme nom ayant succédé l'un à l'autre, et non comme contemporains l'un de l'autre, il n'en est pas autrement des dénominations de Celtes et de Gaulois[1].

Comme Henri Martin, Abel Hugo et autres, et probablement même ceux-ci d'après lui, M. Amédée Thierry admet l'identité des Celtes et des Gaulois, malgré cette phrase pourtant si précise de Diodore de Sicile, qu'il cite cependant, car c'est chez lui que nous la puisons.

« Suivant Diodore de Sicile, dit Amédée Thierry, « les Galates habitaient au-dessus des Celtes vers le « nord, et s'étendaient sur tout le reste de la Gaule, « *et même encore au delà*. »

Que faut-il donc de plus clair[2] pour rectifier César,

1. Voir la note U à la fin du volume.
2. « J'appelle claires les données qui concordent entre elles,

distinguer les Celtes des Gaulois et assigner aux descendants de ces derniers la place qu'occupent aujourd'hui les Belges?

Faut-il une autre preuve que les Gaulois étaient au nord et que le territoire qu'ils occupaient ne devait pas être aussi étendu que l'admettent les historiens modernes? c'est encore M. Amédée Thierry qui, sans y penser, va nous la fournir; car deux lignes plus loin il ajoute : « Pour beaucoup de Grecs, le mot Galate, lorsqu'il fut devenu vulgaire, prit une acception exagérée; on l'applique sans distinction à tous ces essaims d'aventuriers qui, sortis de la Gaule par le nord vers la fin du III° siècle, inondèrent l'Illyrie, la Grèce et l'Asie Mineure. »

Nous pensons, contrairement à M. Amédée Thierry, que ce ne sont pas ceux qui disent les Gaulois sortis du nord qui tombent dans l'exagération, mais bien au contraire ceux qui les disent sortis du midi, en en exceptant toutefois les Arekomikes et les Tectosages.

A propos du mot Galate ou Gaulois, M. Amédée Thierry dit :

« Quant à son antiquité, elle est incontestable, puisqu'il figure dans les plus vieilles fables ethnologiques que les Grecs avaient *inventées* sur la Gaule; on l'y trouve sous la forme de Galatès, et aussi sous la forme vraisemblablement plus ancienne de Galas,

et positives les preuves qui se tirent des faits permanents, comme l'existence d'une ville, d'un temple, d'une institution. »

(MOKE, Hist. des Francs, t. Ier, p. 42.)

dont Galatès paraît n'être qu'un dérivé et qui se rapproche beaucoup de la forme de Gallus. D'après ces fables, Galas et Celtus sont frères et tous deux fils de Galatée, symbole assez conforme à la vérité ethnologique.

Inventées est bien le mot qui convient ici, car de deux peuples beaucoup de Grecs n'en faisant qu'un, il a bien fallu inventer quelque chose pour expliquer ce qu'on ne s'expliquait pas, c'est-à-dire la dualité de nom : on a fait alors descendre ces peuples de Galas et Celtus, deux fils d'un père commun, Galatée. Malgré cela, la dualité n'en existe pas moins, puisque les uns, les Gaulois, descendraient de Galas, et les autres, les Celtes de Celtus. Car enfin, si l'on veut les faire remonter tous deux à Galatée, il ne peut pas en être de même lorsqu'il s'agit de remonter seulement aux deux frères, les descendants de l'un ne peuvent pas être en même temps les descendants de l'autre. C'est faire remonter l'unité d'un degré trop loin; s'il ne s'agissait que de remonter les âges, en remontant tout de suite à Noé et même jusqu'à Adam, nous trouverions une unité bien plus incontestable que celle-ci, mais si l'on veut qu'il y ait unité entre les descendants de deux frères, c'est une tout autre affaire. Il y a seulement parenté, fraternité, et non unité.

D'ailleurs les fables inventées à ce sujet ne peuvent pas remonter bien loin, puisque dans le même alinéa M. Amédée Thierry dit encore :

« Déjà 260 ans avant notre ère, Timée nommait

Galatie la contrée que la plupart de ses compatriotes nommaient Celtique. »

Lorsqu'on admet que les Gaulois sont de toute anti quité dans la Gaule, le mot *déjà* placé ici doit paraître d'un singulier effet, car il fait supposer que c'est la première fois que le nom de Gaule (Galatie) apparaît dans l'histoire au lieu de celui de Celtique sous lequel elle était connue auparavant. Nous supposons qu'on devrait, au contraire, puisque les Gaulois étaient si anciens dans la Gaule, être surpris qu'il n'eût pas encore été fait mention du mot *Galatie* et qu'il eût été alors préférable de dire : *Ce n'est que* 260 ans avant J.-C. que la Celtique est appelée Galatie pour la première fois, au lieu de dire : « *déjà* Timée, 260 ans, etc. »

Toutes ces erreurs proviennent du reste de la même source et de la confusion qui a été faite des Gaulois et des Celtes, et de ce que sur ce point César a fait trop longtemps autorité. Partout où l'on a vu des Celtes on a voulu voir des Gaulois, et *vice versâ.*

Dans l'ouvrage intitulé : *la Pologne dans ses anciennes limites*[1], on lit :

« Le vaste pays qui s'étend depuis la mer Baltique et la mer Noire fut occupé de temps immémorial par les Slaves, mais envahi à diverses époques par les Scythes, les Goths, les Huns, les Avares, il chan-

---

1. *La Pologne dans ses anciennes limites et l'empire des Russies en* 1836. 1 vol. in-8, Paris, 1836.

gea aussi souvent de nom que les Slaves changèrent
de maîtres. »

Ce qui a été dit de la Pologne ne peut-il pas être
dit de la France, c'est-à-dire que, primitivement
habitée par les Celtes, elle a porté d'abord le nom de
Celtique; que, conquise en partie par les Belges, Welches, Waels, Gaels ou Gaulois, elle a pris le nom de
Gaule; que, conquise ensuite par les Romains, elle
est devenue province ou Gaule romaine; que, conquise
plus tard par les Francs, elle a encore changé de
nom pour prendre celui de France?

Chaque fois qu'il y a eu changement de nom il
y a eu nouveau peuple.

Moke, dans son *Hist. des Francs*, t. I⁰ʳ, dit, p. 136 :

« Plusieurs glossaires du moyen âge (entre autres
celui qu'a publié Eckhart dans son *Histoire des Francs
orientaux*) donnent comme synonymes les mots de
Wallus et de Romanus. »

Est-ce que ce qui est arrivé pour les mots de
Wallus et de Romanus n'a pu arriver pour les mots
de Celte et de Gall?

Est-ce que, si c'est lorsque les Romains eurent
conquis la Gaule que leur nom est devenu synonyme
de Wall ou de Gaulois (Wallus), lorsque les Belges,
Welches ou Gaels, eurent conquis une partie de la
Celtique, leur nom n'a pas pu devenir synonyme de
Celte, qui était le seul connu auparavant, puis s'é-
tendre ensuite à toute la Gaule, puis, confondant plus
tard les deux peuples ensemble, celui de Celte devenir synonyme de Gaulois?

Moke, dans le même ouvrage et à la même page, dit encore :

« Dans les chroniques de l'Irlande, les envahisseurs de diverses races venus d'Angleterre ou *du pays des Belges* sont des Galls, et ce mot est resté là synonyme de celui d'étranger et même d'Anglais[1]. »

Moke ajoute en note :

« *Gall*, un étranger, un habitant d'un autre pays (foreigner), un Anglais (*Irish dict.*, by Oreilly, Dublin, 1817) ; Clanna Gall (race de Gaels) est synonyme de *Sagsanniœ*, Saxon. (*Ibid.*, remarque sur la lettre A) [2]. »

Moreau de Jonnès dit :

« Le nom de Gaels signifie en langue erse (irlandaise) étrangers, et celui de Celtes ou Caoiltichs, habitants des bois. »

1. Peut-on désigner plus clairement la Belgique comme le pays d'où viennent les Gaulois ? on voit que la Celtique est exceptée des pays qui envoient des étrangers aux Celtes Irlandais.

2. De Brotonne dit que l'opinion de Schœpflin sur les Celtes est renfermée dans ces trois points :

1° L'ancienne Celtique est la Gaule ;

2° Les Celtes répandus en Europe venaient de la Gaule ;

3° Les Celtes étaient un peuple tout différent des Ibères, Germains, Bretons, Belges, Aquitains.

(BROTONNE, *Histoire de la filiation et des migrations des peuples*, p. 309, t. Ier, 1837.)

Nota. Nous ne donnons ici cette opinion de Schœpflin que pour constater que suivant lui les Celtes ne doivent pas être confondus avec les Belges, qui étaient, suivant nous, les seuls et véritables Gaulois, bien que M. Henri Martin trouve qu'ils n'étaient qu'une des confédérations de ces derniers ; nous déclarons ne pas admettre entièrement, sur les autres points, l'opinion de Schœpflin, malgré la qualification de *judicieux Schœpflin* que lui donne un historien dont le nom ne nous revient pas à la mémoire.

Est-ce que ceci ne semble pas indiquer qu'en
Irlande aussi les Celtes ont dû précéder les Belges,
ou Welches, Waels ou Gaels, Walls ou Galls ?
Est-ce que, si les Celtes et les Galls étaient identiques,
leurs deux noms pourraient spécialement et distinc-
tement signifier l'un habitant des bois, des montagnes, tandis que l'autre signifierait étranger ?
Les renseignements suivants, que nous puisons dans
un résumé de l'*Histoire d'Irlande*, par Élias Regnault, confirment ce que nous avançons.

En effet, on lit dans Élias Regnault :

« Il demeure certain que les Celtes furent les plus
anciens colonisateurs de l'Occident et que les Irlandais sont les descendants les plus directs des Celtes,
dont ils ont conservé le dialecte et les traditions[1]. »

Pour répondre à ceci, nous dirons :

Lorsque deux peuples aussi distincts que les Gaels
et les Anglo-Saxons ont pu et peuvent être confondus
par un peuple si voisin que les Irlandais, et leurs
noms devenir synonymes, que peut-on répondre de
sérieux à celui qui émet cette opinion que pareille
chose aurait bien pu arriver pour les noms de Celte
et de Gaulois? Rien, absolument rien, l'histoire certaine, ajoute Moke, page 26, ne commençant pas
beaucoup plus de 500 ans avant J.-C., ou 2,300 ans
avant nous. Or, à cette époque, les Gaulois, suivant
toute apparence, étaient déjà depuis longtemps dans
la Celtique.

[1]. Voir la note V à la fin du volume.

Avant l'envahissement du nord de l'Italie, on les connaissait même si peu, ainsi que leur pays, que lorsqu'ils passèrent les Alpes avec les Celtes, on ne savait d'où ils venaient.

Nous dirons de la Celtique ce que Moke a dit à propos de l'Irlande :

Dans la Celtique aussi, le mot de Gael a dû être synonyme d'étranger, car, page 315 de l'ouvrage déjà cité, il dit : « Les druides racontent, dit Ammien Marcellin, qu'une partie de la population est indigène, mais qu'une autre partie est étrangère et venue des îles éloignées et des pays d'outre-Rhin, fuyant devant la guerre ou devant les flots de l'Océan. » L. XV, c. 9. Puis il ajoute : « Quels étaient les peuples non indigènes que désignait cette tradition? Les Belges? Alors, sans doute, Ammien Marcellin les aurait nommés[1], car il avait connaissance de l'invasion belge, attestée par César. C'était donc la masse entière des hommes blonds qui formait le flot venu d'au delà du Rhin, et nous trouvons en effet dans l'ouest de l'Angleterre des traditions toutes pareilles, relatives à l'arrivée des Gaels. » (*Voyez* dans l'appendice du premier volume de l'*Histoire de France*, de M. Michelet, les extraits des triades gauloises.)

Est-ce précis? Les Belges sont-ils encore autre chose que les véritables Gaels? On trouve dans l'ouest de l'Angleterre sur l'arrivée des Gaels des *traditions toutes pareilles* à celles de l'arrivée des Belges chez nous.

Rapprochez cela du passage de Diodore, page 39,

et des passages de Moke et de Masselin que nous
donnons page 52 pour expliquer les n⁰ˢ 6, 7 et 8
des appellations gauloises, et la synonymie d'étranger donnée en Irlande au mot Gael.

Nous répondrons aux observations de Moke :

Quelle nécessité y avait-il pour Ammien Marcellin de nommer les Belges, lorsqu'il disait qu'une
partie de la population était étrangère et qu'il avait
connaissance de l'invasion belge? Que signifie envahisseur d'un pays déjà peuplé, si ce n'est étranger?

Puis, lors même qu'Ammien Marcellin aurait oublié ou négligé de les nommer, ne pourrait-on pas
encore répondre que César a bien oublié de dire pourquoi les Romains donnaient le nom de Gaulois à ceux
qui, dans leur langue, se nommaient Celtes? Que de
choses qui auraient dû être dites et ne l'ont pas été,
que de choses qui l'ont été et n'auraient pas dû l'être!

De ce qu'en Irlande le mot de Gael est synonyme
d'étranger, tous les historiens ne veulent voir dans
les populations qui y ont précédé la race gauloise
que des Ibères.

Mais pour que cette opinion fût admise sans réserve, il faudrait que le mot Celte y eût la même
signification, tandis que, comme nous venons de le
dire d'après Moreau de Jonnès, il signifie habitant
des bois [1].

« C'est également, dit Abel Hugo, l'opinion
d'Amédée Thierry, qui, dans son *Histoire des Gaulois*, trouve que ce nom appartient à l'idiome gallique

---

1. Voir la note V *bis* à la fin du volume.

actuel (peut-être faudrait-il dire celtique), dans lequel Ceilt et Ceiltact veulent dire un habitant des forêts [1].

Pourquoi, sans contester toutefois que des populations ibériennes ou carthaginoises puissent être mêlées aux populations irlandaises, n'admettrait-on pas que les Celtes eussent précédé les Gaels en Irlande, et qu'à l'arrivée des envahisseurs ils se fussent réfugiés dans les bois et forêts, comme ailleurs les peuples envahis se réfugient dans les montagnes, lorsque leur pays en renferme? « *Les montagnes sont les gardiennes de la liberté* [2], » dit un vieux proverbe. Cela expliquerait d'ailleurs cette signification d'habitant des bois donnée au mot Celte [3].

[1]. Il a dû y avoir aussi quelque chose de ce genre en Espagne. Le nom de Gaulois ne nous y semble pas de la plus grande clarté à côté de ceux de Celtes, Celtibères et Celticiens, surtout lorsque, d'après Masselin, nous y voyons aussi des Volsciains.

[2]. On dit que les pays de montagnes sont favorables à la liberté. (Swinton, *Voyage en Norvége, en Danemark et en Russie.*)

[3]. Ce qui pourrait même confirmer notre opinion et même le proverbe cité, c'est la signification que, page 8 de l'ouvrage déjà cité, Abel Hugo attribue au mot Celte qui, dans l'idiome gallique actuel, dit-il, paraît signifier *habitant des montagnes boisées*. Ajoutons encore, à l'appui de cette opinion, que les Anglais donnent aux Gaels, ou habitants de la Haute-Écosse, le nom de Highlanders, c'est-à-dire montagnards, de *high*, haut, élevé, et *land*, terre, haute terre, montagne. Ce qui confirme, comme nous l'avons dit, que les peuples envahis se retirent dans les montagnes, et que par conséquent il n'est pas extraordinaire qu'ils en portent le nom. Dans toutes les langues gothiques, land signifie terre : de là England, ou terre des Angles ou Anglais, Angleterre, Gothland ou terre des Goths, pays des Goths, etc. Voir à ce sujet la note X à la fin du volume.

On lit dans Chauchard et Müntz (page 60) :

« Les habitants de cette partie de l'Écosse, appelés par les Anglais *montagnards*, se nomment eux-mêmes Gaels ou Gaels, c'est-

Lors même que le mot Kelte n'eût signifié en
Irlande qu'habitant des bois, sans l'adjonction de
montagne, on pourrait dire que, dans ce cas, les
bois auraient suppléé aux montagnes qui, d'ailleurs,
suivant toute apparence, sont peu nombreuses et peu
élevées dans ce pays. « Le pays est généralement
uni et marécageux, disent Chauchard et Müntz: aussi
le climat y est-il plus humide qu'en Angleterre. Les
montagnes ne s'élèvent pas au-dessus de quatre mille
pieds. » Masselin les dit moins élevées encore. « Les
montagnes, dit-il, peu considérables dans cette île,
forment de petits chaînons ou des groupes détachés
de distance en distance, et qui n'ont nulle part plus
de trois mille pieds d'élévation. »

Il semble impossible, d'après ce qui précède, de
ne pas admettre qu'il y ait eu trois peuples différents dans la Gaule, comme César le dit lui-même,

à-dire Gaulois, et ils nomment leur pays Gaeldoch, d'où est venu
probablement le nom de Calédonia. Leur langue est la langue
erse ou *gaele*, qui ressemble à l'ancien idiome des Irlandais, également dérivé du celte. »

Schœl dit que les habitants de cette contrée sont appelés Calédoniens, ou Gaulois des montagnes, de *Gael*, Gaulois, et *do*
(*dun*, *dune*), montagne. *

Peut-être en Écosse le nom de Gael a-t-il prévalu sur celui
de Celte, ou bien est-il dans cette contrée le plus ancien et le
second seulement en Irlande. C'est une question à examiner.

Voir, comme complément de ces observations, la note Y à la
fin du volume.

* L'étymologie de *dun* est celto-gauloise ; on en retrouve la racine dans les mots
suivants : Dunkerque, église des Dunes, Châteaudun ou Château de Dun, c'est-à-
dire château de la ville de Dun, sur la dune ; cette ville portait autrefois le nom de
Dun-sur-Loir. La contrée dans laquelle elle est située porte toujours de la forme
ancienne le nom de Dunois et non Châteaudunois, comme cela devrait être, si on
avait étendu au pays la forme nouvelle de la dénomination de la ville.
Le lac de Thunn, en Suisse, signifie également lac des dunes, lac des montagnes.

mais dont il a, par erreur, confondu les noms en donnant celui de Galli ou Welche à celui qui dans sa langue nationale se nommait Celte.

Il est facile de se convaincre de ce que nous avançons par le tableau comparé qui va suivre des différentes appellations gauloises, dont pas une n'a de rapprochement avec le mot Celte.

En effet, il nous a paru résulter et même prouvé que Volces[1], Volskes[2], Bolgs[3], Belgs[4], Belges[5], Welshes[6], Welches[7], Waels[8], Wuelchs ou Walchs[9], Walls[10], Wallons (ou Gallons)[11], Valais[12], Valois[13], Vlaks[14], Valaques (ou Galaques)[15], Galates[16], Galtachs[17], Galls[18], Gaëls ou Caëls[19], Galics ou Gaëlics[20], Galots[21], Galegos[22], Gallois[23], Gaulois[24] et même Ola[25], Olatz[26] et Vallus[27], n'étaient qu'un seul et même mot sous des formes et variantes différentes et souvent peu sensibles.

Et de plus, d'après Henri Martin (*Histoire de France*, 4ᵉ édit. Furne, 1855, t. Iᵉʳ, p. 4), Gadhel[28], Gaidhel[29] et Gâl[30], puis Gwiddelod[31], et peut-être encore d'après Moke, Galeddin[32].

Ce qui a induit César en erreur sur l'application du mot Gaulois, c'est le voisinage, et faute par lui de s'être rendu compte de ce que, comme nous venons de le démontrer, Belge, Welche, Wall, Wael, Gael, Gallois ou Gaulois, n'étaient que des variantes d'un seul et même mot.

1, 2, 3, 4. Henri Martin dit tome Iᵉʳ de son *Histoire de France*, édition de 1838, p. 25, en parlant des Volces Tectosages et Arécomikes :

Henri Martin, page 22 de sa nouvelle édition, dit
en note, en parlant des Belges : « Les historiens latins les appellent collectivement *Volcæ* ou *Volgæ*, variante de *Belgæ* ou *Bolgæ*; la permutation du *b* en *v*
est fréquente dans les langues celtiques. » Nous
ajouterons : Si *Volgæ* est une variante de *Belgæ*,
Velcæ, Velchæ, Vaelcæ, Gaelcæ, ne pourraient-ils
pas aussi être des variantes de Volcæ? De Volcæ à
Velcæ ou Welchæ, quelle distance y a-t-il?

Puisque la permutation du *b* en *v* est fréquente
dans les langues celtiques, permutons le *b* de Belgæ
en *v*, et nous aurons Velgæ ; nous serons encore
bien près de Velcæ ou Waelcæ.

« Les Latins les appelaient collectivement Volskes (Volcæ),
nom identique à Bolgs ou Belges. »

Et dans la dernière édition (1855), p. 22 :

« *Belg, Bolg, Volg, Belgiaidd*, de *bel*, guerre, même radical que
le *bellum*, *Bellona*, des latins. »

Observation. Le mot Volg placé ici par M. Martin nous fait
supposer que les Gaulois pourraient bien avoir laissé, lors de
leur passage dans cette contrée, leur nom au Volga ou Wolga,
comme l'écrit Masselin. Et ce qui semblerait confirmer cette
opinion, c'est qu'on lit encore dans Masselin :

« VOLSK. Pet. v. du gouv. et à 30 l. N. E. de Saratow (Russie
d'Eur.), sur le Volga. Fab. diverses; 4,600 hab.

°Chose bizarre, sur la carte d'Europe de Hérisson (Paris, Marie
et Bernard), ce mot est écrit *Volsk*.

Un historien dont le nom nous échappe a dit que les Volsques
du Latium étaient de la même famille que les Volces ou Volks
arékomiques et Tectosages, et, par conséquent, Gaulois : ce qui
ne nous paraît nullement impossible.

Voici ce que Masselin dit d'eux :

« VOLSQUES. Peuple puissant du Latium, sur la Méditerranée
et vers la Campanie, aujourd'hui le sud-est de la *campagne de
Rome* (Italie). Fiers et belliqueux, les Volsques ne furent domptés par les Romains qu'après leur avoir résisté pendant plus de
deux cents ans. »

Avant l'invasion du nord de l'Italie, les Celtes se
trouvaient plus rapprochés des Romains que les

Ce qui paraîtra assez vraisemblable, si on compare cette opinion avec celle de Voltaire sur la formation du latin. Voici ce
que nous trouvons à ce sujet dans le *Dictionnaire des gens du
monde*, M. DCCLXX, t. III, p. 257 :

« Il n'y a point de langue mère. Toutes les nations voisines
ont emprunté les unes des autres ; mais on a donné le nom de
langue mère à celles dont quelques idiomes connus sont dérivés.
Par exemple, le latin est langue mère par rapport à l'italien, à
l'espagnol, au français, mais il était lui-même dérivé du toscan,
et le toscan l'était du celte * et du grec. »   VOLTAIRE.

Cette opinion de Voltaire doit être ici d'un grand poids ; on
attribue trop généralement une origine latine aux mots français
qui ont quelque ressemblance avec le latin. Mais si le latin dérive lui-même du gaulois et du grec, ce n'est plus le gallo-
français qui a emprunté au latin, mais le latin qui a emprunté
au gaulois. D'ailleurs les peuples gaulois de la Cisalpine avaient-
ils perdu l'usage de la parole lorsqu'ils sont allés habiter cette
contrée, et ne peuvent-ils avoir doté le latin d'une partie de leur
langage ? Il ne faut pas oublier que Virgile est né près de Man-
toue dans la Gaule cisalpine.

5. Abel Hugo, dans *la France historique et monumentale*, t. Ier,
p. 43, dit, en parlant des invasions des Kimris de la Gaule (la
Celtique) : « La première invasion des Kimris, deux ans après,
fut suivie d'une nouvelle expédition à laquelle prit part seulement
la confédération des Belgs ou Belges (les guerriers). »

6, 7, 8. Dans une note insérée page 86, édition in-8, Furne,
des *Récits des temps mérovingiens*, M. Augustin Thierry dit que
Welches est le nom des Gaulois et des Romains dans l'idiome des
nations germaniques. Tibbins, dans son *Dictionnaire français-an-
glais et anglais-français*, 1834, in-32, partie géographique, traduit
le nom français de Gallois par Welsh, *et vice versâ* pour le mot
Welsh.

Moke, dans son *Histoire de France*, t. Ier, p. 136, dit :

« Dans les chroniques de l'Irlande, les envahisseurs de diverses races, venus d'Angleterre et du *pays des Belges*, sont des
Galls. »

Masselin, dans son *Dictionnaire de géographie*, s'exprime ainsi à
l'article Welches :

* Nous pensons qu'il faudrait dire ici le gaulois et non le celtique, par rapport au
mot Volsque ou Volkes qui, comme nous le démontrons, signifie Gaulois et non Celte.

Belges ou Gaulois, qui étaient au nord de notre
Gaule : mais lorsque ces peuples eurent envahi l'Ita-

« Welches ou *Belges-Gaulois*, peuples celtes dans le nord de la
Gaule et de la Grande-Bretagne ; puis il ajoute : (voy. Belges) ».

Moreau de Jonnès dit, p. 94, t. Ier, *Statistique de la Grande-
Bretagne* [*]

« Les appellations de Galls, Welshs, Waels, sont des dérivés
et des corruptions du nom Gaels. »

Moreau de Jonnès dit encore dans le même passage :

« Leur langue s'est conservée dans la Haute-Écosse, dans l'île
de Man, aux Hébrides et en Irlande ; leur nom de Gaels signifie
en langue erse étrangers, et celui de Celtes ou Caoilzichs, habitants des bois. »

9. Voltaire a dit :

« Les Gaulois sont presque le seul peuple d'Occident qui aient
perdu leur nom ; ce nom était celui de Walch ou Wuelch ; les
Romains substituaient toujours un G au W, qui est barbare : de
Wuelch, ils ont fait Galli, Galla. On distingua la Gaule celtique,
la Belgique, l'Aquitanique, qui parlaient chacune un jargon différent. »

10. Walls. Voir les notes 25, 26, 27, où Moke dit qu'Ola ou
Olatz ne sont qu'un adoucissement du mot primitif de Gall ou
Wall.

11. Masselin, dans l'ouvrage déjà cité, à l'article Wallons,
s'exprime ainsi :

« Wallons (les), c'est-à-dire Gaulois, nom que l'on donne en
Espagne aux peuples de la Flandre, du Brabant, du Hainaut et
de l'Artois, dont le langage naturel est un vieux français. »

Le mot Gallons, placé à côté de Wallons, n'est que supposé
par nous, et seulement pour montrer le rapprochement avec le
mot Gaulois, car nous n'avons rencontré nulle part ce mot écrit
ainsi. Il en est de même de Galaque (n° 15) placé à côté de Valaque.

12, 13. Moke, dans son *Histoire des Francs*, t. Ier, p. 136, dit :

« Les Allemands et les Slaves ont de même appelé Wallons,
Valais, Valaques, non-seulement les habitants de l'ancienne Gaule,
mais ceux de tout l'ancien empire romain. »

Puis il ajoute en note :

« L'on peut se convaincre de ce point en comparant les limites
de l'ancien empire et la situation des provinces appelées Wal-

[*] 2 vol. in-8°. Paris, 1837.

lie, les Belges se fixèrent dans la partie sud du territoire envahi et les Celtes au nord, de sorte que de

lonnes, Valoises, Valaques. » (Voir aussi les notes 25, 26, 27, qui forment le complément de celles-ci.)

44, 45. M. H. Desprez, dans l'ouvrage déjà cité [*], dit :

« Les peuples moldo-valaques sont descendus des colons romains de la Dacie, et le nom de Roumain (Roumuni) est encore aujourd'hui le nom générique ; leur nom de Valaques, que l'Occident et la diplomatie leur donnent, n'est pas autre chose que le mot de Vlaks ou de Welches, par lequel les Slaves leurs voisins désignent les races latines en général et les Italiens en particulier. »

Ce mot de Vlaks, les Roumains eux-mêmes nous l'appliquent également à nous, Français, car M. Desprez ajoute, en parlant de son séjour dans ce pays : « J'étais cordialement fêté par mes hôtes, qui s'empressaient toujours d'être agréables à un Vlak (Gaulois, Galaque ou Valaque) de l'Occident. »

On lit dans Destrilles, *Confidences sur la Turquie*, Paris, 1855, 1 vol. in-8°, page 160 :

« Il est curieux de comparer comment les peuples appellent les Italiens et les Valaques : -

Les Allemands appellent les Italiens Vallios, les Valaques Vallios.

Les Français du XIVe s.	—	—	Valloches,	—	Vallaques.
Les Polonais	—	—	Vloch,	—	Vollowni.
Les Hongrois	—	—	Olas,	—	Olach.

La Hongrie appelle l'Italie Vloskagenie, la Moldo-Valachie Voloskagénie.

46. On lit dans le dictionnaire de Masselin :

« Galates ou Gallo-Grecs, peuples d'origine gauloise, qui, plusieurs siècles avant J.-C., ayant pénétré à travers la Thrace et la Grèce, jusqu'au centre de l'Asie-Mineure, vinrent se fixer dans le nord de la Phrygie, et donnèrent au pays le nom de Galatie ; appelés ensuite Gallo-Grecs, à cause de leur mélange avec les Grecs, divisés en Trocmi à l'est, Tectosages au milieu, et Tolistoboii à l'ouest. »

Masselin ajoute, en parlant de la Galatie ou Gallo-Grèce :

« Les apôtres y prêchèrent l'Évangile. »

« Le plus important des radicaux gaulois, dit Henri Martin, est le nom même de la race : Gall, d'où Galice, Galatie, etc. » ; nous ajouterons, et peut-être Gallicie. D'après une carte que

---

[*] *Les Peuples de l'Autriche et de la Turquie*, 2 vol. in-8°, 1850.

même qu'autrefois ils n'avaient vu que des Celtes
dans la Gaule, parce que, comme nous venons de le

nous avons sous les yeux, les Gaulois, suivant Moke, ont dû
passer par la Gallicie pour venir habiter la Gaule, ce qui rend
notre supposition vraisemblable, car les Gaulois ont fait plusieurs
haltes en chemin et ils ont dû en faire une en Gallicie.

Toute la question est de savoir à quelle époque et comment
cette contrée a été baptisée du nom de Gallicie. Dans le tome Ier
de sa nouvelle édition, page 27, Henri Martin dit, en parlant des
Gaels scordistes (partie des Gaulois de Sigovèse) :

« Ils occupèrent la Servie et l'Esclavonie. » Puis il ajoute :
« Les Japodes, nation mélangée de Gaulois, s'étendaient dans
une partie de la Hongrie et de la Transylvanie. Les Bastarnes,
peuple à demi gaulois, dépassaient les Carpathes, vers la Gallicie
et l'Ukraine. »

17. Moke dit page 135 de son *Histoire des Francs*, en parlant
des Gaulois : « Les Saxons d'Angleterre ont nommé indifféremment Gaels, Gallois, Galtachs*, les diverses tribus qu'ils trouvèrent
déjà établies dans les îles britanniques et dont une partie au
moins était d'origine ibérique. »

18, 19, 20. Moreau de Jonnès dit, p. 94 du volume déjà cité :
« Les Gaulois, Galls, Gaels, Galics ou Celtes, paraissent être
venus en Europe des régions occidentales de l'Asie. Ils passèrent
des Gaules dans la Grande-Bretagne avant les temps historiques.»

Henri Martin dit, en parlant de la langue des Gaulois, que le
gallique primitif ne subsiste plus aujourd'hui que dans la Haute-
Écosse et l'Irlande; il faudrait aussi ajouter : et l'île de Man,
comme le dit Moreau de Jonnès.

Henri Martin dit encore :

« Les premiers hommes qui peuplèrent l'ouest de la Gaule furent
les Gaulois. » Puis il ajoute en note : « Dans leur langue, Gadhel
ou Gaidhel, et par contraction Gaël ou Gâl, nos véritables ancêtres, car leur sang prédomine de beaucoup dans ce mélange suc-
cessif de peuples divers qui a formé notre nation. »

Dans un autre passage il ajoute :

« La race des Gaëls apparaît, à l'origine de l'histoire, divisée
en un grand nombre de peuplades indépendantes, mais agglomérées en plusieurs groupes par des liens fédératifs. Un de ces
groupes acquit une telle importance dans la Gaule primitive, que

* Voir la note Z à la fin du volume.

dire, ceux-ci se trouvaient plus rapprochés d'eux que les Gaels, ils ne virent ensuite pour la même

son nom a été souvent attribué à la race gauloise tout entière : c'était la fameuse confédération des Celtes. »

Observation. Nous pensons qu'on a tort d'attribuer le nom de Celtes *à la race gauloise tout entière,* attendu que nous supposons qu'ils étaient seulement frères des Gaulois, mais non Gaulois, comme les Français sont frères des Italiens, et non Italiens; mais nous supposons qu'on a raison de faire des Celtes *une race tout entière, la race celtique.*

Nous ne citons cette phrase de M. Henri Martin que pour démontrer la concordance du mot Gaulois avec les autres appellations qui s'y rapportent; car, ainsi qu'on a pu le voir page 39, notre opinion est que les Celtes (et peut-être même les Aquitains) ont dû précéder les Gaulois dans la Gaule; que, par conséquent, ceux-ci ne devaient pas être les premiers habitants de notre pays, mais au contraire les seconds; il n'est pas même certain qu'ils ne devraient pas avoir le troisième rang, si, comme le suppose Moke, les Aquitains ont été les premiers, c'est-à-dire :

1° Les Ibères ou Aquitains;

2° Les Keltes ou Celtes;

3° Les Belges ou Gaulois.

Les Kimris doivent être un quatrième peuple entré dans la Gaule avant ou après la dernière invasion belge. Cette présomption se change presque en certitude en lisant la note 32, où il est dit, d'après Moke et Michelet, que la tradition les distingue soigneusement des *Calédoniens* et du peuple des *Galeddins,* tribus galliques moins mélangées.

Cette pensée est confirmée en quelque sorte par la note 34, où il est dit, d'après Henri Martin, que les Gaels ont précédé les Kimris: par conséquent, si nous ne nous trompons pas, et que les Belges et les Gaulois ne soient bien qu'un même peuple, il est irréfutable que les Kimris ne soient pas différents des Belges.

24. Sur la carte ethnographique de l'Europe, n° 29 de l'atlas général de Dussieux, les Espagnols de la province de Galice (Gaulice ou de Gaule) sont appelés *Galigos.*

22. Sur la même carte, nos Bretons orientaux (de Rennes à Nantes) sont appelés *Galois,* et les Bretons occidentaux (ceux du Finistère), *Bas-Bretons.*

raison que des Gaulois dans leurs envahisseurs,
bien qu'une partie fût Celte.

Ces derniers se nomment eux-mêmes *Breiz*, dont on a fait
Britz, Brittones, Britons et Bretons.

23. Voir la note n° 6.

24. Voir la note n° 48, où le nom de Gaulois est synonyme de
Galls, Gaels, etc.

25, 26, 27. Moke, note 2 de la page 436 de son *Histoire des
Francs*, t. Ier, dit :

« Les Valaques se nomment eux-mêmes *Romanu*, et les Hon-
grois les nomment *Ola;* de même qu'ils appellent les Italiens
Olatz, ce qui n'est qu'un adoucissement du mot primitif, Gall ou
Wall, appliqué de même à ces deux peuples. »

Nous puisons dans le *Dictionnaire géographique* de Masselin le
passage suivant : « WALLENDORF, OLASZI ou WLAHI, ville de
Hongrie, dans le comté de Zips, sur l'Hernuth, à 8 l. O. S. O.
d'Éperies, fab. de papiers, 2,800 habit. »

En rapprochant les trois noms de cette petite ville de trois appellations gauloises citées dans notre nomenclature, on reconnaît
qu'ils ont une même racine :

Wallendorf vient du n° 10, Wall. (Dorff en allemand signifie
village, et Wallendorff, village gaulois.)

Olaszi, du n° 26, Olatz.

Et Wlahi, du n° 44, Vlak.

Nous savons que les Valaques sont aussi appelés Wlahis. Nous
supposons que c'est par les Hongrois, mais nous ne saurions dire
dans ce moment où nous avons puisé ce renseignement, notre
mémoire nous fait défaut à ce sujet; peut-être est-ce dans *la
Transylvanie et ses habitants*, par M. de Gérando. Le temps nous
manque pour le vérifier.

28, 29, 30. Voir la note des n°s 48, 49, 20.

Voir aussi les notes 42, 43, qui forment le commencement de
celles-ci.

Plusieurs glossaires du moyen âge (entre autres celui qu'a
publié Eckhart dans son *Histoire des Francs orientaux*), dit Moke,
donnent comme synonymes les mots de Vallus et de Romanus.

31. « Suivant les *Triades*, un chef kimri, nommé Coll, postérieur
à Hu, apporta de Gaule le froment et l'orge dans l'île de Bretagne,
où il n'y avait que du seigle et de l'avoine. Elidud y introduisit
la charrue à la place de la bêche et du hoyau, seuls instruments
qu'eussent employés jusque-là les Kimris et avant eux les *Gwyd-*

Lorsqu'à leur tour les Romains envahirent la Gaule, César ne reconnut point dans la variante *Belgæ* le mot Wuelch ou Walch, dont les Romains avaient fait depuis longtemps Galli, qu'il donna pour nom à ceux qui dans leur langue se nommaient Celtes[33], laissant également ce nom sous la variante belge à ceux auxquels il aurait seulement dû le donner.

Puis, qui pourrait répondre que César s'est bien conformé à la prononciation et qu'il n'a pas écrit, comme nous venons de le démontrer, *Belgæ* pour *Velgæ*, *Velchæ*, *Velcæ* ou *Vaelcæ* [34]?

Il paraît même qu'encore aujourd'hui en Italie on reconnaît les caractères distinctifs des deux peuples, comme on pourra s'en convaincre d'après le passage suivant d'un savant naturaliste, M. F. Edwards, cité par Abel Hugo. Nous copions textuellement :

delod (Gaels), premiers habitants de l'île. » Henri Martin, tome Ier,
page 31.

Voir comme complément de cette note la Note A A à la fin du volume.

32. Moke, page 369, dit en parlant des Cymris ou Cumris, nom que se donnent aujourd'hui les Gallois : « .... La tradition les distingue soigneusement des *Calédoniens* et du peuple de *Galeddins*, tribus galliques moins mélangées. »

Michelet, *Histoire de France*, tome Ier, page 463.

33. Gallia est omnis divisa in partes tres, quarum unam incolunt Belgæ, aliam Aquitani, tertiam, qui ipsorum lingua Celtæ, nostra Galli appellantur.

C'est-à-dire : « Toute la Gaule est divisée en trois parties, dont l'une est habitée par les Belges, l'autre par les Aquitains, et la troisième par ceux que nous appelons Gaulois et qui, *dans leur langue, se nomment Celtes.* »

Nous répétons de nouveau la phrase de César, car nous tenons à ce que l'on nous comprenne.

34. Voir la note BB à la fin du volume.

TYPES COMPARÉS DES GALLS ET DES KIMRIS.

Nota. Pour bien comprendre cette esquisse d'a-
près les idées nouvelles que nous émettons dans
cette brochure, il faut partout substituer le nom de
Celte à celui de Gall, et celui de Gall (Welche ou
Belge) à celui de Kimri.

Voici d'après M. W. F. Edwards quel est le
type gall pur :

« La tête plus ronde qu'ovale est arrondie de manière à se rapprocher de la forme sphérique; le
front est moyen, un peu bombé, et fuyant vers les
tempes; les yeux sont grands et ouverts; le nez, à
partir de la dépression à sa naissance, est à peu près
droit, c'est-à-dire qu'il n'a aucune courbure pronon-
cée; son extrémité est arrondie; le menton est également rond. La stature de l'homme est moyenne. »

Ce type, M. Edwards l'a particulièrement remarqué dans la Gaule orientale, occupée par les
Gaulois propres de César, qui sont ceux que
M. Thierry a désignés sous le nom de Galls. Il l'a
trouvé dominant surtout dans les régions qui forment aujourd'hui la Bourgogne, le Lyonnais, le
Dauphiné et la Savoie.

Quant au type kimri, celui des Belges de César,
le même savant l'a remarqué sur le littoral de l'ancienne Gaule belgique, depuis l'embouchure de la
Somme jusqu'à celle de la Seine, il le décrit ainsi :

« La tête longue, le front large et élevé; le nez
recourbé, ayant la pointe en bas et les ailes rele-

vées, le menton fortement prononcé et saillant; la
stature est haute. »

« Par une coïncidence remarquable, ajoute Abel
Hugo, après avoir reconnu le type *gall* dans les provinces de la haute Italie et du Milanais, où se sont
établies en effet, guidées par Bellovèse, différentes
tribus galliques, M. Edwards a retrouvé le type
kimri dans la Toscane, à Bologne, à Ferrare, et
dans les contrées situées sur le littoral de l'Adriatique, que l'histoire nous apprend avoir été occu-
pées par des Gaulois d'origine kimrique ou belge [1].
Il a observé que le type caractéristique (des Kimris) qui dominait dans le nord de la Gaule se re-
trouvait encore dans l'Angleterre méridionale, dont
il est certain que les nations belgiques ont fait la

---

1. M. Edward, à l'occasion de ce double type commun aux
peuples de la Gaule et de l'Italie, rapporte le fait suivant :

« Dans la boutique d'un libraire (à Milan), je vis étalé un al-
manach en une feuille, qu'on appelle *lunario*, avec une gravure
représentant deux personnages un peu grotesques, se moquant
réciproquement de leurs figures. Or, elles étaient les caricatures
les plus exactes des deux types de populations gauloises anciennement établies dans le pays ; les traits caractéristiques étaient
précisément ceux qui étaient marqués avec exagération, comme
si l'on avait voulu faire ressortir ce qui était essentiellement dis-
tinctif ; et, pour ne rien laisser à désirer du contraste que les
deux types font entre eux, ils sont figurés avec leurs différences
de taille, celui qui correspond au Kimri étant d'une haute stature,
l'autre, qui représente le Gall, de grandeur moyenne. — Certes, le
dessinateur n'a eu en vue ni l'histoire naturelle, ni l'antiquité,
mais il a tracé en charge les figures qu'il avait souvent devant
les yeux, et qui offraient un contraste piquant. — Je remarquerai
à cette occasion que, lorsque les Romains, dans leurs premières
guerres avec ces peuples, parlent de Gaulois d'une statuaire extraordinaire, il me paraît évident qu'il s'agit de Kimris. »

conquête. Cette dernière observation a une double portée; elle corrobore ce qui a été dit du type kimrique, et elle prouve que les anciens habitants d'Albion, possesseurs du sol avant la conquête des Saxons, n'ont point été complétement détruits ou expulsés, comme le suppose une opinion populaire répandue dans le pays même. »

Abel Hugo ajoute, à propos du type kimri de la haute Italie, qu'il n'est pas possible de le confondre avec le type romain dont il donne la description, mais que nous ne croyons pas devoir répéter ici.

En admettant sans réserve l'opinion de César, tout n'est que confusion, tout reste embrouillé et dans un dédale inextricable. En admettant au contraire le système que nous proposons, on s'explique comment il y avait trois peuples ou races dans la Gaule :

Les Aquitains au sud, la *race brune*.

Les Celtes au centre, la *race châtaine*[1].

Et enfin, au nord, les Belges ou Welches, Walls, Walls ou Galls, Gallois ou Gaulois, la *race blonde*.

Tandis que, confondant sous le même nom de

---

1. Henri Martin, page 4 de sa dernière édition (1855) peint ainsi les Gaulois :

« Les Gaulois blancs et blonds, colorés de visage, portant haut la tête, dégagés de poitrine et respirant largement, ardents, mobiles, expansifs, n'aimaient que les combats à force ouverte et les chocs des masses, etc. »

Où donc M. Henri Martin trouve-t-il que ceux qu'il appelle Gaulois et que nous nommons Celtes soient blancs, blonds et colorés de visage? marchant haut la tête Moke? les dit courts et trapus, comme l'Auvergnat, et il dit la vérité; nous ajouterons à ces observations de Moke qu'ils sont châtains, tirant plutôt sur le brun que sur le roux, et nous disons aussi la vérité, c'est

Gaulois les Celtes et les Belges ou Welches, on n'en peut trouver que deux, les Aquitains et les Gaulois ; et César dit positivement qu'il y en avait trois, parlant chacun un langage différent. Amédée Thierry, comme on le verra ci-dessous, va même plus loin, car il en trouve quatre en divisant ceux que Jules César désigne sous le nom d'Aquitains [1].

On s'explique également comment la majeure partie de l'Espagne envahie par les populations gauloises a pris le nom de Celtibérie, et l'autre celle de Galice qu'elle a conservé jusqu'à nos jours.

Comment F. Edwards a reconnu deux types différents dans les populations gauloises qui ont envahi le nord de l'Italie.

dans le nord que l'on trouve des populations blondes, là où Diodore place les Galates et où nous les plaçons aussi.

Nous sommes cependant tenté de croire qu'en dehors du teint, de la couleur des cheveux et de la taille, le reste du portrait que Henri Martin nous trace des Gaulois serait plutôt applicable aux Celtes qu'aux Belges.

1. Sans reproduire ici tous les arguments que donne M. Thierry, nous nous bornerons à donner ses conclusions, les voici :

« En combinant, dit-il, ces données qui embrassent la totalité du territoire transalpin, depuis le Rhin jusqu'aux Pyrénées, et depuis la Méditerranée et les Alpes jusqu'à l'Océan, on peut, d'après les deux autorités qui dominent, comme je l'ai dit, toute l'ethnographie gauloise, conclure provisoirement :

« Que la population des Gaules dérivait de quatre sources distinctes, encore reconnaissables du temps d'Auguste, savoir : d'un côté les Aquitains et les Ligures, étrangers à la famille gauloise proprement dite ; de l'autre les Celtes ou Galls, et les Belges composant cette même famille [*]. »

On peut même ajouter qu'il y avait une cinquième source, la source grecque, qui a fondé Marseille, et encore même une sixième, la source Vénète ou Wende, qui a fondé Vannes.

[*] Amédée Thierry, *Histoire des Gaulois*, t. Ier, p. 14.

Comment en Irlande, ainsi que nous l'avons déjà dit, le nom de Gaël est synonyme d'étranger et comment Celte ne l'est pas.

Comment aussi, comme le dit Ammien Marcellin, les Druides racontaient qu'une partie de la population de la Gaule était indigène, mais qu'une partie était étrangère et venue des îles éloignées et des pays d'outre-Rhin, fuyant devant la guerre ou les flots de l'Océan[1]. Comment enfin Diodore de Sicile, qui vivait sous les règnes de César et d'Auguste, a pu dire avec raison que les Galates habitaient au-dessus des Celtes vers le nord, et s'étendaient sur tout le reste de la Gaule *et même encore au delà.*

Ceci prouve un fait de plus, et c'était là que nous voulions en arriver: c'est qu'il n'y avait point autrefois de Germains en deçà du Rhin, comme on l'a cru jusqu'à ce moment, d'après un passage erroné de César. S'il y en a aujourd'hui de mélangés aux Gaulois, c'est qu'ils y sont venus à la suite de guerres d'invasion ou de toute autre manière, que nous n'avons pas le loisir d'examiner[2].

Henri Martin dit :

« L'opinion qui fait les Belges Germains ne saurait être prise au sérieux par quiconque a étudié les origines. Elle ne repose que sur un passage de César, traduit à contre-sens et isolé de tout ce qui l'explique : *Plerosque Belgas à Germanis ortos,* ce

1. Il doit y avoir ici allusion à quelque invasion ou débordement de la mer sur le territoire de la Hollande.

2. Nous pouvons dire toutefois que Charlemagne y transporta des Saxons.

qui veut dire seulement que les Belges étaient sortis
en majorité du pays qu'habitaient les Germains du
temps de César. »

Toutefois, pour ne pas nous écarter de la vérité,
disons que le passage de César en question, *Plerosque Belgas esse ortos à Germanis,* rigoureusement
traduit, veut bien dire que *la plupart des Belges
étaient d'origine germaine,* mais, comme d'un autre
côté il faut absolument partir de ce principe qu'il
faut donner raison à César contre Diodore ou à Diodore contre César, et que nous avons démontré d'une
manière irréfutable que César n'avait pas même su
distinguer les véritables Gaulois d'avec les Celtes
avec lesquels il les confond, ce qui a induit jusqu'à
ce moment tous les historiens modernes en erreur,
il en résulte pour nous, comme il en résultera pour
tous les hommes de bon sens et de bonne foi, que
c'est Diodore qui a raison et César qui a tort.

Or, si c'est Diodore qui a raison, où pouvait
être la place des Germains dans la Gaule, lorsqu'il
dit que les Galates en occupaient tout le nord et
s'étendaient même encore au delà [1]? On doit même
en conclure d'après ceci que la rive droite du Rhin

1. Nous ne sommes en désaccord avec Henri Martin que parce
qu'il fait dire à César non ce qu'il a dit, mais ce qu'il aurait dû
dire, car il dit bien, comme nous venons de le faire remarquer,
que *la plupart des Belges sont d'origine germaine,* tandis qu'il aurait
du dire : *la plupart des Belges sont originaires de Germanie,* ou,
comme dit Henri Martin, *du pays des Germains ;* mais c'est ce qu'à
tort il ne dit pas, quoique ce soit pourtant la vérité, mais César
n'a dû écrire ses Mémoires que longtemps après avoir appris le

ne servait pas même de limite aux Germains, et
cela paraîtra d'autant plus fondé que Henri Martin
range les Ménapes ou Ménapiens parmi les Belges,
et que César a dit des premiers :

« Là étaient les Ménapiens, qui possédaient sur
l'une ou l'autre rive (du Rhin) des champs, des
maisons et des bourgs. »

Voici pour les Ménapiens. Voyons maintenant
pour les Bataves que, jusqu'à ce moment, on a crus
purement Germains.

On lit dans Tacite (*Hist.*, liv. IV) : Que lorsque
sous Vitellius, le Batave Claudius Civilis se révolta
contre l'autorité romaine, après avoir déjà combattu
les Romains, il dit à ses conjurés, pour les encourager
à persister dans leur résolution et pour leur faire
espérer d'autres succès : « Et voilà que moi, préfet
d'une simple cohorte avec les Cannénifates et les
Bataves, *qui ne sont qu'une faible partie des
Gaules,* etc. »

Dans un autre passage du même livre, il leur dit
encore : « Vous avez une infanterie et une cavalerie
magnifiques, *et les Germains pour frères.* »

Ainsi les Bataves et les Cannénifates étaient Gaulois
et avaient les Germains pour frères, comme les Pro-
vençaux sont Français et ont les Italiens pour frères.

Quant à leur position géographique, la voici pré-
cisée par Tacite :

fait qu'il rapporte, et il a écrit de mémoire une chose pour une
autre, probablement sans y attacher d'importance.

Voir comme complément de cette note la *note CC* à la fin du
volume.

« Les Bataves, dans le temps qu'ils habitaient au delà du Rhin, faisaient partie des Cattes [1]. Chassés pour une sédition domestique, ils vinrent occuper l'extrémité de la côte des Gaules, alors inhabitée, et une île située entre les bas-fonds, baignée en face par l'Océan et de tous les autres côtés par le Rhin [2]. »

Aujourd'hui encore, la plus avancée dans la mer des îles que forme l'Escaut à son embouchure, et dans laquelle est située la ville de Middelbourg, porte le nom d'île de Walcheren ; nous espérons que l'on ne dira pas que ce nom signifie île germanique.

On nous dit aussi, mais sans nous indiquer de source, que le bras gauche du Rhin, qui passe à Nimègue et se réunit à la Meuse devant le fort de Lœvenstein, portait anciennement le nom de Wael ; aujourd'hui on le nomme le Wahal, ce qui, du reste, ne change rien à la chose, car dans Wahal on reconnaît parfaitement Wael.

On nous dit encore que : « un Hollandais, de souche allemande, Adrien de Jungh, qui a écrit en latin, sous le nom de Junius, une histoire des Bataves, a voulu enlever le pays des Bataves à la Gaule

1. Ce qui prouverait que les Cattes étaient des Gaulois d'au delà du Rhin.

2. Dans le rapport adressé à l'empereur Napoléon Ier, en 1810, par le duc de Cadore (Champagny), et qui précède le décret de réunion de la Hollande à la France, on lit, avec juste raison : « La Hollande est comme une émanation du territoire de la France. »

En effet, la Hollande, que la mer envahit présentement, semble n'avoir été formée que des alluvions du Rhin et de la Meuse, qui sont des fleuves gaulois ; le nom de ce dernier est purement gaulois, et signifie *courant*.

pour le donner à la Germanie. Mais Cluvier, dans
ses savantes *Antiquités germaniques*, l'a réfuté complétement (liv. ii, ch. 34). D'autres savants d'assez
grand poids, ajoute-t-on, comme les deux Spener,
ont traité la tentative d'Adrien de Jungh de folle
témérité. »

Henri Martin, dans sa nomenclature des peuples
de la Gaule [1], range les Bataves dans la Confédération des Belges, qu'il appelle Kimris purs; il n'est
d'ailleurs pas même jusqu'à leur nom qui ne soit
purement gaulois. Voici ce qu'il dit d'eux :

« Bataves (*Bat-av, Pad-av*, profonde eau), dans
l'île qui porte leur nom et dans les autres îles formées par les bouches du Rhin et de la Meuse, dont
la configuration a entièrement changé depuis par
les invasions de la mer. »

Afin de démontrer qu'une partie de leur nom est
aujourd'hui même encore franco-gauloise, nous allons placer sous les yeux de nos lecteurs cette note
d'Henri Martin, qui dit à propos de la Garonne :

« Le nom de la Garonne est toutefois gaélique ;
Garv-aon, impétueuse eau, *aven, avon, aon, on*, eau
courante, dans les différents dialectes celtiques. Eau,
en vieux français *eave, eve*, vient d'*aven*, et non du
latin *aqua*, dont les cas obliques, *aquas, aquis*
(pluriel), ont fait le vieux français *aix* et le provençal
aigues. »

La lettre suivante, que nous trouvons dans le

1. T. Iᵉʳ, p. 263, 1855.

journal de Chartres du 15 janvier 1860, prouvera que le mot français *eveux* qui en dérive n'est pas partout tombé en désuétude, et que nous ne nous écartons pas de la vérité, en disant qu'une partie du nom des Bataves est encore *franco-gauloise :*

« Fontaine-la-Guyon, le 11 janvier 1860.

« Monsieur,

« Dans le dernier numéro du *Journal de Chartres*, vous dites que votre journal est tout dévoué aux vrais intérêts de l'agriculture, et vous déclarez que vous vous empresserez toujours de publier tous les renseignements utiles à l'agriculture et intéressant vos lecteurs.

« Je viens donc vous donner des renseignements que je crois d'une grande importance.

« Dans le nombre des pièces de terre que je cultive, il en est une, située au champtier de la *Fontenelle*, commune de Fontaine-la-Guyon[1], qui est habituellement couverte d'eau, en certaines parties, dans les saisons pluvieuses. Souvent on n'y récolte du blé que sur l'ados des planches, l'eau faisant pourrir le blé dans les raies jusqu'à la moitié de la largeur des planches.

« Au mois de septembre dernier, je fis labourer cette pièce de terre et je fis suivre la charrue par le *Char-défonceur* de M. Château. La terre était très-dure ; la charrue ne pouvait faire qu'un mince labour, et le sous-sol était tenace comme de la corne : le *Char-défonceur* ne pouvait donc d'une seule fois entrer aussi profondément que d'habitude. Malgré cela, les effets du défoncement ont été remarquables.

« Ainsi, après les grandes pluies de la fin de décembre et du commencement de ce mois, les terres étaient généralement couvertes d'eau dans les bas-fonds. Mon champ le plus *eveux* du champtier devait être noyé. Je m'empressai d'aller faire écouler l'eau d'autant plus que mon charretier avait négligé de faire des raies d'égout. Mais quelle a été ma surprise en arrivant à mon champ de n'y voir pas d'eau, même dans les raies ; tandis que

1. Il ne serait pas impossible que ce mot de Guyon eût quelque rapport avec le Gwyon d'Henri Martin, qui vient de Wydd, Gwydd ou gui de chêne ; de sorte que le nom de cette commune pourrait bien avoir une étymologie gauloise et signifier la fontaine du Gui ou la fontaine de Gwyon. Voir la note AA à la fin du volume.

les champs voisins, chaumes et guérets, étaient couverts d'eau!
J'aurais certainement crié *miracle*, si je ne m'étais alors souvenu
que l'assainissement des terres est un des bons effets produits
par l'usage du *Char-défonceur*. J'espère bien que l'eau qui a ainsi
disparu dans mon champ s'y retrouvera en temps utile, c'est-à-
dire quand les champs voisins languiront de sécheresse.

« Voilà, monsieur, ce que j'ai cru devoir vous signaler. Vous
ferez de ce renseignement tel usage que bon vous semblera.
Toute personne pourra, du reste, s'assurer de l'exactitude du fait
que je vous signale en s'adressant à mes voisins à qui j'en ai
rendu compte de suite.

« J'ai l'honneur de vous saluer,

« BRULARD, cultivateur. »

Ainsi, il demeure donc bien prouvé par tout ce
qui précède, qu'au temps de Jules César et de Diodore de Sicile les Gaulois s'étendaient jusqu'au
Rhin et même encore au delà, et nous serions autorisés et même fondés à répondre à MM. les Allemands, lorsqu'ils disent que, parce qu'on parle
l'allemand en Alsace et en Lorraine, ce sont des
pays allemands qui doivent leur être restitués, que
ce serait au contraire nous qui aurions le droit de
leur redemander la rive gauche du Rhin, *et même
encore au delà.* (Voyez le passage de Diodore, p. 39.)

Nous savons bien que les Allemands ne seront pas
embarrassés pour si peu, et qu'ils répondront ce
qu'ils disent depuis 1848, que ce qui constitue la
nationalité, c'est le langage, et que, *comme on parle
l'allemand en Alsace et Lorraine, ces pays doivent être
restitués à la nationalité germanique ou allemande.*

A chaque trou une cheville, dit un vieux proverbe français; bonnes ou mauvaises, les Allemands ont des réponses pour tout; en 1848 ou 1849,

lorsque la question de reconstituer la Pologne fut
agitée au parlement de Francfort, il a été décidé
que le duché de Posen ne pouvait être restitué par
l'Allemagne *parce que des Allemands y étaient établis.*

Lorsqu'à la même époque il a été question de
reconstituer l'Italie, il a été décidé que l'Allemagne
ne pouvait lui restituer ni le Tyrol italien, ni l'Istrie,
ni la Vénétie, *parce qu'il faut des ports à l'Allemagne.*

Voyez un peu les bonnes raisons :

La rive gauche de Rhin doit appartenir à l'Allemagne parce qu'on y parle allemand ; mais lorsqu'on y parlait le gaulois, l'Allemagne en a-t-elle
tenu compte? Nenni.

Le duché de Posen ne peut être restitué à la Pologne parce que *des* Allemands y sont établis ; mais
des Polonais, qui forment le fond de la population
de ce pays, en tient-on compte? Pas davantage.

Le Tyrol, l'Istrie et la Vénétie ne peuvent être restitués à l'Italie, parce qu'il faut des ports à l'Allemagne; mais des frontières naturelles de l'Italie, de
la langue et de la nationalité italiennes, en tient-on
compte? *Attendez-moi sous l'orme.* L'Allemagne ne
tient compte de quelque chose que lorsqu'il s'agit
de prendre et de garder[1].

Il y a un droit spécial pour l'Allemagne, qui est
lettre morte pour les autres nations.

A entendre les Allemands, on croirait bien que

---

1. On peut voir à ce sujet dans les notes M, N, le diplôme d'A-
lexandre le Grand, que Cyprien Robert suppose que les Slaves
ont dû fabriquer pour repousser à une autre époque les prétentions envahissantes des Allemands.

nous les avons dépouillés de l'Alsace et de la Lorraine, comme si, en rentrant en possession de ces pays, nous n'étions pas simplement rentrés en possession de notre bien. — Que nous parlez-vous de choses aussi anciennes? nous diront probablement les Allemands : on ne parle pas de vieilleries comme cela. Sans doute, répondrons-nous ; ce sont peut-être des vieilleries, mais les droits que vous prétendez avoir à opposer à ces vieilleries ne remontent ni en deçà ni au delà du jour où vous prétendez que nous avons perdu les nôtres ; il n'y a pas entre l'un et l'autre l'espace de vingt-quatre heures ; d'ailleurs, faudrait-il s'arrêter au droit nouveau, qu'il ne serait pas plus contestable que l'ancien. Ainsi donc, ce que nous possédons nous appartient bien, et l'Allemagne n'a rien à y voir.

Nous sommes entré dans ces détails plutôt pour répondre aux Allemands que pour démontrer et prouver la légitimité de nos droits qui éclatent au grand jour, et nous sommes bien persuadé que l'Allemagne ne dédaignerait pas d'en avoir sur le reste de la rive gauche du Rhin qui reposassent sur une semblable origine. Les Danois disent avec raison : *Il fait bon avoir d'anciens droits.* Or, les nôtres remontent au temps des Celtes et des Gaulois, qui se baignaient déjà depuis des siècles dans le Rhin quand ce fleuve n'avait pas encore vu la nuance d'un Allemand. Est-t-il nécessaire d'en dire davantage ?

Afin d'éviter toute récrimination vis-à-vis de ce qui

précède, nous déclarons protester contre toute pensée qui pourrait nous être imputée de vouloir provoquer une guerre contre l'Allemagne à propos de la rive gauche du Rhin. Le gouvernement a, d'ailleurs, répondu dernièrement, d'une manière assez nette, assez claire, assez précise, aux appréhensions de l'Allemagne, pour que tout ce qu'on pourrait dire en opposition à ce sujet pût être considéré comme nul et non avenu; nous savons trop aussi dans quels maux une semblable guerre pourrait entraîner notre pays, dans ce moment surtout, pour ne pas l'engager à s'y jeter de propos délibéré. Nous avions à parler des populations gallolatines et gauloises en général ; et nous ne pouvions, ne devions ni ne voulions passer les Gallo-Rhénans sous silence.

Notre but, en publiant cet écrit, a été d'infuser chez les Gallo-Romains et Gaulois libres la pensée de s'unir par un lien fédératif puissant, afin de nous mettre en mesure de faire tête et contre-poids au panslavisme, aux États-Unis et à la Chine, qui menacent de nous déborder si nous n'y prenons garde. L'Allemagne, qui veille à son salut, ne trouvera pas mauvais, nous l'espérons, que nous songions à veiller au nôtre; nos sympathies n'en sont pas moins acquises pour cela aux populations gauloises et gallo-romaines que des conventions ou traités lient à d'autres États; mais l'avenir seul nous paraît devoir décider de leur sort futur, et l'avenir est dans le sein de Dieu; il ne nous appartient pas d'en préjuger.

La Confédération que nous proposons pourrait donc se composer des peuples suivants :

Français, Belges, environ............ 42,500,000

Italiens, moins les Venètes et les Tyroliens, environ........... 23,000,000

Espagnols et Portugais, environ. 20,000,000

Anglais proprement dits ou Anglo-Gallo-Latins, environ........ 17,500,000

Écossais, Irlandais, Gallois, Cornwaillais, { Gaulois purs, environ........ 11,000,000

Grecs libres, environ......... 1,000,000

115,000,000

Peuples que des traités lient à d'autres races, et qui pour cette raison devront rester en dehors de la confédération, à moins de conventions nouvelles qui leur rendent leur liberté :

Gallo-Rhénans ou Gallo-Germains, (peuple mixte) environ...... 7,500,000

Vénitiens et Tyroliens, environ... 3,000,000

Gréco-Latins, environ 2 à 3 millions, terme moyen................ 2,500,000

Roumains du bas Danube, Moldo-Valaques, Transylvains, Bessarabes, etc., environ 40 à 42 millions, terme moyen. 11,000,000

Suisses français, 6 à 700,000, soit 650,000

24,650,000

On peut aujourd'hui, à cause de leur mélange avec les Germains, considérer les Gallo-Rhénans comme un peuple mixte : aussi est-ce pour cette raison que nous leur donnons le nom de Gallo-Germains.

Ce qui porte le chiffre des populations gallo-romaines et gauloises en Europe a environ 140 millions.

Nous avons dit nos craintes au sujet du panslavisme, sur lequel il est inutile de revenir présentement. Le panslavisme n'est, du reste, en quelque sorte, qu'une répétition, sous une autre forme, du plan de domination européenne connu sous le nom de *Testament de Pierre le Grand*.

Nous allons essayer d'esquisser le deuxième danger dont nous croyons l'Europe menacée, danger qui, comme nous l'avons dit, lui viendra du côté des États-Unis.

Voici ce que dit M. Édouard Laboulaye[1] de cette puissance :

« La révolution française est à coup sûr, dit-il, le spectacle le plus surprenant que le monde ait vu depuis la réforme. Envisagé avec terreur par les uns, comme le commencement de la décadence ; avec admiration par les autres, comme l'aurore d'un âge nouveau, ce grand mouvement dure encore et frappe l'Europe d'inquiétude et d'étonnement ; mais

---

1. *Histoire politique des États-Unis depuis les premiers essais de colonisation jusqu'à l'adoption de la constitution fédérale de 1620-1789*, par Édouard Laboulaye, tome Ier, pages 4, 5, 6.

pour qui sort du continent et envisage froidement
les choses en se dégageant de tout préjugé national,
il est clair que dans l'histoire du monde la révolution
américaine est un événement plus marquant que
n'est la nôtre. Moins saisissante, moins dramatique,
moins passionnée, et je dirais presque moins grande
par le développement des caractères, si je n'y ren-
contrais un Washington, il n'en est pas moins vrai
qu'elle l'emporte de beaucoup par l'importance des résultats présents et surtout des résultats futurs, et que le
jour approche, s'il n'est déjà venu, où l'histoire l'en-
registrera comme le fait le plus considérable qui ait
terminé l'histoire du xviiiᵉ siècle et commencé l'ère
des sociétés modernes. »

« On nous cite l'Amérique, écrivait en 1796 un
homme qui aimait peu les républiques et qui avait
plus de confiance dans le passé que dans l'avenir, le
comte Joseph de Maistre[1]; je ne connais rien de si
impatientant que les louanges décernées à un enfant
au maillot; laissez-le grandir! »

« L'enfant a grandi avec une rapidité qui tient du
miracle, et on peut compter le petit nombre d'années
après lesquelles les États-Unis, si quelque vice intérieur
n'arrête leurs progrès, seront le plus puissant empire
du monde.

« La population des treize colonies ne s'élevait pas
à 3 millions d'âmes en 1790; en 1810, elle dépassait
7 millions; on en comptait plus de 12 en 1830; plus

____

1. *Considérations sur la France.*

de 17 en 1840[1]. En d'autres termes, elle double en moins de 30 ans. Ainsi, selon le calcul le plus modéré, et sans tenir compte de l'émigration qui croît chaque jour, avant la fin du siècle, l'Amérique du Nord, qui sera loin d'être à demi peuplée, contiendra 80 millions d'hommes[2], unis par la race, la langue, le génie, le gouvernement, la configuration même du territoire, le développement du commerce, de l'industrie, des voies de communication; un peuple qui, vous le verrez, a fait depuis 1776 des progrès immenses dans la voie de l'union, que chaque jour mêle et confond davantage; un peuple enfin qui a trop le sentiment de ce que lui réserve l'avenir pour rêver de séparation avant d'avoir accompli sa destinée, c'est-à-dire avant un jour qu'il n'appartient pas à l'homme de fixer.

« Ainsi, je le répète, avant cinquante années, les États-Unis seront la république la plus considérable, la plus puissante, la plus homogène qui ait paru sur le globe, et pour la première fois il faudra que l'Europe compte avec ce peuple nouveau, qui viendra déjà partager avec elle l'empire des mers. »

1. Le recensement de 1850 donne le chiffre de 23,000,000.

2. C'est le calcul modéré de M. Tucker, professeur d'économie politique à l'université de Virginie. En 1843, il évaluait ainsi le progrès de la population : 22,400,000, en 1850 (calcul justifié par l'événement); 29,000,000, en 1860; 38,000,000, en 1870; 49,000,000, en 1880; 63,000,000, en 1890; et 80,000,000, en 1900. M. Tucker écrivait avant la conquête de la Californie. (*Progress of the United States in population and wealth in fifty years by Georges Tucker.* New-York, 1843, page 106.)

«Vous voyez quelles proportions aura prises avant
la fin du siècle cet événement glorieux de la révolution américaine; vous voyez comme chaque jour
le grandit. Ce sera dans l'histoire, au point de vue
politique, un fait non moins considérable que la découverte même du continent; c'est aussi l'avénement
d'un monde nouveau qui vient se placer à côté de
l'ancien. »

Voici pour le deuxième danger. Reste maintenant
à signaler le troisième. C'est la Chine qui le fournira.

Pense-t-on, par exemple, que, lorsqu'on va remuer
les cendres des Chinois, il n'en pourra sortir un in-
cendie? Pense-t-on qu'un peuple, dont Voltaire a pu
avec raison dire, autant que nous pouvons nous en
souvenir : « Les Chinois étaient déjà gouvernés
comme une famille, que nos ancêtres n'étaient encore que des barbares et des sauvages habitant les
forêts de la Gaule »; un peuple qui avait avant nous
l'imprimerie, la boussole et la poudre à canon;
un peuple qui, il n'y a pas encore un demi-siècle,
nous a donné la gravure sur bois, que nous ne
possédions encore qu'imparfaitement en gravant sur
poirier, *de champ*, tandis qu'ils nous ont appris à
graver sur buis *debout* [1], est assurément un grand
peuple? c'est cette découverte des Chinois qui permet aujourd'hui de faire en librairie de si admirables
travaux et de les donner, quoique remplis de figures

1. La gravure sur buis debout a été introduite en France de
1820 à 1825.

dans le texte, à un prix excessivement minime, ce qui, pour les ouvrages scientifiques surtout, démontre vingt fois mieux qu'on ne pourrait le faire à l'aide du style le plus clair, le plus limpide, le plus lucide, le plus pur et le plus correct.

On peut donc, sans crainte de se tromper, dire qu'il y aurait témérité de penser qu'un peuple qui a fait, longtemps avant l'Europe, si fière de sa civilisation, d'aussi importantes découvertes que celles que nous venons de citer, soit à dédaigner. Il est resté stationnaire, il n'a progressé en rien, dit-on ; telles étaient dans l'origine les choses qu'il a inventées il y a mille ans, telles elles sont aujourd'hui. Mais d'abord n'aurait-il eu, ce peuple, d'autre mérite que celui d'avoir inventé ou découvert pour ses besoins du moment, et avant les autres, que ce serait déjà quelque chose à considérer. Ce mérite, ne l'a pas qui veut. Le Chinois commence par chercher ce qui lui est nécessaire, puis lorsqu'il l'a trouvé, s'il cesse de s'en occuper, c'est que, découverte ou invention, telle qu'il l'a faite, elle lui suffit. Mais si à un jour donné ses besoins s'agrandissant, des perfectionnements devenaient nécessaires, qui pourrait répondre qu'il ne chercherait pas à les trouver et qu'il n'y réussirait pas? Il est plus difficile de découvrir ou inventer que de perfectionner.

Lorsque les Anglais se sont montrés pour la première fois remontant les fleuves de la Chine sur des bateaux à vapeur, qui frappaient les Chinois d'épouvante, n'a-t-on pas vu ceux-ci, quelque temps après,

manœuvrant sur ces mêmes fleuves des bateaux
qu'ils faisaient mouvoir avec des rouages, à l'imitation des bateaux à vapeur européens, et par un mé-
canisme de leur invention? Enfin, lors de la dernière
prise de Canton, qui ne se souvient que, lorsque le
gouverneur de la ville fut fait prisonnier, il disait aux chefs de l'expédition franco-anglaise : « Si
j'étais empereur de la Chine, je voudrais avoir une
marine à vapeur, des chemins de fer, la télégraphie
électrique? *Je voudrais avoir tout cela*, ajoutait-il.»

Pense-t-on qu'une nation chez laquelle on rencontre de pareils hommes soit inaccessible à tout
progrès?

On peut dire au contraire que lorsqu'ils entre-
ront dans cette voie, ce qui, en raison de leur
contact avec les Européens, ne peut tarder, si l'Europe n'y prend garde, ils conquerront facilement le
reste de l'Asie et le monde leur appartiendra [1].

Voici, du reste, quel est, d'après le *An Anglo Chinese calendar* [2] *for* 1850, publié à Canton, que nous
avons sous les yeux et dans lequel nous copions textuellement, le tableau par provinces de la population
de l'empire chinois :

1. Voir la Note CC *bis*, à la fin du volume.
2. *An Anglo Chinese calendar for* 1850. *Canton, printed at the office
the Chinese Repository*, nº 2, *Mingqua's Hong*. Grand in-8 de 442 pages.

CONFÉDÉRATION

TABLEAU

PAR PROVINCES, DE LA POPULATION DE L'EMPIRE CHINOIS ET DES TERRES EN CULTURE

PROVINCES	CAPITALS	AREA [1] in square miles	POPULATION	POPUL. [2] to sq. mile	ACRES [3] of land under Cultivation
Chihli [4]	Peking	58,949	27,990,871	473	13,143,837
Shántung	Tsinán fú	65,104	28,958,764	515	19,491,081
Shansi	Taiyuen fú	55,268	14,004,210	253	6,591,724
Honan	Káifung fú	65,104	23,037,171	353	14,456,407
Kiángsú	Nanking	99,661	37,843,501	774	13,297,689
Ngánhwui	Nganking fú		34,168,059		5,762,418
Kiangsi	Nánchang fú	72,176	30,426,999	421	9,585,412
Fuhkien	Fuhchau fú	53,480	14,777,410	276	9,505,417
Chehkiang	Hangchau fú	39,150	26,256,784	617	9,195,754
Húpeh	Wuchang fú	144,770	37,370,098	817	11,888,969
Húnan	Chángchau fú		18,652,507		6,245,759
Shensi	Singan fú	154,008	10,207,256	164	5,047,420
Kansuh	Lanchau fú		15,198,185		3,556,626
Sz'chuen	Chingtu fú	166,800	21,435,678	128	9,182,933
Kwangtung	Kwangchau fú	79,446	19,147,030	214	6,576,658
Kwangsi	Kweilin fú	78,250	7,313,895	93	1,749,012
Yunnán	Yunnán fú	107,969	5,561,320	51 [5]	1,389,996
Kweichau	Kweiyang fú	64,554	5,288,219	82	516,835
TOTAL		1,297,999	361,832,907	283	141,119,347

1. Acres en milles carrés.
2. Populations par milles carrés.
3. Acres de terres en culture.
4. Les noms de ces dix-huit provinces écrits ici en anglais pour demeurer fidèles à l'original se traduisent ainsi en français : Pe-tchi-li, Chan-toung, Chan-si, Ho-nan, Kiang-sou, Ngan-hoei, Kiang-si, Fo-khien, Tché-kiang, Houpé, Hou-nán, Chen-si, Kan-sou, Sse-tchouen, Kouang-toung, Kouang-si, Yun-nan, Kouei-tcheou. Dans ce nombre de 361,632,907 individus n'est pas compris la population de la Tartarie et des colonies chinoises. Le marquis d'Hervey Saint-Denis, dans une brochure intitulée *la Chine devant l'Europe*, ne porte la population de 18 provinces qu'à 360,279,807 habitants, et dit qu'avec les colonies et la Tartarie elle arrive à 400,000,000.

On lit dans le *Morning-Chronicle* :

« Le dernier recensement de la Chine donne pour ce pays une population de 414,686,944 habitants, 14 millions et demi de plus que le chiffre indiqué par le docteur Dietroci. En 1757, c'est-à-dire il y a cent ans, la population de la Chine était de 190,348,328 habitants, en 1790, 277,548,431, en 1812, 361,693,179, en 1841, 414,457,811. » (*La Presse*, 24 juin 1860.)

Observation. Il y a évidemment ici une erreur quelconque de chiffres, car avec une population de 414,457,811 habitants, la Chine a dû en 19 ans augmenter de plus de 299,633 individus.

5. Il est à présumer que cette province n'est composée que de grands et riches

Une seule observation démontrera que même déjà les Chinois ont le sentiment de leur force.

A la suite d'un combat entre les Chinois et les Anglais, et où l'avantage était resté à ces derniers, avantage qui toutefois n'avait pas été obtenu sans qu'il en coûtât la vie à quelques-uns d'entre eux, un Chinois répondit à l'un des Anglais qui se flattaient d'avoir obtenu la victoire : « Si vous ne comprenez pas, dit le Chinois, que c'est nous qui sommes victorieux, vous ne comprenez rien à la guerre. La raison cependant en est bien simple, ajouta-t-il, c'est qu'en Chine il croît des Chinois pour remplacer ceux qui sont morts, mais il n'y croît point d'Anglais. » Cette réponse n'est pas moins judicieuse que celle que fit, dans le sens opposé, un empereur turc à un courtisan, qui le félicitait sur une victoire qu'il venait de remporter, mais où un grand nombre des siens avait trouvé la mort, et qui répondit : « Encore une victoire comme celle-ci, et je n'aurai plus d'armée. »

Il est donc incontestable qu'il y a péril pour l'Europe :

1° Dans le panslavisme, soit tzarien, soit fédératif, car, quoique momentanément abattu, le panslavisme n'en demeure pas moins toujours actif et remuant et toujours menaçant pour l'Occident, comme nous allons avoir l'occasion de le prouver.

domaines ; car comment étant une des plus grandes de l'empire, et proportionnellement la moins peuplée, expliquer autrement qu'elle ait pu donner naissance à ce proverbe en usage chez les Chinois, qui disent, en parlant d'un prodigue : « Il dépense autant que si son père était receveur de l'empereur dans la province de Yun-nán ? »

2° Par la prospérité toujours croissante et par le développement incessant de la population des États-Unis[1].

3° Enfin, par cette masse imposante de la population de l'empire chinois, qui, comme nous l'avons dit, ne s'élève pas à moins de 367 millions et même à 400 millions, en y joignant les colonies ; nous sommes convaincu qu'en allant attaquer les Chinois chez eux, nous leur enseignons à prendre, à un moment donné, le chemin de l'Europe.

Il est certain que pour beaucoup de personnes, ainsi que l'a dit Boufflers dans des termes trop désobligeants pour les répéter ici, il n'y a pas d'évidence. Ces dangers sont cependant tellement apparents qu'ils devraient frapper les yeux les moins clairvoyants.

Supposons un moment que la Chine, se réveillant tout à coup de sa longue léthargie, veuille aussi se faire conquérante et envahissante, qu'elle réussisse à chasser les Anglais de l'Inde et à subjuguer celle-ci, elle sera par le fait à peu près maîtresse de l'Asie entière, et sa population s'élèvera à près de 700 millions d'individus. C'est presque les deux tiers de la population du globe, qui n'en contient pas plus de 1,100 millions. La Chine, possédant ainsi toute l'Asie et par conséquent aussi les plus riches contrées du globe où tous les métaux précieux se

1. Cooper, dans un de ses romans, le *Porte-chaîne* ou *Ravensnest*, dit que l'Europe, qui s'est si souvent mêlée des affaires des États-Unis, pourra bien voir un jour ceux-ci se mêler des siennes.

donnent rendez-vous, pourra mettre 10 millions
d'hommes sous les armes. Quelle puissance au
monde pourrait résister à un pareil torrent? et l'Europe, si confiante dans sa force, serait inondée avant
de savoir de quel côté se retourner. On nous répon-
dra sans doute que ces populations sont amollies
par l'énervant soleil de l'Asie, et que les 170,000 Cipayes de l'Inde n'ont pas résisté devant l'armée anglaise, si inférieure en nombre. Mais nous répondrons
à notre tour que, s'il y avait eu unité d'action, si les
populations rurales de l'Inde ne s'étaient pas, dans
beaucoup de contrées, montrées favorables à l'Angleterre; s'il n'avait pas suffi, comme cela est arrivé dans l'Oude, à deux sergents anglais de porter
deux barils de poudre à une porte de ville et d'y
mettre le feu pour détruire cette porte, et donner
ainsi à l'armée anglaise accès dans la ville[1], les
Anglais n'eussent pas aussi facilement triomphé de
la révolte, qui couve néanmoins toujours. Il faut
d'ailleurs croire que ces Cipayes ne sont ni si lâches
ni si poltrons qu'on veut bien le dire, car nous nous
souvenons parfaitement d'avoir lu pendant leur insurrection cette phrase arrachée à la plume d'un
Anglais : « Ces débonnaires Cipayes, ils se battent
contre la Compagnie comme ils ne se sont jamais
battus pour elle; lorsqu'ils entrent dans nos camps,
on ne sait comment s'en débarrasser. »

Si, du côté des populations asiatiques, le danger

1. Combien a-t-il fallu de sergents et de barils de poudre pour
entrer dans Sébastopol?

peut paraître éloigné, sans être moins réel pour cela, il n'en est pas de même vis-à-vis des États-Unis, avec lesquels il faut songer à compter avant trente ans. Quant à la Russie et au panslavisme, le danger est de tous les jours; il est permanent et à nos portes.

Pour l'immense majorité des populations occidentales, la Russie ne dépasse pas en Europe les limites des provinces de l'ancienne Pologne qui lui sont échues en partage lors du démembrement de celle-ci; mais pour ceux qui ont étudié la question d'Orient, la Russie s'étend partout où il y a des Slaves; et il y en a, dit Cyprien Robert, en Turquie, jusque sous les murs d'Andrinople [1], c'est-à-dire à 45 lieues de Constantinople, au delà de cette formidable barrière, qu'on nomme le Balkan, que l'on compte opposer à la Russie et qu'elle se trouve ainsi avoir franchi, sans qu'on paraisse s'en douter.

La Russie englobera un jour, si on n'y fait attention, les Roumains du Bas-Danube et les Hongrois. C'est pour cela qu'en 1849 elle s'est opposée à l'émancipation de ces derniers.

Elle espérait alors, suivant le plan de Pierre le Grand, rendre l'Autriche favorable à ses desseins sur Constantinople, qu'elle couve de l'œil, faire facilement la conquête de cette capitale, ainsi que de toute la Turquie, puis, à un moment donné, fondre sur la Hongrie et sur le reste de l'Autriche, à laquelle elle réservait le même sort; ce qui eût été

---

1. Voir *La Pologne*, par Cyprien Robert, 1er mars 1849.

facile, car, par la conquête de la Turquie, elle se
serait trouvée enclavée en entier au nord, à l'est et
au sud dans la Russie. Mais, par malheur pour elle,
la Russie avait compté sans son hôte, ce qui l'a obligée à compter deux fois. L'Autriche a accepté et
favorablement accueilli le service intéressé que lui
rendait la Russie ; mais elle avait aussi deviné dans
quel but ce service lui était rendu, et reconnu qu'on
se disposait à le lui faire payer avec usure. Aussi s'est-
elle montrée non-seulement peu reconnaissante, mais
même ingrate vis-à-vis de la généreuse Russie, qui s'est
ainsi trouvée dupe de ses propres artifices, comme
cela devait arriver ; s'étant trouvée sans alliés, elle
a dû succomber dans la guerre d'Orient. Il eût fallu
d'ailleurs, pour que l'Autriche se montrât dans cette
circonstance favorable à la Russie, qu'elle fût aussi
peu clairvoyante que l'autre se montrait crédule. Il
fallait que la Russie eût alors une bien pauvre idée des
hommes d'État autrichiens qui se seraient trouvés
au moment du danger moins prévoyants que
Joseph II, qui lors de la conquête de la Crimée par
les Russes, devinant déjà les vues de la Russie sur
Constantinople, écrivait de Cherson, en juillet 1787,
au prince de Kaunitz, la lettre suivante :

« Mon prince,

« En quittant Cherson avec l'impératrice, nous
traversâmes Bereslaw, et nous allâmes débarquer
dans l'île de Taman ; de cette île, nous nous diri-

geâmes sur la Tauride, et de là vers Perescop, où je parcourus la fameuse ligne que le prince Dolgoroukow emporta d'assaut en 1771.

« Deux jours après, je vis Batschkiseraï, l'ancienne résidence des khans, ensuite Inkermann et le port de Sébastopol. On y jouissait d'un coup d'œil charmant, à cause de la flotte qui s'y trouvait en rade.

« Après avoir visité Karasu, Basary, Théodosie, Kamenoy, Most, etc., je pris, le 13, congé de l'impératrice, et partis de Cherson pour Lemberg, d'où j'espère vous rejoindre incessamment à Vienne.

« La Tauride, qui pourrait devenir le prétexte d'une guerre sanglante entre la Russie et la Porte, n'a rien de bien intéressant ni de bien remarquable. C'est un pays assez fertile, mais peu habité; les villes sont médiocres, les hameaux pauvres, et on y rencontre encore des traces du séjour des Tartares.

« Les avantages que la Russie obtiendra de l'ac-
« quisition de cette province lui seront d'une grande
« importance. Après la destruction de la marine des
« Turcs, elle pourra faire trembler Constantinople et
« s'ouvrir le chemin de la Méditerranée : *ce qui n'aura*
« *pas lieu toutefois sans que nos aigles planent sur*
« *les côtes de la Roumélie.* »

« Adieu, Kaunitz.

Votre ami,
JOSEPH[1].

En juillet 1787.

1. Lettres inédites de Joseph II, empereur d'Allemagne, pré-

Mais quoiqu'ayant succombé dans la guerre
d'Orient, la Russie ne se tient pas cependant pour
battue. « La Russie se recueille, a dit un de ses
hommes d'État », ce qui veut dire que, si elle ne fait
pas de bruit, elle n'est pas pour cela inactive, et
qu'elle travaille et médite ses coups en silence.
Son action est, ainsi que nous l'avons dit, partout où il y a des Slaves. Or, comme nous l'avons
démontré, il y en a 17 ou 18 millions en Autriche,
c'est-à-dire la moitié de la population de cet empire,
et 8 millions en Turquie, ce qui compose également
la moitié de la population européenne de celui-ci.
A l'aide de ce puissant levier, la Russie agite et
porte ses ravages dans tout l'Orient européen.
Toutes dénégations à ce sujet seraient superflues et
ne détruiraient pas la réalité du fait, voici une
preuve toute récente encore de ce que nous avançons. On lit dans *la Patrie* du 18 mars 1860 :

« Marseille, 16 mars.

« Les nouvelles de Turquie sont meilleures, la
crise ministérielle est arrêtée, les ambassadeurs
d'Angleterre et de France appuient les impôts sur
les loyers ; mais la Russie affecte de défendre les
immunités des Européens. Balchinsky, principal
agent russe en faveur du panslavisme, est allé en
Bulgarie organiser l'agitation ; de nouveaux consu-

cédées d'une notice historique sur ce prince et suivies de détails
sur ses derniers moments, traduit de l'allemand par M. K. Paris,
chez P. Persan et C°. 1822, in-8. »

lats dans le nord *seront occupés par des Russes*, et les postes secondaires par des Bulgares ottomans [1]. Un journal bulgare, *rédigé par des Russes*, va paraître à Constantinople. »

. . . .

. . . .

« Constantinople, 7 mars.

« M. Bulwer a réuni le corps diplomatique et a pris la défense de l'impôt sur les loyers des Européens. L'ambassadeur de Russie s'y est fortement opposé et il a entraîné ses collègues [2]. »

Mais la Russie ne serait pas conquérante par ambition qu'elle le serait par besoin, et le danger pour l'Occident n'en existerait pas moins. Les hommes et les plantes qui manquent d'air s'étiolent et périssent après avoir langui pendant un certain temps. Or, la mer est l'air dont vivent les nations, et toute nation à laquelle celle-ci fait défaut est infailliblement destinée à périr ; or comme la Russie ne respire que par la Baltique et la mer Noire, qui sont des mers fermées, il s'ensuit que celles-ci ne suffisant pas pour alimenter ses vastes poumons, elle doit se faire conquérante par nécessité [3].

« Les peuples riverains de la mer se font ordinairement marins et commerçants, et les peuples

1. C'est-à-dire de Turquie, car les Bulgares, comme nous l'avons dit, sont de race slave, quoique soumis aux Turcs.
2. Voir la circulaire du prince Gortschakoff, à la fin du volume.
3. Voir le traité de Paris à la fin du volume.

méditerranéens militaires et envahisseurs, cherchent
constamment à subjuguer les peuples maritimes, »
nous disait un jour verbalement M. Cyprien Robert,
et, ainsi que nous l'avons démontré, la Russie se
trouve dans ce dernier cas : elle est et sera conquérante par besoin ; elle usera de tous les moyens, de
tous les artifices qui seront en son pouvoir pour acquérir les éléments essentiels qui manquent à son
existence, faute de quoi, comme tous les États
intérieurs, passés, présents et futurs, elle nous
paraît, nous ne dirons pas destinée à périr, au
moins devoir pendant longtemps manquer de ce
qu'elle désire, une puissante marine qui commande
à l'Europe. Elle fait beaucoup d'étalage de vastes
contrées qu'elle vient d'acquérir sur le fleuve
Amour; tout cela n'est que de la poudre pour jeter
aux yeux et bon tout au plus pour amuser des enfants. A quoi servent des terres sans habitants? qui
les défendra lorsqu'elles seront attaquées ? Notre
conviction, d'ailleurs, est qu'elle ne dégrossit ces
contrées que pour les tenir en quelque sorte à la
disposition de la Chine, qui les lui prendra un jour
lorsque celle-ci aura compris qu'il lui faut un déver-
soir pour le trop-plein de sa population. Il n'est pas
douteux, du reste, que la Russie donnerait elle-même
toutes ses possessions asiatiques et la moitié de ses
possessions européennes, si on les prenait au nord-
est, pour Constantinople et la moitié de la Turquie
d'Europe; elle n'hésiterait pas pendant dix minutes,
si la proposition lui en était faite sérieusement, tant

elle a le désir d'approcher ses lèvres, et d'étancher,
sur les bords de cette coupe enchantée qu'on nomme
la Méditerranée, la soif ardente de conquêtes nep-
tuniennes ou maritimes qui la dévore.

Tel est le mal de l'Occident européen et tels
sont les dangers qui le menacent.

Mais un mal connu est à moitié guéri ; or, celui de
l'Occident n'étant plus un mystère, non plus que le
remède qui lui convient, c'est-à-dire la confédération des peuples gallo-romains et des peuples gaulois purs, la guérison peut donc en être facile : il
ne s'agit que de faire une prompte et énergique
applicacion du remède ; cette guérison sera alors
aussi prompte, aussi rapide, aussi radicale que la
maladie aura été longue et douloureuse, et ce monde
romain, qui souffre depuis tant de siècles, se ré-
veillera de sa longue léthargie, plus brillant de santé,
de force et de puissance qu'il ne l'aura jamais été.
Unies ainsi par un lien fédératif, les races gallo-
romaines et gauloises cesseront d'user leurs forces
à s'entre-déchirer les unes les autres par des
guerres sanglantes et fratricides, se réunissant, au
contraire, dans un but commun de grandeur et de
puissance : perçant l'isthme de Suez, elles envelop-
peront l'Afrique de toutes parts en l'enserrant comme
dans un étau ; et là elles pourront ensuite, pendant
des siècles, déverser le trop plein de leur population et en faire ainsi une annexe de l'Europe [1].

1. L'Europe et l'Afrique ont été indistinctement appelées Eu-

Reine de toutes les mers, la Méditerranée avec
ses deux portes, l'une à l'Orient donnant sur la mer
des Indes par l'isthme de Suez et la mer Rouge,
l'autre à l'Occident donnant sur l'Atlantique par le
détroit de Gibraltar, se trouvera en partie comme
placée au centre des populations gallo-romaines,
comme autrefois elle l'était au centre de l'empire
romain ; là les flottes les plus considérables du monde
pourront se mouvoir à leur aise, et des millions de
navires de tous genres, se croisant en tous sens et
contenant dans leurs flanc, les richesses du monde
entier, les porteront aux extrémités de l'univers ou
les en rapporteront ; ce sera un va-et-vient conti-
nuel, et le plus beau spectacle qui se soit jamais
offert aux regards des hommes depuis la création. Ce serait en vain qu'on chercherait sur le
globe une semblable position, car nulle part ailleurs
Dieu n'a rien créé de pareil [1].

C'est à dessein que nous avons appelé la Méditerranée la reine de toutes les mers, car au lieu d'être
comme toutes les autres tributaires de l'Océan, c'est
au contraire celui-ci qui est son tributaire ; absorbant par l'évaporation un volume d'eau plus considérable que n'en déversent dans son sein les fleuves
et rivières qui y ont leur embouchure, l'Océan est
obligé lui-même de lui payer, par le détroit de Gi-

rope par les anciens, comme si ce n'était qu'un seule et même
pays. (*Agathemerus inter geographos min.*, l. XI, o. II, p. 36, cité par
Moke, page 27, *Histoire des Francs*.)

1. Henri Martin appelle la Méditerranée le centre du globe.

braltar, un tribut complémentaire pour maintenir son niveau [1].

Si les races gallo-latines veulent ne pas décheoir, mais au contraire grandir dans l'avenir, qu'elles se hâtent donc de s'unir, qu'un lien fédératif puissant allie promptement la France, la Belgique, l'Angleterre, l'Italie, l'Espagne et le Portugal; le lien le plus fort sera le meilleur. Confédérées ainsi, elles pourront braver pendant des siècles les forces et les efforts du monde entier qui ne pourraient que venir se briser contre elles; isolées, leur faiblesse les rendra, dans un temps qui n'est pas éloigné, le jouet de la fortune et la proie de la Russie et des Slaves en général, ou esclaves des États-Unis, de la Chine ou de toute autre race ou nation qui pourra venir les conquérir et prendre en même temps possession de l'Afrique si elles tardent à s'en emparer en commun [2].

Si les autres races européennes doivent un jour venir prendre leur part du royal gâteau des Gallo-Romains, que ce soit en alliées, nous les y convions, mais non en maîtresses et en conquérantes, comme c'est en particulier le but constant de la Russie depuis Pierre le Grand, ainsi qu'on pourra en juger par la lecture du testament de ce prince, dont une nouvelle édition annotée est sous presse; et comme

1. On prétend qu'il s'écoule annuellement de l'Océan dans cette mer 567,648,000,000 pieds cubes d'eau, outre ce qu'elle reçoit du Nil, du Pô, du Danube, du Rhône, de l'Ebre et d'une infinité d'autres rivières. (Masselin, *Dictionnaire de géographie*, t. II, p. 144.)
2. Voir la note DD à la fin du volume.

c'est aussi celui du panslavisme qui, quoiqu'*ayant*
en apparence des goûts plus modestes, n'en est pas
moins dominé par la même pensée ; nous savons
que les Slaves de Turquie ou IUGU-SLAVES [1],
c'est-à-dire les Slaves du sud, disent constamment
et à qui veut bien l'entendre : *Quand nous le vou-
drons, Constantinople est à nous.* Or, on sait ce que
deviendrait Constantinople entre les mains des Slaves
de Turquie, ayant tous les autres Slaves pour alliés.

C'est à ce moment-là que la Russie n'offrirait pas
de secours à l'Autriche, et que celle-ci serait mal
venue de lui en demander ; broyant les Hongrois et
les Roumains du bas Danube en leur passant sur le
corps, elle serait à Constantinople en quelque sorte
avant qu'on eût le temps en France d'envoyer un
seul soldat sur le Bosphore pour s'y opposer.

Si les Hongrois et les Roumains du bas Danube
recouvrent jamais leur liberté, le meilleur conseil
qu'on puisse leur donner, ce serait, quoique d'origines différentes [2], de se confédérer ensemble sous le
patronage des puissances occidentales, en gardant
chacun leurs lois, leurs usages, leurs coutumes et
leur langage ; unis seulement pour la défense commune, ils formeraient une barrière infranchissable

1. On comprend sous cette dénomination de Iugu-Slaves ou
Slaves du sud, non-seulement les Slaves de Turquie, mais aussi
une partie de ceux d'Autriche, les Slovenzes, les Croates, les Dalmates et les Slavons ou Esclavons. Voir ce que nous avons dit
d'eux, page 6, en note.

2. Disons toutefois que les Hongrois prétendent que les Sabins,
père des Sabines, étaient de race magyare. Voir H. Desprez.

aux envahissements de la Russie et au panslavisme, dont ils deviendront un jour la proie s'ils ne suivent ce conseil.

Nous savons que les Slaves disent qu'une fois confédérés, ils sauront bien contraindre les Hongrois à entrer dans leur confédération ; que, placés au milieu de la Slavie, il leur sera impossible de résister à leur volonté.

Les Roumains étant trop éloignés pour se confédérer avec les autres membres de la famille gallolatine, et les Hongrois se trouvant également isolés des autres membres de leur famille, soit d'Europe et peut-être d'Asie, ces deux peuples n'ont d'autre moyen que la confédération pour conserver chacun leur nationalité [1].

Si maintenant on nous demandait pourquoi, malgré leur origine germanique ou plutôt gothique, nous avons rangé les Anglais dans la famille gallo-latine, nous répondrions que c'est parce que, conquérants de races gauloises dont dix à douze millions au moins sont encore sous leur domination, ils se sont mêlés avec elles et s'y mêlent de plus en plus tous les jours ; que, conquis à leur tour par les Normands dont les descendants sont répandus dans toute l'Angleterre, mais principalement, comme nous l'avons déjà dit, les comtés de Dorset, de Hampshire, de Devon et de Sommerset, leur sang est par conséquent, non seulement mélange avec celui des Gau-

_____

1. Voir la note KK, à la fin du volume.

lois purs, mais encore par les Normands aux Franco-Latins.

Ces croisements avec les peuples gaulois et gallo-latins ne se sont pas faits et ne se feront pas sans que le sang des Anglais s'en trouve profondément modifié, surtout si on considère que, comme nous venons de le dire, dix à douze millions (peut-être davantage) de Gaulois sont encore à absorber sur une population totale qui ne dépasse pas vingt-neuf millions. Ajoutons en outre que Masselin a dit des Irlandaises : « Elles sont grandes, bien faites, et très-fécondes, » ce qui ne peut que contribuer à rendre leur dénationalisation plus lente et plus difficile.

Le langage, nous dira-t-on, viendra à leur secours ; mais nous répondrons : lors même que le langage changerait, cela ne modifierait pas le sang, si le croisement ne se faisait pas en même temps ; or le croisement ne peut se faire que par la fusion des deux peuples, et par conséquent par la modification de l'un et de l'autre sang.

Les Anglais ne peuvent donc se soustraire à cette gallisation de leur race qu'en se séparant de dix à douze millions de leurs sujets, ce qu'ils ne feront point, car ils se trouveraient alors réduits à 17 ou 18 millions, et même probablement moins ; ils tomberaient alors à un état secondaire en Europe, ce qui n'est nullement dans leurs intérêts, et cela même ne changerait encore rien à leur demi-latinisation déjà accomplie. C'est donc avec raison que nous avons dû les ranger dès à présent parmi les populations gallo-romaines, et le nom de semi-latins que nous leur avons donné est réellement celui qui leur convient, non seulement par le sang, mais aussi par le langage, comme on en pourra juger par l'exemple qui suit[1] :

ANGLAIS.	FRANÇAIS.	ALLEMAND.
Dependance. Dependancy.	Dépendance.	Abhängigkeit, *f.* Untergebenen, *m. pl.*
Dependant.	Dépendant.	Herabhängend ; abhängig, *s.* Untergebene, *m.* et *f.*
Depender.	Compter sur un autre.	Der sich auf Andere verlässt.
Deperdition.	Déperdition.	Verderbung.
Depict.	Peindre, dépeindre, décrire.	Beschreiben, schildern, abmalen.
Depilate.	Dépiler.	Die Haare ausraufen.
Depilation.	Dépilation.	Ausreissen, Ausfallen der Haare.
Depilatory.	Dépilatoire.	
Deplantation.	Déplanter.	
Depletion.	Vider.	
Deplorable.	Déplorable.	Beklagenswürdig.
Deplorableness.	État déplorable.	
Deplorably.	Déplorablement.	
Deploration.	Action de déplorer.	Beweinen, beklagen.
Deplore.	Déplorer, lamenter.	Beklagen, beweinen.
Deploredby.	Déplorablement.	
Deplorer.	Celui qui déplore.	Beweiner.
Deploy.	Déployer.	
Deplumation.	Plumer, Mue, Chute des poils.	
Deplume.	Plumer.	Die Federn ausrupfen.
Depone.	Déposer, donner en gage.	
Deponent.	Déposant, témoin.	Beeidigte Zeuge.
Depopulate.	Dépeupler, dévaster.	Entvölkern, verheeren, verwüsten.
Depopulating.	Dépopulation.	
Depopulator.	Destructeur.	Verheerer.
Deport.	Conduite, manière.	Sich Aufführen.
Deportation.	Déportation, exil.	Verbannung.
Deportment.	Conduite.	Landesverweisung.
Depose.	Déposer, destituer.	Niedersetzen, absetzen, bezeugen.
Deposable.	Qui peut, ou doit être déposé.	
Deposal.	Déposition.	Entsetzung.
Deposit.	Dépôt, gage.	Niederlegen, auf Zinsenleiken, *s.*, Pfand niedergelegte, Geldt, *n.*
Depositary.	Dépositaire.	

1. Voir la note FF, à la fin du volume.

ANGLAIS.	FRANÇAIS.	ALLEMAND.
Deposition.	Déposition.	Absetzung, Aussage.
Depository.	Répertoire.	Gewahrsam.
Depot.	Dépôt.	Depot, Magasin.
Depravation.	Dépravation.	Verschlimmerung, Verfälschung.
Deprave.	Dépraver, gâter,	Verschlimmern, verderben, schmahen, verführen.
Depravedness.	Corruption.	
Depraver.	Corrupteur, trice.	Verderber.
Depravity.	Dépravation.	Verdorbenheit, Sittenverderbniss.
Deprecate.	Supplier, demander pardon.	Abbiten.
Deprecation.	Supplication.	Abbitte.
Deprecative, deprecatory.	Suppléant.	Verbittend, abbitend.
Depreciate.	Déprisez, déprimer.	Heruntersetzen, geringschätzen, sinken, fallen (im Preise).
Depreciation.	Dépréciation.	Fallen, s. n., Herabsetzung des Werthes, s. f.
Depredate.	Piller, voler, ravager.	Plündern, verwüsten.
Depredation.	Déprédation.	Plünderung, Verwüstung.
Depredator.	Déprédateur, voleur.	Räuber, Zerstörer, s. m.
Deprehend.	Surprendre, découvrir,	Ergreifen, entdecken.
Deprehensible.	Qui peut être surpris.	Begreiflich, zufangen.
Deprehension.	Prise, découverte.	Ergreifung, Entdeckung, s. f.
Deprew.	Abaisser, humilier.	Mederdrücken, demüthigen.
Depression.	Abaissement, dépression.	Unterdrückung, demüthigung. Niedergeschlagenhært, f.
Depressive.	Qui tend à déprimer.	Niederschlagend.
Depresor.	Oppresseur.	Unterdrücker.
Deprivation.	Privation.	Beraubend.
Deprive.	Priver, ôter, dépouiller.	Berauben, entzie u, befreien.
Depth.	Profondeur, hauteur.	Abgrund.
Depulsory.	Qui détourne.	Wegtreibend.
Depurate.	Dépurer.	Geläntert, gesanbert, adj.; reinigen, v. a.

Ajoutons que le territoire qu'ils occupent est essentiellement gaulois; que leurs intérêts les plus directs les rattachent à notre race, de sorte que, de quelque côté qu'on l'envisage, on est forcé de reconnaître qu'ils sont liés, unis, mariés, greffés, soudés à la race gallo-latine; qu'il né leur est pas plus loisible de se séparer d'elle, qu'il n'est loisible à celle-ci de se séparer d'eux.

Puisqu'il en est ainsi, ne doit-on pas être surpris, et même voir avec peine que deux sœurs comme la France et l'Angleterre soient constamment à se disputer leurs succès et à se réjouir de leurs revers? N'est-ce pas le contraire qui devrait arriver et devra se produire dans l'avenir? L'Angleterre même qui, si elle était attaquée, se passerait bien moins facilement du bras puissant de la France que celle-ci ne pourrait se passer du sien, ne devrait-elle donc pas se réjouir au lieu de s'alarmer en lui voyant acquérir la frontière des Alpes? La France ni l'Angleterre ne peuvent ni ne doivent aujourd'hui songer à faire la conquête l'une de l'autre, pas plus que la Normandie ne peut ni ne doit songer à faire la conquête de la Bretagne, et *vice versa;* ce sont deux sœurs dont les intérêts doivent être communs dans l'avenir avec ceux de leurs autres sœurs l'Italie et l'Ibérie (Espagne et Portugal), comme le sont ceux de la Bretagne, de la Normandie et des autres provinces de la France. Nier ce fait, serait vouloir se mentir et se tromper soi-même; la conquête de l'Angleterre, qui déjà ne peut plus nourrir sa population, serait un fardeau pour la France, en raison des armées considérables qu'il faudrait y entretenir pour la maintenir sous le joug; et, par la même raison, la conquête de la France, si elle était possible, un bien plus lourd fardeau pour l'Angleterre.

Les craintes et les appréhensions de l'Angleterre de voir la France l'envahir sont donc tout à fait puériles et chimériques ; il n'y a qu'un mauvais vouloir trop manifeste de sa part contre la France qui pourrait armer celle-ci contre elle, car il n'est nullement de l'intérêt de notre pays de s'engager dans une semblable guerre. Pourtant nous pensons que si, par un malheur trop regrettable, l'Angleterre nous y poussait, la lutte serait terrible de notre côté.

Nous ignorons ce qui se passe au juste en Angleterre vis-à-vis de nous, et nous ne supposons guère les Anglais animés envers les Français de meilleurs sentiments que ceux que nous avons pour eux ; car il existe toujours chez nous un vieux levain d'une irritation qu'on pourrait appeler chronique, qu'il sera assez difficile d'extirper : il n'en faut pas désespérer pourtant.

Ce n'est ni par affection, ni par amour pour l'Angleterre, pour laquelle, nous devons l'avouer franchement, nous n'avons nulle prédilection particulière, que nous tenons ce langage, car nous avons été nous-même autrefois très-partisan d'une guerre contre elle ; mais la voix de la raison s'est fait entendre, et nous l'avons écoutée, nous avons été forcé de reconnaître qu'une guerre de ce genre n'aurait aucune opportunité, qu'elle ne pourrait, lors même que nous serions vainqueurs dans la lutte, ne nous être que funeste ; ce serait un succès qui coûterait trop cher, et une Angleterre attachée violemment à la France ne pourrait jamais être pour cette dernière qu'une mauvaise acquisition.

Ne donnons donc pas à notre France une Irlande, une Hongrie, une Pologne, comme elle a eu autrefois son Espagne, ce serait assez tôt si le pays nous y poussait, car si momentanément on peut absorber de semblables mets, on ne les digère pas toujours, et il faut souvent les regorger après en avoir éprouvé un grand malaise.

Ce sont des champs à moissonner les hommes, gardons plutôt nos hommes pour moissonner nos champs, ce sera bien préférable; ne nous engageons pas non plus dans des massacres périodiques en Angleterre, comme celle-ci est engagée dans des massacres périodiques en Irlande, la Russie en Pologne et l'Autriche en Hongrie, et de plus en Italie.

Puis, de même que l'histoire reproche à la Russie, à la Prusse et à l'Autriche d'avoir immolé la Pologne, n'aurions-nous pas aussi à craindre son jugement? ne pourrait-elle pas nous accuser d'avoir immolé l'Angleterre à notre ressentiment? Il est vrai que nous aurions notre excuse dans les mauvais procédés de l'Angleterre à notre égard, et si nous parlons ainsi, c'est plutôt par humanité qu'autrement : car, en conquérant l'Angleterre, nous ne ferions que reconquérir un territoire dérobé par trahison à la race celto-gauloise. Nous supposons même que les Gallois, les Irlandais, les Gaels d'Écosse et partie de nos Bretons, ne demanderaient pas mieux que de rentrer en possession de territoires qui, autrefois, ont appartenu à leurs ancêtres. Les Anglais traitent même assez mal ceux qu'ils ont dépossédés, et les Irlandais ne sont pas payés pour les aimer ; il nous semble pourtant qu'un jour viendra où il faudra bien que, de façon ou d'autre, l'Angleterre rende justice à l'Irlande, et cela n'est pas le côté le moins embarrassant de son histoire. L'Angleterre a dépouillé les familles irlandaises des biens de leurs ancêtres pour les donner à des familles anglaises : comment, maintenant, rendre justice à ces familles dépossédées, qui toutes connaissent les biens qu'on leur a ravis? Il faudra donc faire regorger les familles anglaises qui les possèdent présentement ; convenons que c'est là un point extrêmement difficile à débrouiller. Faut-il dire de l'Angleterre : *il lui sera beaucoup pardonné, parce qu'elle a beaucoup péché.* Les Gallois aussi ont encore à oublier leurs griefs contre l'Angleterre; en voici une preuve : Un lord, se promenant un jour dans la principauté de Galles, demande en anglais à un paysan gallois si une rivière, près de laquelle il se trouvait, était guéable en cet endroit? le paysan lui répondit que *oui;* mais le lord, n'étant pas satisfait de la manière dont la réponse lui était faite, répéta sa demande en gallois; le paysan lui dit aussitôt : *Je vous demande bien pardon, Monsieur, je vous prenais pour un Saxon, ne passez pas ici, la rivière est profonde et dangereuse.* Ceci prouve mieux que tous les raisonnements possibles que les Gallois gardent rancune à l'Angleterre; et que si la nationalité est, chez nous, homogène, compacte et forte, il n'en est pas de même chez nos voisins où il existe des éléments de dissolution.

Si les Gallois ne sont pas plus sympathiques à l'Angleterre, ce n'est pourtant pas faute par elle de les cajoler. Un mot à ce sujet ne sera pas déplacé ici :

Les Anglais conquirent la Grande-Bretagne vers l'an 450, les Bretons, ainsi que nous l'avons dit ailleurs, se retirèrent dans les montagnes de la principauté de Galles, et une partie dans le comté de Cornwaille; ceux qui s'étaient retranchés dans la principauté s'y maintinrent indépendants jusqu'en l'an 1283, qu'ils furent conquis par Édouard 1er Plantagenet, lequel fit massacrer les bardes[1] gallois, dont les chants auraient pu réveiller, chez les Bretons, les souvenirs de l'indépendance.

Quoique vaincus, ces derniers n'étaient cependant pas domptés. Édouard, voyant leur haine pour l'étranger et l'inutilité de ses efforts pour les soumettre, se rendit au milieu d'eux, usa d'artifice, et leur dit : *Si vous voulez, je vous donnerai un chef né parmi vous et qui parlera votre langue.* — Nous le voulons bien, répondirent les Bretons. —

1. Les bardes, depuis l'envahissement de la Grande-Bretagne, chantaient constamment la défaite des Anglo-Saxons qui avaient dérobé aux Bretons la terre de leurs pères. A une certaine époque, leurs chants prirent un tel degré d'enthousiasme, qu'ils furent considérés comme prophétiques; la plupart sont connus sous la dénomination de prophéties de Merlin l'Enchanteur, qui paraît être un personnage imaginaire. Une partie de ces chants prophétiques sont à la bibliothèque impériale. (Voir Brunet, *Manuel du libraire.*)

Eh bien, leur répondit Édouard, *je vous donnerai mon fils qui vient de naître au milieu de vous, qui n'a pas encore parlé et auquel j'apprendrai votre langage.* Les Bretons virent la supercherie ; ils acceptèrent néanmoins, et c'est depuis cette époque que les fils aînés des rois d'Angleterre, les héritiers présomptifs de la couronne, portent, avant leur avénement au trône, le titre de *prince de Galles* [1]. La cérémonie d'investiture de ce titre se fait toujours en Angleterre avec une très-grande pompe [2], et nous supposons que ce n'est pas dans un autre but que de flatter les Gallois. De sorte que, comme nous l'avons dit, loin de songer à se séparer de leurs populations gauloises, les Anglais,

1. *Le titre de dauphin de France,* que portaient sous l'ancienne monarchie les fils aînés des rois de France, avait aussi une origine singulière ; elle se rapportait non pas à la naissance, mais à la mort d'un enfant.

Les princes de Viennois prirent le nom de dauphins de ce que l'un d'eux, qui se faisait remarquer dans les combats, portait un dauphin sur son cimier, et que, lorsqu'on le voyait paraître, on disait *voilà le dauphin,* c'est-à-dire *voilà le brave ;* de là le surnom de dauphin qui lui fut donné ainsi qu'à ses successeurs.

L'un de ceux-ci étant mort en ne laissant qu'un enfant en bas âge, la régence de celui-ci fut donnée à son oncle qui, le tenant un jour dans ses bras à l'une des fenêtres de son palais, le laissa échapper de ses mains, de sorte que le jeune prince fut tué sur le coup. Son oncle en éprouva un si vif chagrin, qu'il céda le Dauphiné à la France en 1343, à la condition que les fils aînés des rois de France porteraient le titre de dauphin de France, et se retira dans un cloître ; il s'appelait Humbert II.

2. On nous dit que, dans leur jeunesse, ces princes portent jusqu'à l'âge de dix ans le titre de comte de Cornwaille, et que la cérémonie d'investiture du titre de prince de Galles n'a lieu que lorsqu'ils ont dix ans accomplis : nous ignorons si le fait est vrai.

au contraire, cherchent, par tous les moyens possibles, à se les attacher.

Lors de la réunion de la couronne d'Écosse à
la couronne d'Angleterre, sous le règne de la
reine Anne, les Écossais ne voulurent pas que
le nom de l'Écosse figurât au second rang, et les
Anglais, dans cette circonstance, durent composer et prendre le nom de leurs vaincus bretons ou
gallois.

L'Angleterre et l'Écosse réunies reçurent le nom
de Grande-Bretagne, qui est le seul officiel, de sorte
que les actes publics, au lieu de porter, comme on
pourrait le croire, Victoria, reine d'Angleterre,
d'Écosse et d'Irlande, portent au contraire : Victoria,
reine du royaume-uni de la Grande-Bretagne et
d'Irlande.

Nous maintenons ce que nous avons dit, que les
Anglais, par leur alliance avec les populations gauloises des îles Britanniques, ne peuvent se soustraire
à la gallisation de leur sang, et par conséquent à se
rapprocher davantage de nous par la parenté, à
moins de se séparer de dix à onze millions de leurs
sujets, ce qui, comme nous l'avons dit, les réduirait
à dix-sept ou dix-huit millions, et par conséquent à
un état secondaire en Europe. Encore n'arriveraient-
ils à ce chiffre qu'en conservant un million et demi
de Normands établis en Angleterre, dans la partie
qui fait face à la Normandie, et qui ont latinisé leur
langage, comme on peut s'en convaincre par la page
comparée et déjà citée d'un dictionnaire anglais.

Pour connaître les causes de la faiblesse future de l'Angleterre, il est nécessaire de connaître les causes de sa grandeur passée. Voici en quels termes Sarrans jeune, ancien aide de camp du général Lafayette, en parle dans son livre intitulé : *de la Décadence de l'Angleterre* :

« La plus féconde source de la puissance britannique fut l'impulsion imprimée au commerce par l'acte de navigation[1], conception profonde, tentative audacieuse contre la fortune du monde, dont le résultat fut : de séparer les intérêts anglais des intérêts de tous les peuples; d'attirer de riches importations dans le sein de l'État, d'en alimenter à la fois le fisc par les droits de douane, et l'industrie par les mouvements d'une immense circulation; d'unir indissolublement les intérêts du commerce national aux intérêts de la politique, les premiers par l'espoir d'une protection assurée, les seconds par la certitude d'une abondante perception de taxes industrielles.

« D'un côté, dévouement absolu du commerce à toutes les combinaisons de puissance et d'agrandissement des cabinets; de l'autre, coordination habile et constante de toutes les vues de la politique à tous les essais d'extension et d'invasion du commerce. L'action simultanée de ces deux éléments de force, chez un gouvernement qui, par son commerce, s'appropriait les bénéfices de l'industrie générale, et

1. Voir la note GG, à la fin du volume.

qui, par son fisc, attirait à lui tous les bénéfices de son commerce, chez un gouvernement qui, *par sa situation géographique, ne craignait aucune invasion* et n'avait besoin ni d'alliés sincères ni d'amis dévoués, devait nécessairement avoir pour effet de détruire le système maritime de l'Europe et de faire tourner les calamités générales au profit d'un seul peuple.

« Vraiment, quand on réfléchit à la honteuse infériorité dans laquelle l'acte de navigation retenait tous les États, et aux entraves locales qu'il imposait au développement de leur prospérité, on a peine à concevoir qu'un sentiment universel d'indignation n'ait point exigé plus tôt des gouvernements opprimés et méprisés par l'Angleterre, cette mesure de vigoureuses représailles, qui, 150 ans plus tard, mit ce pays à deux doigts de sa perte.

« Si Louis XIV eût répondu à l'acte de Cromwell, à cette insolente déclaration de guerre contre toutes les industries européennes, par un décret de Berlin ; si un autre blocus continental eût repoussé les produits anglais et interdit au pavillon britannique l'accès de nos rivières et le séjour de nos ports, cette puissance n'aurait point, seule, couvert les mers de ses vaisseaux, découragé à son gré l'industrie de tel ou tel peuple, élevé ou déprimé les valeurs, accéléré ou ralenti les communications générales, les transports, les échanges ; et il n'aurait point fallu soutenir un siècle de guerres contre cette activité dévorante, exclusive, qui pénétra partout, et porta partout les ferments d'une avidité inquiète et d'une concurrence jalouse.

« Quoi qu'il en soit, ce que la prudence des gouvernements européens n'avait pas su faire en temps utile, la force des choses et le génie d'un grand homme l'accomplirent, après un siècle de douleurs pour le monde et de prospérités inouïes pour l'Angleterre.

« Mais, durant ce siècle d'usurpations, la puissance maritime et commerciale de cet État ne connut plus de rivales; il n'y eut de navigation possible ni d'asile assuré que sous son pavillon. En brouillant les affaires de tous les peuples, il parvint à s'ouvrir les portes de tous les pays; il accapara le monopole de l'univers; la paix et la guerre ne furent plus que des spéculations de marchands de la Cité, cherchant partout des débouchés pour leurs fabriques, et des points d'appui pour leurs conquêtes commerciales indissolublement liées aux combinaisons de la politique.

« Bientôt tous les peuples consommateurs tombèrent dans la dépendance de l'industrie anglaise.

« En Europe, l'Angleterre intercepta, par des postes militaires, la communication des deux mers; elle s'empara du trafic de la Méditerranée, de l'Adriatique et de la Baltique; elle fit de tous les États du littoral ses entrepositaires ou ses facteurs; ses agents, ses soldats, son or, ses ballots s'ouvrirent pêle-mêle des accès sur tous les points du globe, où ses comptoirs devinrent des titres de possession territoriale et de souveraineté politique.

« Le développement de ces usurpations successives
présente un tableau de faits qui confond la raison
humaine, et qu'on ne saurait trop souvent rappeler
à la prudence des nations, afin qu'elles s'arment de
toute leur énergie contre le retour d'une suprématie
monstrueuse dont chacune d'elles eut tant à souffrir.

« Depuis plus d'un siècle, l'Angleterre n'a eu
qu'un but dans ses rapports avec l'Europe continentale, celui d'intervenir dans l'organisation intérieure
et dans le système fédératif de tous les États, afin :
1° de troubler leurs alliances par un principe perpétuel d'incertitude ; 2° d'altérer parmi eux les rapports qui doivent unir les propriétaires aux salariés,
les fabricants aux producteurs, le fisc aux contribuables, et d'empêcher ainsi cet accord de la législation avec l'industrie locale, du commerce extérieur
avec la puissance publique, qui fut l'élément de
l'ascendant anglais sur tous les autres peuples.

« Enchaîner, par ce moyen, la politique imprévoyante des gouvernements européens aux intérêts
de son commerce et de sa politique ; se les attacher
par la crainte de dangers imaginaires et par l'attrait des subsides ; obtenir, par des engagements
forcés, le droit de fonder dans tous les pays des
exportations anglaises, des associations anglaises,
un crédit anglais ; de monopoliser de la sorte, et
l'achat des productions indigènes, et les produits de
la fabrication, et la vente des importations, et les

bénéfices des consommations locales : tel fut le principe élémentaire de la politique britannique, le but
invariable de tous les moyens qu'elle employa pour
mettre obstacle à la paix du monde.

« De là les constants efforts de l'Angleterre pour
éviter que des constitutions vigoureuses ne rendissent
aux autres nations une énergie qui eût été fatale à
son commerce. Aussi cette puissance n'est-elle jamais intervenue dans les querelles de peuple à roi
que pour les irriter. Après avoir fomenté et nourri
des révolutions en France, en Allemagne, en Italie,
en Espagne, en Portugal, en Grèce, en Pologne,
jamais, en définitive, elle ne stipula en faveur de la
liberté. C'est que, pour l'Angleterre, l'usurpation
ou la légitimité, l'arbitraire ou le droit, ne signifient
rien. Son intérêt, à elle, son intérêt permanent est
que nulle part il n'y ait une industrie, une marine
et un commerce capables de lutter avec son industrie,
sa marine et son commerce; car elle sait très-bien
que partout où la concurrence a pu s'établir, son
étoile industrielle a pâli, et elle n'oublie pas avec
quelle facilité les nations d'Europe se passèrent des
produits de ses manufactures, lorsque le blocus continental les eut mises dans la salutaire nécessité de
pourvoir à leurs besoins. »

Pour nous résumer, nous dirons que, des observations qui précèdent et de celles qui vont suivre,
et en prenant l'Angleterre vers 1818 ou 1820, c'est-
à-dire à l'apogée de sa puissance, il résulte :

Que l'Angleterre, qui s'était enrichie de notre

marine, dont elle nous avait successivement dépouillés, avait les forces maritimes les plus considérables du monde entier, et qu'elle régnait sans rivale sur toutes les mers, absorbant à son profit tout le commerce du globe qu'elle avait accaparé;

Que, protégée par les flots de l'Océan, et ne craignant, par conséquent, aucune descente ni attaque des autres puissances européennes, elle a pu, depuis quarante ans, se passer d'armées permanentes, ce qui a dû lui faire sur son budget, comparé à celui de la France, une économie d'au moins deux cent millions par an, ce qui fait, en quarante ans, une somme de huit milliards, non compris les intérêts successivement accumulés [1].

Que, n'ayant point d'armée de terre, elle a eu au service de son industrie 500 mille hommes, un million de bras dans la force de l'âge, qui, pour elle, ont été une source de richesses, tandis que, pour la France, les mêmes hommes étaient dispendieux.

Ajoutons encore que l'Inde a été pour elle une mine où jusqu'à ce moment elle a puisé des trésors à pleines mains.

Comment se fait-il donc qu'avec de semblables éléments de grandeur et de puissance, l'Angleterre ait en partie perdu le prestige qui s'attachait autre-

1. L'argent avec les intérêts accumulés se doublant à peu près tout les quatorze ans, il en résulte que 200 millions économisés en 1818 se seraient élevés à 400 en 1832, à 800 en 1846 et s'élèveraient aujourd'hui, en 1860, à 1,600 millions. — Que l'on juge du reste !

fois à son nom ? C'est que, hélas ! comme on l'a dit,
il n'y a pas de grandeur durable en ce monde, et
que, lorsqu'une chose est arrivée au suprême degré,
elle ne va plus qu'en diminuant : et nous ne croyons
pas nous tromper en disant que l'Angleterre en est
quelque peu arrivée là. Car, comment se fait-il
aussi qu'avec de semblables conditions de prospérité,
pendant quarante ans de paix, sa dette, qui était, en
1820, d'un peu plus de vingt milliards, soit, aujourd'hui de vingt et un ?

Comment donc, en effet, si, comparativement à
nous, l'Angleterre a pu faire sur son budget de la
guerre une économie si considérable, comment,
disons-nous, pourra-t-elle faire pour satisfaire à ses
besoins, lorsque ceux-ci augmentent, puisqu'elle
sent aujourd'hui la nécessité d'une armée de terre, et
que, par ses embarras dans l'Inde, ses ressources
diminuent, lorsqu'aussi ces 500 mille hommes, qui
étaient dans ses ateliers, seront peut-être successivement appelés sous les drapeaux ? car, en dehors de
son armée insulaire, il lui faudra encore faire moissonner une partie de sa jeunesse, sinon par la rébellion, au moins par le climat insalubre de l'Inde.

Nous nous souvenons d'avoir autrefois lu dans le
Musée des Familles, il y a dix ou douze ans de cela,
un article dans lequel on parlait avec enthousiasme des
hommes d'État anglais. Cet article nous est toujours
resté dans la mémoire, et nous croyons pouvoir dire
aujourd'hui que si les hommes d'État anglais sont
plus habiles que ceux des autres nations, ils ont pré-

sentement une belle occasion pour montrer leur sa-
voir-faire, car le fardeau qu'ils ont sur les épaules
est loin d'être léger.

Nous, qui ne sommes pas homme d'État, nous
avons toujours pensé que ceux de l'Angleterre ne
brillaient pas plus par l'habileté que ceux des autres
pays : il est toujours facile d'être habile lorsqu'on
a la force et qu'on peut se faire écouter : il est aisé
d'aller à pied quand on tient son cheval par la bride;
mais c'est lorsque la fortune vous tourne le dos
qu'il y a du mérite à être industrieux; c'est dans
la tempête qu'on reconnaît l'habileté du pilote. Les
hommes d'État de l'Angleterre n'ont donc pas
toujours été habiles, puisqu'ils ont mis leur pays
dans la situation embarrassante vers laquelle il
paraît marcher à si grands pas.

On peut dire que ce qui a été funeste à l'Angleterre, c'est son ambition d'avoir voulu à tout prix,
et à l'aide de tous les moyens en son pouvoir, pri-
mer sur la France. Les guerres dans lesquelles elle
s'est engagée pour nous abattre lui ont porté des
coups aussi terribles que ceux que nous avons reçus
de toute l'Europe réunie; nous avons momentanément succombé; mais qui pourrait dire qu'elle-même
ne fléchira pas sous le lourd fardeau dont elle est
chargée, et qu'elle ne tombera pas pour ne plus se
relever?

Si les hommes d'État anglais avaient été plus
sages lorsque Napoléon Ier, à son avénement au trône,
écrivit directement au roi d'Angleterre pour lui de-

mander la paix, en ajoutant : *Le monde est assez grand pour que nos deux nations puissent y vivre,* ils eussent conseillé à leur maître d'accorder cette paix, qui lui était si gracieusement demandée. Mais l'Angleterre voulait le monde pour elle seule; elle entendait ne le partager avec personne, et au lieu de conseiller la paix, ses hommes d'État conseillèrent la guerre, qui ne reprit que de plus belle. Ils mirent ainsi Napoléon dans la nécessité de vendre la Louisiane aux États-Unis qui, à cette époque, avaient pour limite naturelle le Mississipi. Par cette haute fortune qui leur tombait comme du ciel, ceux-ci purent s'étendre sans relâche jusqu'au Pacifique, tandis que, sans cette faute des hommes d'État anglais, trois nationalités se développeraient à la place qu'occupent aujourd'hui les États-Unis [1] : à l'est, la nationalité anglo-saxonne, au centre, la nationalité française, à l'ouest, la nationalité espagnole, et l'Angleterre ne se trouverait pas si faible aujourd'hui et surtout dans l'avenir vis-à-vis de ceux qui lui doivent l'existence et qui, déjà, ne lui donnent plus que le nom de sœur et non celui de mère [2]. Au lieu de cela, qu'y a-t-il? une nationalité qui, dans quarante ans, se composera de 80 millions d'individus. Que fera l'Angleterre dans quarante ans, avec ses 18 ou même 29 millions

---

1. Voir la note HH à la fin du volume.
2. Voir dans les journaux de l'époque la réponse de M. Buchanan à la première dépêche de télégraphie électrique entre l'Angleterre et les États-Unis.

d'habitants? nous ne lui connaissons pas d'autre moyen de rester grande qu'en s'alliant avec le monde romain, ou bien de s'unir et en quelque sorte de se faire une annexe des États-Unis et de devenir une de leurs îles en Europe; nous ne lui voyons pas d'autre perspective. Puissions-nous, pour elle et pour la France, nous tromper, car, ni pour l'une ni pour l'autre, nous ne voyons de grandeur possible que dans l'union; nous sommes convaincu que la France peut s'en passer plus longtemps que l'Angleterre; mais un peu plus tôt, un peu plus tard, la même perspective l'attend, comme elle attend les autres nations latines et même toutes les nations européennes. Que l'une et l'autre se hâtent donc de prendre chacune un parti; nous pouvons même dire dès aujourd'hui à l'Angleterre, à propos de son différend avec les États-Unis relativement au canal ou aux îles Saint-Jean, que, si ses propositions avaient été appuyées par toutes les baïonnettes du monde gallo-romain, on les aurait prises peut-être un peu plus souvent en considération de l'autre côté de l'Atlantique.

Nous n'entendons cependant pas dire que l'Angleterre soit, dès à présent, impuissante à se protéger, loin delà, car il ne faut pas oublier que, même blessé mortellement, le lion peut encore donner la mort à celui qui lui ravit l'existence. La preuve en est, à Waterloo; lorsque Napoléon et la France recevaient le coup de grâce, ils donnaient le coup de mort à l'Angleterre.

Nous entendons bien souvent dire: Il y a longtemps qu'on dit cela de l'Angletere, et cependant elle est toujours puissante. Sans doute, un événement de ce genre ne se produit pas en un jour, et le prince Jérôme, qui vient de mourir, n'est pas précisément descendu dans la tombe le jour où il a pris le lit, mais il n'en est pas moins mort pour cela : souvent un long malaise se fait sentir avant la catastrophe. L'Angleterre nous semble malade, elle a besoin d'un prompt remède, ce n'est pas celui qu'elle prend qui la sauvera; il lui faut faire des économies sur ses finances, au lieu de cela elle crée des dépenses en créant une armée. Le *Times* fait beaucoup d'étalage de vingt mille volontaires qui, dans l'enthousiasme de la nouveauté, sont enchantés de jouer aux soldats; mais patience, cela aura son temps, cela se calmera. Nous n'avons d'ailleurs jamais pensé, comme beaucoup de personnes de notre connaissance, que l'Angleterre ne pouvait pas avoir d'armée; nous avons toujours cru, au contraire, qu'avec une population de vingt-neuf millions d'individus, l'Angleterre pouvait facilement avoir une armée de 4 à 500 mille hommes, et qu'il suffisait pour cela d'un simple vote des chambres anglaises qui établît la conscription. Là ne nous a jamais semblé être pour l'Angleterre la véritable difficulté, et avec cette simple observation, nous avons toujours fait taire ceux qui criaient bien haut que l'Angleterre ne pouvait pas avoir d'armée. La difficulté ne gît guère au contraire que dans l'entretien de cette armée et aussi dans la manière de l'administrer.

Dans un livre intitulé : *Coup d'œil sur les forces militaires des principales puissances de l'Europe*, Paris, 1858, nous trouvons cependant à ce sujet les singulières observations qui vont suivre :

Lorsque pendant la durée du siége de Sébastopol, par suite du froid, du mauvais système d'administration et du mode vicieux de recrutement adopté en Angleterre, l'armée anglaise de 60,000 hommes était réduite 15,000, il s'éleva dans la presse anglaise un cri de malédiction contre le gouvernement; mais laissons parler l'auteur.

« Au milieu de ce *tolle* général contre l'administration, contre le ministère de la guerre, dit-il, on eût pu croire que l'Angleterre allait faire une révolution complète dans ses institutions militaires, adopter un mode de conscription, en un mot, entrer en plein dans le système des armées permanentes. Mais le peuple anglais, bien que fier du succès de ses armes, bien que prodigue de récompenses pour les héros qui portent haut le pavillon britannique, n'a pas oublié cependant l'axiome gouvernemental : *Liberty is incompatible with a standing army* [1]. Il est trop sage pour se laisser aller à ces engouements, à ces défaillances qu'on voit chez d'autres populations, dont l'inconstance est telle qu'on les prendrait pour des *balances folles*.

—————

[1]. La liberté est incompatible avec une armée sur pied.

« Lord Wellington avait l'habitude de dire :
« Savez-vous pourquoi notre armée est si bonne,
c'est parce qu'elle est toute commandée par des
gentlemen ».

Où donc est aujourd'hui l'admiration si enthou-
siaste de l'auteur pour le système d'armement de
l'Angleterre, et comme l'Angleterre est digne d'admiration par la manière prodigue avec laquelle elle
récompense les héros qui portent haut son pavillon !
comme ceci est compatible avec la citation de
Wellington, que l'armée anglaise n'est si bonne que
parce qu'elle est toute commandée par des gentlemen ! Qui ne se rappelle que, pendant la campagne
de Crimée, de deux sous-officiers qui s'étaient distingués et avaient été nommés officiers par le général
en chef, une seule nomination fut ratifiée par le
gouvernement anglais. Quelle prodigalité dans les
récompenses ! mais il y a des enthousiastes et des
enthousiasmes pour tout, et cette armée sur pied,
incompatible avec la liberté, l'Angleterre ne vient-
elle pas de se la donner. Ils ont donc oublié bien
vite leur axiome, ces Anglais, que deux ans ont suffi
pour en faire une lettre morte. Qui aurait pensé, il
y a deux ans, en présence d'un semblable engoue-
ment et de semblables observations, que l'Angleterre se serait laissée aller à ces engouements, à
ces défaillances, qu'on voit chez d'autres populations, dont l'inconstance est telle qu'on les prendrait
pour des *balances folles ?*

Nous avouons que si, dans son inconstance, la

France n'a pas eu la constance de garder les perruques qui ont été conservées en Angleterre, pour notre part, nous ne nous en plaignons pas ; mais ces *balances folles*, comment se fait-il que les *balances sages* les imitent presque toujours? C'est une chose singulière que cela : on dédaigne les Chinois parce qu'ils restent stationnaires, puis on critique les Français parce qu'ils sont partisans du progrès. Car enfin, nous voudrions bien que ceux qui se piquent d'être constants, nous indiquassent un moyen de progresser sans rien changer. Encore serait-ce nouveau, et par conséquent du changement, de la balance folle. Mais, n'en déplaise à l'auteur du passage que nous venons de citer, que ce soit par voie d'enrôlement ou par voie de conscription, l'Angleterre entre dans le système des armées permanentes, et cela malgré sa sagesse.

Qui se douterait aussi que le propos de Wellington que nous venons également de citer, aurait trouvé des admirateurs en France? Ne trouvera-t-on pas bientôt que le gouvernement turc est une chose digne d'admiration ?

Eh bien! l'armée permanente n'est pas le seul changement que nous verrons se produire en Angleterre, et n'en déplaise non plus à lord Derby, qui, dernièrement, semblait craindre que la parole ne fût plus libre à la tribune anglaise; oui, nous en sommes convaincu, il viendra un moment, qui n'est peut-être pas très-éloigné, où la parole cessera d'être entièrement libre à la tribune anglaise :

pour être libre de tout dire, il faut être maître de
pouvoir tout faire; autrement, si vous ébruitez vos
projets, vous perdez tout. Le secret est l'âme des
affaires, ce n'est pas d'aujourd'hui qu'on le dit.

Un journal étranger reprochait dernièrement à la
presse française de ne pas avoir engagé le gouvernement français à prendre plus tôt possession des
territoires qu'il vient d'acquérir dans la mer Rouge;
un journal de Paris répondait qu'on ne savait pas à
l'étranger quelle était la position de la presse française dans de semblables circonstances, qu'elle
n'avait pas ainsi le droit d'initiative. Nous le croyons
parfaitement bien. Est-ce que si la presse française
avisait ainsi publiquement le gouvernement français de l'intérêt qu'il pourrait y avoir pour la
France à prendre possession de territoires de ce
genre, les gouvernements étrangers n'en seraient
pas avisés en même temps? est-ce que l'on peut
ainsi aller brusquement de but en blanc prendre
possession de territoires sur lesquels d'autres États
ont des droits? est-ce qu'on s'empare ainsi brutale-
ment du bien d'autrui? n'y a-t-il pas, au contraire,
des négociations à entamer, à suivre? fallait-il appeler des concurrents dans la lice? fallait-il, dans de
semblables circonstances, donner l'éveil à l'Angleterre et aux autres puissances, qui n'auraient pas
manqué de nous jeter des bâtons dans les roues?
Lorsqu'on a de semblables idées, il faut les confier
secrètement au gouvernement, par correspondance,
la poste n'est pas là pour rien, et le public n'a besoin

d'être dans la confidence de semblables choses,
que lorsque les faits sont accomplis. Il n'y a que
celles qui s'adressent aux masses qui doivent recevoir de la publicité. Nous nous souvenons d'avoir
vu, pendant la guerre d'Orient, lord Palmerston, répondant à des demandes pressantes de communications de pièces qui lui étaient faites à la
tribune anglaise, dire qu'il y avait des circonstances
où un gouvernement despotique était préférable à
un gouvernement parlementaire et libéral, parce
qu'au moins celui-ci n'était obsédé ni tenu de communiquer aucune pièce qui dût au moins momentanément demeurer secrète. Il y avait bien quelque
chose de vrai dans ce que disait lord Palmerston ;
il n'est pas nécessaire d'être partisan d'un gouvernement despotique pour en convenir.

Se fiant sur ce que la mer la protégeait contre
toute attaque venant du dehors, pendant qu'il n'y a
pas eu de marine dans le monde capable de lutter
contre la sienne, l'Angleterre a vis-à-vis des autres
nations, non-seulement usé mais encore abusé de
la liberté qu'elle a souvent poussée jusqu'à la li-
cence. Ce n'est pas parce qu'elle cesserait du haut
de ses tribunes ou dans ses journaux d'injurier les
autres peuples et les autres gouvernements qu'elle
est loin de ménager, qu'il en résulterait un grand
malheur ni pour elle ni pour les autres nations, car
ce n'est pas avec des injures qu'elle paiera la dette
sous laquelle elle succombe.

L'Angleterre a cru qu'elle avait le droit de commander partout, que le monde était son domaine.

S'autorisant de ce que des aventuriers scandinaves qui s'intitulaient *rois de la mier* (mer), après s'être un moment fixés en Normandie étaient passés en Angleterre, les Anglais ont prétendu que la mer leur appartenait. On cite à l'appui de cette prétention l'anecdote suivante :

Un Anglais traversant un jour la mer Adriatique, plongea son doigt dedans, puis le portant ensuite à ses lèvres, il dit : *Ceci est salé, ceci est à nous.* Que l'on ne croie pas que là se bornaient les prétentions des Anglais, car Fox disait un jour à Napoléon Ier : « L'Angleterre est le lieu où nous avons nos maisons, nos femmes, nos enfants, notre domicile enfin, mais l'Angleterre c'est le monde entier. »

Il y a loin, comme on va le voir, de ces prétentions au discours tenu l'an passé par sir Bulwer à Constantinople, qui, faisant allusion aux projets ambitieux de Louis XIV, semblait craindre qu'à un moment donné le pavillon britannique ne puisse plus paraître que par tolérance dans la Méditerranée.

On lit dans *le Pays*, du 26 juin 1859 :

« Quelques jours avant l'arrivée du prince Constantin, sir Henri Bulwer, ambassadeur d'Angleterre à Constantinople, avait, dans un grand banquet, donné à l'occasion de l'anniversaire de la naissance de la reine Victoria, prononcé un discours, qui a produit dans le monde diplomatique une vive impression. Ce discours a été imprimé par l'auteur en anglais et en français. En voici, ajoute *le Pays*, les principaux fragments reproduits par le *Moniteur de la Flotte*.

« Après avoir dit un mot de la situation de l'empire ottoman, sir Henri Bulwer s'exprime ainsi :

« ... Admettons que l'empire turc n'existe plus demain, vous ne pourrez pas faire disparaître le sol qu'il occupe sous les vagues de la mer ou l'engloutir dans le cratère d'un volcan. Cette position, qui s'étend de la bouche des Dardanelles aux bouches de la mer Noire, cette position subsistera; qui alors pourra la posséder si le sultan ne la possède plus?

« Il y a la Russie. Je confesse que je ne suis pas atteint de cette sorte d'épidémie qui se remarque à Constantinople.

« Je ne pense pas que la Russie soit l'ennemie naturelle de l'Angleterre; je ne pense pas que son gouvernement soit plus envahisseur (grasping), que ses hommes d'État soient plus remuants (intriguing) que d'autres; mais sa population professe une religion particulière, son gouvernement a des traditions particulières. Ses États empruntent à leur position géographique une position particulière; l'histoire des conquêtes en général procède du nord au sud. Tous ces éléments ont donné le jour à certaines tendances, et alors, sans blesser les Russes, j'ai le droit de dire que je suis Anglais, et non pas Russe, et que, comme Anglais, je ne consentirais jamais à ce que la Baltique et le Bosphore fussent mis sous la même domination, ou soumis à la même influence, aa même contrôle.

« De même pour la France. Je suis un ardent ad-
mirateur de la nation française; je suis un ardent
partisan de l'alliance française; elle est pour moi
l'alliance de paix et de civilisation, et si jamais j'ai
désiré une place dans les conseils de ma souveraine,
c'était, je veux le déclarer, quand ces deux bannières
après s'être combattues pendant plusieurs siècles,
se sont rangées côte à côte sur le même champ de
bataille, quand les deux armées, illustrées par de si
longues rivalités, tour à tour triomphantes, se sont
élancées ensemble sur les collines de l'Alma et ont
renversé ensemble des hauteurs d'Inkermann un ennemi bien digne de leurs armes. Mais autant que je
puisse désirer son amitié et son alliance, je n'oublie-
rai pas que je suis Anglais et non Français, et je
répandrai la dernière goutte de mon sang plutôt que
de permettre que les songes ambitieux de Louis XIV
puissent se réaliser, plutôt que de permettre que la
Méditerranée devînt un lac français, sur lequel le
pavillon britannique ne pourrait plus paraître que par
tolérance. »

Après avoir ensuite parlé de la Grèce, sir Bulwer
ajoute que l'idée de remplacer la dynastie d'Oth-
man par celle d'Othon doit être rejetée comme une
chimère, et enfin, après s'être demandé et avoir re-
cherché, dans le cas où l'empire turc n'existerait
plus demain, qui pourrait posséder la Turquie lorsque
le sultan ne la posséderait plus, sir Bulwer ne trouve
personne autre que le sultan. Nous devons avouer
que c'est une singulière manière pour un homme

d'État anglais de poser et de résoudre une question.

Nous pensons que ce qui a pu produire cette inconséquence chez sir Bulwer, lorsqu'il prononça ce discours, c'est qu'il était beaucoup plus préoccupé de dire qui, suivant lui, ne devrait pas posséder la Turquie que de dire qui en serait possesseur si le trône de Stamboul[1] devait un jour disparaître dans les eaux du Bosphore, et nous croyons ne pas nous tromper en disant que son discours a été alors prononcé plutôt dans un but d'hostilité contre la France que de véritable et sincère affection pour la Porte.

Nous supposons et on nous croira sans peine, d'après les idées que nous avons émises dans cet ouvrage, que les craintes et les appréhensions de sir Bulwer vis-à-vis de la Russie ne sont pas dénuées de fondement. Quant à celles qu'il manifeste vis-à-vis de la France, nous les appellerons tout simplement de leur nom, puériles et chimériques[2]; car nous ne supposons pas à notre pays la moindre velléité ni le moindre désir de conquérir la Turquie; et le conseil qui pourrait lui en être donné, nous semblerait loin d'être marqué du sceau de la sagesse; car quelque puissante que puisse être la France, lorsqu'on réfléchit combien, malgré son alliance avec

---

1. Stamboul est le nom que les Turcs donnent à Constantinople, nous pensons que ce n'est qu'une contraction de Constantinople, en grec Constantinopolis, puis, par abréviation, Constantinopol, Constanpol, Stanpol, Stambol, Stamboul. Les Turcs et les Arabes disent de même Iskender pour Alexandre et Iskendérié pour Alexandrie.

2. Voir la note II, à la fin du volume.

l'Angleterre, le Piémont et la Turquie, il a été dispendieux en hommes et en argent de vaincre la Russie, on peut dire hardiment, sans timidité et sans faiblesse, que lors même qu'elle parviendrait à se rendre maîtresse de la Turquie, il lui serait matériellement impossible, en raison de la distance, et du nombre d'habitants de ce pays, qui ne s'élève pas, pour la partie europénne, à moins de 16 à 17 millions, de la maintenir sous son obéissance, surtout si l'on songe que cette conquête lui serait instantanément disputée par toutes les puissances voisines jalouses d'elle.

Nous pensons que depuis la guerre d'Orient, et en prévision de l'avenir surtout, l'Angleterre et ses hommes politiques devraient se montrer moins méfiants et moins malveillants envers la France même, qu'ils ne l'ont été tout récemment et paraissent souvent disposés à l'être encore.

C'est, du reste, principalement pour répondre au passage du discours de sir Henry Bulwer, où il dit qu'il s'opposera à ce qu'à un moment donné le pavillon britannique puisse ne plus paraître dans la Méditerranée que par tolérance, que nous sommes entré dans ces détails.

Nous ne supposons pas qu'il soit dans l'intention de la France de s'opposer à ce qu'il y circule jamais autrement qu'en pleine liberté, et nous ne supposons pas non plus que ce serait parce qu'elle posséderait Constantinople, qui, comme nous l'avons dit, serait un véritable fardeau pour elle, qu'elle pourrait davantage s'y opposer. Nous avons au con-

traire l'intime conviction que s'il n'y avait pas à
craindre les trois écueils panslaviste, américain et chinois, que nous avons signalés, ce serait plutôt avec
ses possessions actuelles que la France seule pourrait,
à un moment donné, proscrire le pavillon anglais
de la Méditerranée, sans qu'il fût besoin de la possession de Constantinople; mais la France n'est pas
seule riveraine de cette mer, et d'autres puissances
maritimes formidables peuvent très-bien s'y élever
et en disputer l'empire à la France et à l'Angleterre mêmes, qui peuvent aussi déchoir de leur
grandeur. De semblables revirements de fortune ne
sont pas rares dans les États maritimes. La France
en est un exemple. A quel degré d'abaissement
n'était-elle pas tombée depuis sa formidable puissance sous Louis XIV?

Puis, ainsi que sir Bulwer, comme nous l'avons
fait remarquer, en a posé la question sans la résoudre,
en admettant que l'empire turc n'existe plus demain,
n'est-il pas admissible que, sans que ce soit la France
qui le possède, il puisse néanmoins s'élever sur ses
débris un empire et une marine formidables, qui pourront aussi bien que la France disputer l'empire de la
Méditerranée à l'Angleterre? Les nations ne sont pas
créées pour un jour, et quoique ce moment puisse paraître éloigné, il pourra néanmoins très-bien arriver.

Quel est le meilleur moyen pour la France, pour
l'Angleterre, pour l'Espagne, l'Italie, etc., de conserver leur libre navigation dans la Méditerranée et
dans toutes les mers en général?

Nous n'en connaissons pas d'autre que l'adoption du principe fédératif.

Par la confédération, les droits de tous sont sauvegardés. Un petit peuple peut vivre tranquillement à côté d'un grand, comme la petite province du Perche vit tranquillement entre l'Orléanais, le Maine et la Normandie, sans avoir la crainte d'être conquise ou absorbée par l'une ou l'autre de ces provinces; nous pouvons même ajouter qu'en 89 le Perche avait lui-même demandé être à annexé à la Normandie.

Que l'Angleterre, ses hommes d'État et ses journaux reviennent à de meilleurs sentiments envers nous, car la seule chose raisonnable que puissent faire aujourd'hui les Français et les Anglais, c'est d'oublier chacun leurs haines séculaires et de se réconcilier; il faudra le faire demain, pourquoi ne pas commencer dès aujourd'hui. Que l'Angleterre cesse donc de contrecarrer constamment la France; qu'elle l'aide au contraire, lorsqu'il peut en être besoin; et lorsqu'elle-même pourra avoir besoin de la puissance de son bras pour défendre ses intérêts, il ne lui fera pas défaut; elle l'a éprouvé en Orient comme l'Italie vient de l'éprouver depuis.

Jetons donc un voile sur le passé, et disons nous-mêmes que, si nous avons eu fréquemment à nous plaindre de l'Angleterre, elle a bien eu elle aussi les douleurs de la conquête normande, que, partant de là, tout bien pesé, toutes deux doivent peut-être se considérer comme quittes.

Nous devons avouer pourtant qu'une simple bataille, le moindre combat dans lequel les Anglais eussent eu le dessous et auraient été amenés à demander la paix, aurait considérablement avancé les choses de ce côté-ci de la Manche; les Français l'eussent accordée, se seraient tenus pour vengés d'outrages trop fréquemment répétés; puis par un de ces élans généreux qui sont l'apanage et l'heureux privilége du beau caractère de notre nation, ils eussent immédiatement tendu la main à l'Angleterre, et tout aurait été oublié [1]; mais si la vengeance est douce, nous devons reconnaître aussi qu'il est beau d'oublier les injures, surtout lorsque peut-être on a le pouvoir de les venger.

Cette idée de l'union de l'occident n'est d'ailleurs pas nouvelle, car Napoléon, dans une pensée exprimée à Sainte-Hélène, mais dont nous n'avons pas le loisir de rechercher exactement les paroles, a dit : « La France, l'Angleterre, l'Espagne et l'Italie pouvaient ne former qu'une nation ; mais la géographie s'y oppose. »

Il est vrai qu'à l'époque où Napoléon prononçait ces paroles, l'Algérie ne nous appartenait pas encore. Mais cette belle conquête a considérablement modifié l'état des choses, et il semble aujourd'hui, au contraire, que tout concourt à réunir en un seul faisceau ces diverses nations par leur lien commun, la Méditerranée.

1. Voir la note JJ, à la fin du volume.

Il est sans doute à regretter que l'Angleterre en soit plus éloignée que ses sœurs gallo-latines, mais celles-ci ne demandent pas mieux que de lui réserver sa part de la possession, de même qu'aux autres nations et races européennes; mais nous l'avons dit, la France, l'Italie et l'Ibérie ne consentiront pas, dans le simple but d'être agréables à l'Angleterre, à s'annihiler et à lui laisser la suprématie de cette mer, et bien certainement que si l'Angleterre était à la place qu'occupent les nations que nous venons de nommer, elle ne leur ferait pas une aussi belle part que celles-ci seront disposées à lui en faire une. Tous ceux qui nous liront conviendront de cette vérité, car ce qu'il y a de déplorable chez les Anglais, c'est leur esprit exclusif comme nation; autrement, pris isolément, ils sont pour la plupart bons et loyaux, mais dans leur ensemble ils sont animés d'un esprit national poussé à un tel degré d'égoïsme vis-à-vis des autres peuples, qu'il les fait détester pour ainsi dire du monde entier.

Nous donnerons, comm e complément des observations qui précèdent, ce vaste plan d'organisation de l'Europe, imaginé par Napoléon.

« Une de mes grandes pensées avait été l'agglomération, la concentration des mêmes peuples géographiques qu'ont dissous, morcelés, les révolutions et la politique. Ainsi l'on compte en Europe, bien qu'épars, plus de trente millions de Français, quinze millions d'Espagnols, quinze millions d'Italiens, trente millions d'Allemands; j'eusse voulu

faire de chacun de ces peuples un seul et même
corps de nation. C'est avec un tel cortège qu'il eût
été beau de s'avancer dans la postérité et la béné-
diction des siècles. Je me sentais digne de cette
gloire.

« Après cette simplification sommaire, il eût été
plus possible de se livrer à la chimère du beau idéal
de la civilisation ! c'est dans cet état de choses
qu'on eût trouvé plus de chances d'amener partout
l'unité des codes, celle des principes, des opinions,
des sentiments, des vues et des intérêts. Alors peut-
être à la faveur des lumières universellement répan-
dues, devenait-il permis de rêver pour la grande
famille européenne l'application du congrès américain ou celle des amphictyons de la Grèce; et
quelle perspective alors de force, de grandeur, de
jouissance, de prospérité! Quel grand et magnifique
spectacle!...

« L'agglomération de trente ou quarante millions
de Français était faite ou parfaite; celle de quinze
millions d'Espagnols l'était à peu près aussi, car
rien n'est plus commun que de convertir l'accident
en principe : comme je n'ai point soumis les Espagnols, on raisonnera désormais comme s'ils eussent
été insoumettables. Mais le fait est qu'ils ont été
soumis, et qu'au moment même où ils m'ont
échappé, les cortès de Cadix traitaient secrètement
avec nous. Aussi ce n'est pas leur résistance, ni les
efforts des Anglais qui les ont délivrés, mais bien
mes fautes et mes rêvers lointains; celles surtout de

m'être transporté avec toutes mes forces à mille
lieues d'eux et d'y avoir péri; car personne ne saurait nier que si, lors de mon entrée dans ce pays,
l'Autriche, en ne me déclarant pas la guerre, m'eût
laissé quatre mois de séjour de plus en Espagne,
tout y eût été terminé; le gouvernement espagnol
allait se consolider, les esprits se fussent calmés,
les divers partis se seraient ralliés; trois ou quatre
ans eussent présenté chez eux une paix profonde,
une prospérité brillante, une nation compacte, et
j'aurais mérité d'eux : je leur eusse épargné l'af-
freuse tyrannie qui les foule, les terribles agitations
qui les attendent. Quant aux quinze millions d'Italiens, l'agglomération était déjà fort avancée : il ne
fallait plus que vieillir, et chaque jour mûrissait
chez eux l'unité des principes et de législation, celle
de penser et de sentir, ce ciment assuré, infaillible,
des agglomérations humaines. La réunion du Piémont à la France, celle de Parme, de la Toscane,
de Rome, n'avaient été que temporaires dans ma
pensée, et n'avaient d'autre but que de surveiller,
garantir et avancer l'éducation nationale des Italiens. Et voyez si je jugeais bien, et quel est l'empire des lois communes : les parties qui nous avaient
été réunies, bien que cette union pût paraître de
notre part l'injure de l'envahissement, et en dépit
de tout leur patriotisme italien, ces mêmes parties ont été précisément celles qui de beaucoup
nous sont demeurées les plus attachées. Aujour-
d'hui qu'elles sont rendues à elles-mêmes, elles

se croient envahies, déshéritées, et elles le sont.

« Tout le midi de l'Europe eût donc été bientôt
compacte de localités, de vues, d'opinions, de sentiments et d'intérêts. Dans cet état de choses, que
nous eût fait le poids de toutes les nations du
nord? Quels efforts humains ne fussent pas venus
se briser contre une telle barrière?

« L'agglomération des Allemands demandait plus
de lenteur; aussi n'avais-je fait que simplifier leur
monstrueuse complication, non qu'ils ne fussent préparés pour la centralisation, ils l'étaient trop, au
contraire, ils eussent pu réagir aveuglément sur nous
avant de nous comprendre. Comment est-il arrivé
qu'aucun prince allemand n'ait jugé les dispositions
de sa nation ou n'ait pas su en profiter [1] ? »

Voici maintenant, sur la même pensée, l'opinion
d'Henri Martin qui, comme on le verra, était aussi
celle de Manin; nous l'avons lue, l'an passé, pour
la première fois dans le *Siècle* avec un extrême plaisir, à cause de sa concordance avec la nôtre.

« Les graves circonstances dans lesquelles se
trouve l'Europe, dit-il, dans l'avant-propos de son
livre intitulé *Manin*[2], ont rendu suffisamment familier
au public tout ce qui regarde l'Italie et l'Autriche,
pour que l'auteur ne croie pas nécessaire de déve-
lopper dans une préface les idées générales qui se
rattachent à son sujet. Il se bornera à indiquer ici
les points suivants :

1. *Mémorial*, vol. II, p. 335, 336, 337.
2. Un volume in-8. Paris, Furne.

« 1° Qu'il a choisi pour le héros d'un livre sur
l'Italie, et par devoir et affection envers la mémoire
d'un mort illustre, et parce que ce grand mort a
été, parmi ceux de nos contemporains qui ont quitté
ce monde, la personnification la plus énergique et
la plus pure, et du principe de nationalité et de l'alliance fraternelle des peuples gallo-latins;

« 2° Que le principe de nationalité, nié par les
sectaires cosmopolites, est le seul qui puisse et doive
servir de base au droit public de l'Europe nouvelle;

« 3° Que les questions relatives à l'organisation
intérieure, à la constitution politique, au progrès
des États, tout en étant parallèles à la question des
nationalités, lui sont cependant subordonnées aujourd'hui et demeurent insolubles si elle n'est résolue;

« 4° Que l'existence au cœur de l'Europe d'une
grande machine de centralisation tout artificielle,
d'une grande monarchie administrative et militaire,
fondée sur une base contraire au principe de nationalité, est l'obstacle essentiel à l'établissement d'un
ordre européen, libre, régulier, pacifique; que ce
n'est plus désormais la Russie modifiable, et sus-
ceptible de s'améliorer et de se transformer, mais
le despotisme autrichien, irréformable et incorri-
gible par sa nature même qui barre à l'Europe le
chemin du progrès, la maintient sous le régime
d'immenses armées permanentes, régime également
funeste à tous les intérêts financiers, politiques et

moraux des nations, et ne permet à l'Europe que des trêves agitées et point de paix ;

« 5° Que cet état de choses ne cessera point, tant que les provinces italiennes n'auront pas été séparées absolument et irrévocablement de l'empire autrichien ; tant que l'Italie, qui est une seule nation, ne formera pas, quel que soit son régime intérieur, un seul corps politique vis-à-vis du dehors, tant que le principe fédératif n'aura pas succédé au principe militaire dans l'empire autrichien, qui n'est qu'un assemblage de nations. »

Nous ignorons qui de Manin, d'Henri Martin ou de nous a eu le premier l'idée de confédérer la race latine ; nous avons raconté comment et dans quelle circonstance cette pensée avait pris spontanément naissance chez nous, nous croyons pouvoir en fixer la date au premier semestre de l'année 1854, peut-être même au premier trimestre, mais non au delà. Quoi qu'il en soit, notre manière d'envisager la question nous paraît concorder avec celle de M. Henri Martin, nous pensons qu'il faut procéder par ordre, grouper les Italiens d'abord et la race latine ensuite ; si plus tard les autres races européennes doivent se joindre à nous et que toute l'Europe ne doive former qu'une seule famille, il faut que ce soit en alliées pacifiques et non autrement ; l'Europe entière pourra alors en commun coloniser l'Afrique, et quatre parties du monde, c'est-à-dire l'Europe, l'Afrique, l'Amérique et l'Océanie, seront au pouvoir de la descendance de

Japhet, nous pouvons même y ajouter la moitié de l'Asie, car l'Inde aussi est japhétique. Le monde entier pourra ensuite ne former qu'un seul peuple, ce sera alors la descendance d'Adam tout entière, qui ne formera qu'une famille, et les égorgements d'hommes pourront cesser, car les guerres seront finies.

FIN.

ENCORE UN MOT

SUR LE NOM DES BELGES OU GAULOIS

Nous avons dit, dans le courant de cette brochure, comment c'étaient les Belges, et non les Celtes, qui étaient les véritables Gaulois, mais nous n'avons pas dit comment et par quel enchaînement de circonstances nous avions été appelé à faire cette découverte; nous pensons que malgré les répétitions que nous serons obligé de faire, un mot d'explication à ce sujet ne sera pas dépourvu d'intérêt.

Voici à peu près quelles sont les conclusions des divers ouvrages publiés jusqu'à ce moment sur nos origines nationales :

1° Les Gaulois et les Celtes sont un seul et même peuple, dont l'identité est reconnue par tous les historiens anciens et nous ajouterons aussi par tous les historiens modernes ;

2° Celui de ces peuples, connu sous la dénomination de Celtes, est le plus ancien et comme le véritable peuple gaulois, ou la tige, la tête de la race entière; il est à la fois Gaulois et Celte ;

3° Les Belges, quoique d'origine kimrique, sont cependant Gaulois, mais Gaulois de la seconde branche, et comme l'identité des Galls et des Celtes est admise par tous les historiens, il s'ensuit qu'ils sont à la fois Belges, Kimris, Gaulois et Celtes;

4° Cependant, d'après un passage mal conçu de César, une partie des Belges seraient d'origine germanique, ce qui ne les empêche pourtant pas d'être Belges en même temps.

De sorte que ceux-ci sont à la fois Germains, Belges, Kimris, Gaulois et Celtes.

Cela étant posé, il doit s'ensuivre, pour être conséquent avec soi, que des Germains pouvant être à la fois, comme nous venons de le dire, Germains, Belges, Kimris, Gaulois et Celtes, en renversant et retournant la phrase à contre-sens, comme le font ci-dessous les Allemands pour une idée usée chez nous, les Celtes doivent être tout à la fois Celtes, Gaulois, Kimris, Belges et Germains [1].

Tous ces peuples devaient donc, nous le répétons, n'en former qu'un seul ; telle était l'opinion des savants des deux derniers siècles, qui disaient que les Germains étaient des Gaulois, et qui n'abandonnèrent cette opinion que vers le milieu du siècle dernier [2]. C'était cependant la seule qui

---

1. Tous ces peuples devaient si bien être considérés comme Celtes, qu'Henri Martin dit : « L 'usage s'est conservé de qualifier de langue *celtique* les dialectes encore subsistants, à savoir : le breton, le gallois, l'écossais et l'irlandais.

2. Les Allemands, qui, avec leur profond savoir, craindraient de nous devancer en quelque chose, viennent de reprendre en sous-œuvre la défroque des savants français des xviie et xviiie siècles, et, en la retournant comme on retourne un vieil habit, ils disent au contraire que ce sont les Gaulois qui sont des Germains. C'est M. Amédée Thierry, que nous allons laisser parler, qui nous l'apprend :

« Une thèse, autrefois débattue en France et abandonnée, celle qui tend à confondre les races gauloise et germaine sous l'appellation commune de Celtes, a été reprise en Allemagne. Aux xviie et xviiie siècles, des savants français égarés peut-être par un sentiment patriotique mal entendu s'efforcèrent d'établir que les Germains étaient des Celtes, c'est-à-dire des Gaulois. Quelques savants allemands prétendent démontrer aujourd'hui que les Celtes sont des Germains. On voit que c'est la même thèse prise à rebours, suivant qu'on appartient à ce côté du Rhin ou à l'autre. Nous avons même eu des érudits qui voyaient des Celtes partout, et les conséquences ridicules où l'esprit de système conduisit ces Celtomanes passionnés sont encore présentes à toutes les mémoires. De tels excès discréditèrent en France les études celtiques pendant la seconde moitié du xviiie siècle. Puisse-t-il n'en pas être de même chez nos voisins. Au reste, la discorde semble avoir déjà pénétré dans le camp du celtomanisme, car il a bien fallu d'abord se poser de prime abord cette question : « Quels sont les vrais Germains? » Question toujours agitée de l'autre côté du Rhin et toujours brûlante. »

Nota. Si les Allemands en sont encore à se demander quels étaient ceux de leurs ancêtres qui étaient les véritables Germains, il ne faut pas être surpris qu'ils ne sachent pas quels étaient les véritables Gau-

fût admissible en présence des idées reçues jusqu'à cette époque. C'était aussi la nôtre ; néanmoins elle ne nous satisfaisait nullement. En voyant les différences qui existent entre les Allemands, qu'on dit les descendants des Germains, et les Irlandais, descendants des Gaulois ou Celtes, nous ne pouvions comprendre que ces deux peuples eussent une origine identique.

Nous nous tenions ce raisonnement, qu'il y avait quelque énigme de cachée là-dessous, dont il fallait pénétrer le sens et trouver la clef, lorsqu'il nous tomba un jour sous les yeux une page d'Abel Hugo déjà citée, dans laquelle nous lûmes ce qui suit. Abel Hugo dit, en parlant des Gaulois, « qu'ils habitaient, depuis les temps les plus reculés, cette grande contrée connue dans l'antiquité sous le nom de *Celtique*, puis célèbre sous le nom de *Gaule* et illustre aujourd'hui sous celui de *France*. »

Le doute, chez nous, prenait de la consistance ; nous nous demandions comment il pouvait se faire que, puisque les noms de Gaulois et de Celte étaient identiques, le pays n'avait pas reçu ces deux noms en même temps, pourquoi l'un était postérieur à l'autre ? Comment, enfin, celui de Gaulois était plus récent que celui de Celte, et cela sans motif connu ? Cependant, ce motif devait exister. Nous en étions encore là de notre raisonnement, parcourant avidement au hasard les livres que nous supposions pouvoir nous éclairer, lorsqu'un jour, le passage suivant des *Mémoires* de César, qui nous tomba sous les yeux, vint donner une nouvelle force à nos idées. En effet, voici comment en tête de ses *Mémoires* il s'exprime au sujet de la Gaule :

« Toute la Gaule est divisée en trois parties, dont l'une est habitée par les Belges, l'autre par les Aquitains et la

lois. Nous espérons, sous ce rapport, malgré tout leur savoir et malgré notre légèreté, être plus avancé qu'eux. Qu'ils cherchent leurs Germains. Pour nous, nous croyons, à n'en pas douter, avoir trouvé nos Gaulois.

troisième par ceux que nous appelons Gaulois, *et qui dans leur langue se nomment Celtes.* »

Une lueur apparaissait à l'horizon. Nous nous sommes dit alors, ce n'étaient pas les Celtes qui se donnaient le nom de Gaulois, puisque César nous dit qu'eux-mêmes, dans leur langue, se nommaient Celtes. C'étaient les Romains qui les avaient débaptisés ainsi que leur pays. Voilà pourquoi les Celtes portaient deux noms, et voilà aussi pourquoi l'un de ces noms était plus récent que l'autre. Nous nous dîmes alors, que ce n'était pas sans raison que notre pays avait porté primitivement le nom de Celtique, puisqu'il y avait bien dans la Gaule un peuple qui portait le nom de Celte, auquel il plaisait aux Romains de donner celui de Gaulois, tandis qu'eux ne paraissaient point le reconnaître.

Si nous ajoutons que les historiens les plus marquants de notre époque, Amédée Thierry, Henri Martin et autres, disent qu'en Irlande, Celte signifie habitant des bois et Gaël étranger, nous étions fondé à nous dire *les Gaëls sont des étrangers pour les Celtes,* par conséquent, les Celtes et les Galls ne sont pas, comme on l'a cru jusqu'à ce moment, un peuple identique, mais au contraire deux peuples distincts ; mais là ne devaient pas finir nos embarras, et nous nous disions : puisque le nom de Gaulois est étranger aux Celtes, quel est donc le peuple auquel il appartient ?

Ne nous rebutant aucunement devant les difficultés qui semblaient surgir sous nos pas, et notre curiosité étant au contraire surexcitée, bien que des occupations d'un autre ordre prissent tous nos instants, nous ne cessions cependant d'interroger tous les ouvrages traitant de nos origines nationales qui nous tombaient sous la main, et cela dès que nous pouvions dérober un instant à nos travaux ordinaires. On dit que la fortune vient quelquefois en dormant ; mais on dit également que celui qui va au-devant d'elle est plus sûr de la rencontrer que celui qui l'attend dans son lit ; nous devons dire que si le premier de ces proverbes est vrai, le second ne l'est pas moins, car on trouve quelquefois ce que l'on cherche; c'est ce qui nous est arrivé, lorsque nous cherchions quel était le peuple auquel appartenait le nom de Gaulois. C'est Masselin qui, tout en le confondant avec celui des Celtes, nous l'a appris. Voici ce qu'on lit, page 786, tom. II, de son *Dictionnaire géographique :*

« WELCHES OU BELGES-GAULOIS, p. p. Celtes dans le nord de la Gaule et de la Gr.-Bretagne. (*Voy.* BELGES.) »

Frappé de l'analogie qui existait entre Welches et Belges, nous rappelant qu'Augustin Thierry, dans les *Récits des temps mérovingiens,* disait que Welches était le nom des Gaulois et des Romains dans l'idiome des nations germaniques; nous faisant alors ce raisonnement que, puisque Welche ou Belge n'étaient qu'un même mot, puisque Welche signifiait Gaulois, il signifiait aussi Gaël, qui était en Irlande synonyme d'étranger; par conséquent le mot Gaulois, donné à tort par les Romains aux Celtes, n'était qu'une variante de celui des Belges, auquel il appartenait réellement et non aux Celtes.

Nous rappelant en outre que les Belges étant postérieurs aux Celtes dans la Celtique, il n'était pas surprenant qu'à leur arrivée celle-ci eût changé de nom, c'était donc bien à la population du nord de la Gaule qu'appartenait le nom de Belges, Welches, Waels, Gaëls, Gaulois ou Galates, et si quelques doutes à ce sujet devaient encore exister, ils ne tarderaient pas à se dissiper, car, Amédée Thierry, comme nous l'avons dit, cite, tout en la combattant, cette phrase de Diodore de Sicile, que, contrairement à lui, nous approuvons. En effet, Diodore a dit : « *Les Galates habitaient au-dessus des Celtes vers le nord, et s'étendaient sur tout le reste de la Gaule et même encore au delà.* »

Encore une preuve que la Belgique est le pays des Galates, car Moke nous dit :

« Dans les chroniques de l'Irlande, les envahisseurs de diverses races, venus d'Angleterre *et du pays des Belges,* sont des Galls. »

C'est donc bien, comme on le voit, la Belgique qui fournit à l'Irlande les Galls, Gaëls ou étrangers.

Si les Irlandais disent la même chose de l'Angleterre, c'est que, comme le dit César, les nations belgiques avaient conquis l'Angleterre où César trouva la même population que dans le nord de la Gaule, les Bretons étaient donc Belges.

Moke dit encore, d'après Michelet, en parlant des Belges de notre Gaule : « Et nous trouvons en effet, dans l'ouest de l'Angleterre, des traditions toutes pareilles, relatives à l'arrivée des Gaëls. »

Il nous reste maintenant encore à répondre d'avance à une observation que la critique savante pourra nous faire, comme elle nous a déjà été faite verbalement avant l'impression de cette brochure.

Sans doute on nous dira :

Lors même que, comme vous le dites, les Belges ne seraient autres que les véritables Gaulois ou Galates, et que ceux-ci se seraient étendus sur tout le nord de la Gaule, et même encore au delà, serait-ce une raison pour qu'une partie des Belges ne fût pas d'origine germanique ? Tous les Français n'ont pas une même origine, la même chose n'a-t-elle pu arriver pour les Belges?

Nous répondrons alors :

« Puisque, comme on a pu le voir par ce qui précède, l'idée que les Germains étaient des Gaulois a été abandonnée pendant la seconde moitié du dernier siècle, il faut en conclure alors que les Germains sont des étrangers pour les Gaulois, et par conséquent pour les Belges. Donc, si une partie des Belges avait une origine germanique, elle aurait une origine étrangère. Comment concilier cette idée avec l'opinion suivante d'Henri Martin, qui, après avoir parlé de la masse entière des Gaulois, s'exprime ainsi :

« *Un seul* petit peuple *d'origine étrangère*, les Aquitains, issus des Ibères, premiers habitants de l'Espagne, vivait au milieu de toutes ces nations galliques. »

Comment concilier cette idée qu'*un seul* peuple d'origine étrangère, c'est-à-dire les Aquitains, aurait habité la Gaule, lorsqu'une partie des Belges *aurait été étrangère aussi?*

Ce sont ces contradictions entre les historiens, cette espèce de galimatias de l'histoire, qui, ne pouvant se faire jour dans notre pensée, nous a engagé à nous occuper des recherches dont nous livrons aujourd'hui le résultat au public; d'où il résulte que les Gaulois n'étaient ni Germains, ni Celtes, mais simplement Gaulois ou Welches ou Belges, ce qui est absolument la même chose.

Nous pensons avoir victorieusment réfuté César; mais si cependant on tenait à nous l'opposer, nous dirions voici ce que M. Amédée Thierry dit de lui :

« Sans doute, dit M. Amédée Thierry, le témoignage de César n'est pas aisément contestable quand il s'agit de choses évidemment indifférentes à la politique romaine et à la gloire du conquérant. Toutefois n'oublions pas que les *Commentaires* sont des mémoires, et que ces esquisses simples et rapides, qui font l'admiration et le désespoir des maîtres de l'art historique, furent tracées dans un but personnel, dans le but constant de dessiner le grand homme au milieu des événements qu'il tranchait si bien par l'épée. Rarement l'écrivain perd de vue le héros; rarement il se laisse dévier de son but par des considérations désintéressées sur le présent, plus rarement par des recherches de simple curiosité sur le passé. *Les Commentaires de César sont le livre d'un homme de guerre et non point d'un archéologue.* »

M. Amédée Thierry n'est pas seul de son opinion, car nous trouvons, page 229 du « Recueil de la Société d'agriculture, sciences, arts et belles-lettres de l'Eure, tome III, Évreux, 1833, dans une notice historique d'archéologie sur le département de l'Eure, » dans un article de M. Leprévost, qui, en parlant d'un passage où César n'est pas d'accord avec lui-même, dit : « Cette contradiction nous montre avec quelle réserve on doit admettre les données fournies par César, *relativement à la géographie des Gaules.*

OBSERVATIONS SUR CET OUVRAGE.

Comme en publiant cet ouvrage nous avons eu l'intention de faire un travail sérieux, nous dirons que nous ne ous flattons pas, comme l'auteur d'une brochure publiée récemment avec quelque succès, d'avoir écrit une *billevesée*, pour dire immédiatement après de ne pas oublier cependant que *petit poisson deviendra grand*, parce que nous pensons que c'est une contradiction.

Aussi n'avons-nous pas dit que le Sultan était chef temporel de vingt-trois millions d'hommes, parce qu'il en a au moins trente millions sous sa domination.

Nous n'avons pas non plus donné à l'Autriche le conseil de vendre la Vénétie, parce que nous sommes persuadé qu'elle n'en ferait rien, et que nous avons dit pour quelles raisons.

Nous n'avons pas dit à l'Autriche qu'en vendant la Vénétie, la Hongrie et la Gallicie, elle resterait avec un petit domaine *bien allemand*, parce que l'Autriche renfermerait encore au moins neuf ou dix millions de Slaves, tant Bohêmes, que Moraves, Slovaques, Slovènes, Croates, Dalmates et autres, et au moins deux millions cinq cent mille Valaco-Roumains, tandis qu'elle ne contient que huit millions d'Allemands.

Nous n'avons pas dit que la race grecque se trouvait en majorité dans la Turquie, parce que sur trente millions de sujets du Sultan, il n'y a pas, tant en Europe qu'en Asie, trois millions de Grecs[1].

Nous n'avons pas donné la Bessarabie à la Pologne, qui est purement slave, parce que la Bessarabie est roumaine

Pour constituer un empire purement grec à Constantinople, nous n'oublierions pas d'en détacher la Bulgarie, parce que la Bulgarie est slave et même un peu tartaro-finnoise.

— Nous n'avons pas parlé, en voulant reconstruire les nationalités, d'une Hongrie indépendante, avec dix millions

1. Voir Destrilles, *Confidences sur la Turquie*, 2ᵉ édit., 1855, p. 149, où il est dit : « Toute la population hellénique, y compris celle d'Europe, atteint à peine le chiffre de 3 millions. » Il ne faut pas confondre toutefois la religion grecque avec la race grecque, comme cela arrive quelquefois.

Le mot *toute*, placé en tête de cette phrase, semble même indiquer que la population du royaume de Grèce doit être comprise dans ce chiffre de 3 millions.

d'individus, parce que les Hongrois, en faisant tous leurs efforts et en comptant même parmi eux soixante mille Bohémiens, ne peuvent pas arriver au chiffre de quatre millions neuf cent mille. (Voir le tableau de M. Fényes.)

Nous n'avons pas donné la Syrie à la Russie, parce que nous pensons que ce serait lui donner la clef de la mer Rouge qu'elle posséderait après le percement de l'isthme de Suez, comme l'Angleterre possède la clef de la Méditerranée en possédant Gibraltar.

On pourra maintenant peut-être nous dire aussi : Si vous avez essayé d'être plus exact que d'autres dans vos renseignements, d'autres ont incontestablement écrit plus brillamment que vous. En toute humilité, nous avouons que c'est la vérité ; mais nous n'avons pas de prétentions à l'Académie française, et nous prions le public de vouloir bien excuser toutes les faiblesses de style qu'il aura pu trouver dans cet ouvrage. Peut-être, d'ailleurs, si nous n'avions pas été poussé par des travaux d'un autre genre, été pressé de finir, eussions-nous fait un peu mieux ; nous dirons néanmoins que, si nous avions eu à parler de la vapeur, nous eussions évité de la présenter comme une *invention*, parce que nous avons toujours cru et croyons encore que c'est une *découverte*. On a inventé la vapeur comme Colomb a inventé l'Amérique, comme Robespierre a inventé l'Être suprême.

AVIS

Nous rappelons ici que la Roumanie ne se compose pas seulement de la Moldavie et de la Valachie, mais encore de diverses provinces limitrophes de celles-ci.

Voici ce qu'on lit dans Destrilles :

« Dans l'ancienne géographie, la terre Roumaine ou Zara Romānesca, se composait de la Moldo-Valachie, de la Transylvanie, du Bannat, de la Bukovine, de la Bessarabie, des cercles au delà de la Theiss, c'est-à-dire du pays limité par ce dernier fleuve, le Danube, la mer Noire et le Dniester. L'ensemble de la population de cette zone y compris celle de la Mœsie et de la Grande-Blakie, est de 11,300,000 habitants de même origine. »

Nota. Dans les cercles au delà de la Theiss, dans la Mœsie et dans la Grande-Blakie, les populations latines ou roumaines sont, comme nous l'avons dit, disséminées par groupes, au milieu d'autres races, mais non mélangées.

Dans les autres contrées elles sont à peu près homogènes, excepté dans la Transylvanie, où ce sont au contraire des Magyares (Hongrois et Szeklers) et des Saxons qui vivent par groupes au milieu d'elles.

LA ROUMANIE

SENTINELLE PERDUE DU MONDE ROMAIN
DANS L'ORIENT EUROPÉEN.

— Qui donc es-tu, brave guerrier,
Dans ce désert ainsi perdu?

— Qui je suis?... Soldat romain,
Soldat de l'empereur Trajan.

V. ALEXANDRI, poète roumain
(moldo-valaque).—*La Sentinelle perdue.*

C'est la Roumanie, son pays même, que M. V. Alexandri a eu l'heureuse idée de représenter et de personnifier ainsi sous forme de sentinelle perdue du monde romain dans l'orient européen[1].

1. Voici quelques-uns des vers qui suivent ceux que nous donnons de ce beau poëme comme épigraphe, et que nous ne pouvons résister au désir de placer sous les yeux de nos lecteurs.

—Que cherches-tu, brave guerrier,
Tout seul ainsi dans ce désert?

—Rome, ma mère, Rome l'antique
A mis cette arme dans ma main
Et m'a dit de sa voix puissante :
« Fils bien-aimé, toi mon élu;
« Toi de tous mes enfants chéris
« Le plus puissant dans les combats,
« Va en Dacie, cours à l'instant,
« Cours anéantir les barbares,
« Et veiller sans cesse à ma garde,
« En sentinelle valeureuse.
« Va aux confins de mon empire
« Faire un rempart de ta poitrine,
« Car on entend à l'horizon
« Un bruit sourd de pas ennemis,

nous l'en félicitons, car en effet, la Roumanie, dont le nom commence seulement à poindre à l'horizon, était bien une sentinelle perdue pour les nations latines de l'Occident ; ce qui a fait dire au métropolitain de Bucharest, le jour de la résurrection de son pays : *La France vient de retrouver une sœur dans l'Orient européen, après une séparation de quatorze siècles* [1].

La Roumanie nous était si bien inconnue, qu'un Moldo-

> « Un grondement de voix barbares ! »
> Je suis venu et j'ai vaincu !
> J'ai dispersé tous les barbares ;
> Et sur le sol de leur pays
> Régnant en maître souverain
> J'attends les hordes ennemies,
> J'attends les fléaux destructeurs,
> Qui du Nord et de l'Océan,
> Viennent comme un déluge immense
> Et bientôt auront envahi
> Le monde entier sur leur passage.
>
> — Malheur à toi ! pauvre guerrier...
> Tu vas périr dans ce désert...
>
> — Moi, périr, moi ! jamais, jamais !
> Vienne un monde altéré de sang ;
> Vienne une mer de flamme ardente,
> Ils ne pourront m'éloigner d'ici :
> Ce qui est vert jaunira ;
> Les grands torrents dessécheront ;
> Et le désert, toujours, sans cesse,
> Autour de moi s'élargira ;
> Mais moi, debout, toujours debout
> A travers les flots enflammés,
> A travers les hordes barbares,
> A travers les fléaux cruels,
> Je lutterai, je combattrai
> Sans être atteint par le trépas ;
> Car je suis Romain, dans ma puissance,
> Et le Romain ne périt pas [2].
>
> V. ALEXANDRI, *Les Doïnas.*

1. Comme nous ne citons ces paroles que de mémoire, il pourrait se faire que ce n'en fût que le sens, quoique nous pensions cependant être exact.

2. D'après un proverbe roumain, le texte dans ce derniers vers porte : *Et le Romain ne peut périr.* Mais nous avons cru, dans une traduction, pour l'harmonie du vers, changer les deux derniers mots, d'autant plus que cette modification ne change rien au sens.

Valaque, M. Voïnesco, a dû dire dans une lettre adressée à M. Michelet [1] et dans un langage mêlé de tristesse :

« Une des plus poignantes douleurs de l'exil pour nous autres Roumains, c'est de voir combien peu connue est notre infortunée patrie. Son histoire, ses mœurs, les services qu'elle a jadis rendus à la cause de la civilisation, ses souffrances depuis plus d'un siècle, le peu de droit qu'elle a pu conserver comme nation, au prix de tant sacrifices, la vitalité qui est encore en elle, les qualités dont la Providence semble l'avoir douée, sans doute pour l'accomplissement d'un but élevé, tout cela pour la plupart des hommes, même les plus éclairés de l'Europe, n'est que lettre morte, etc. »

Monsieur Voïnesco a raison ; sa patrie est malheureusement, pour ainsi dire encore aujourd'hui même, inconnue de ses propres sœurs les nations gallo-latines, et peut-être encore davantage de celles-ci que des autres. Nous devons nous-même avouer que vers 1845, avant que nous eussions étudié la question des races, un jeune Valaque, M. Georges Costafore, que nous avons eu l'avantage de connaître à Paris, s'est donné toutes les peines du monde pour nous faire comprendre que son pays appartenait à la même famille de nations que la nôtre, ce que nous n'avons à cette époque, malgré tous ses efforts, qu'imparfaitement compris ; peut-être alors cette question était-elle trop nouvelle pour nous. Quoi qu'il en soit, comme nous ignorons si jamais nous aurons le plaisir de le revoir, si ces lignes tombent jamais sous ses yeux, qu'elles lui portent notre salut.

Nous avons raconté, pages 31, 32 et 33 de cette brochure, comment des populations latines se trouvaient placées sur le bas Danube. Nous prions le lecteur de vouloir bien s'y reporter.

Tout le monde sait avec quel mauvais vouloir la Porte,

---

1. L'émigration roumaine a montré beaucoup de dignité dans le malheur.   DESTRILLES.
Confidences sur la Turquie, 2ᵉ édit., 1855.

l'Angleterre et l'Autriche se sont opposées à l'union des deux provinces de Moldavie et de Valachie, habitées par ces populations.

Tout le monde sait aussi comment, en dépit de ce mauvais vouloir, les Moldo-Valaques sont parvenus à réaliser en partie l'union projetée, objet de leurs vœux les plus chers.

Nous croyons devoir être agréable à nos lecteurs en leur faisant connaître les derniers épisodes de ce grand exemple d'union, d'abnégation, de persévérance et de courage, exemple qui, nous l'espérons, ne sera pas perdu par le monde gallo-romain d'Occident.

Nous donnerons le récit des différents épisodes de cet événement, par ordre de date, comme nous le trouvons dans le journal le *Siècle*.

(Numéro du 19 janvier 1859.)

M. J. Alexandri, frère du ministre des affaires étrangères de Moldavie, nous adresse la lettre suivante :

« Paris, 18 janvier 1859.

« Monsieur le rédacteur,

« Permettez-moi de vous communiquer, avec prière de la faire insérer dans votre estimable journal, la dépêche télégraphique suivante que j'ai reçue hier de M. le ministre des affaires étrangères à Iassy :

« Iassy, 5-17 janvier 1859.

« Aujourd'hui, la chambre des députés a élu à l'unani« mité le colonel Alexandre Couza, prince de Moldavie.

« Signé : B. ALEXANDRI. »

« L'assemblée moldave a fait preuve, en cette circonstance, d'un véritable patriotisme ; elle a su, au milieu de candidatures opposées, choisir un homme estimé de tous par son intelligence et par son amour du pays. Le colonel Alexandre Couza, qui dirigeait le ministère de l'armée, a

été un des membres les plus distingués du parti de l'union.
Sa nomination est un triomphe national, car les partis des
candidatures opposées, qui, d'ailleurs, étaient puissamment représentés dans l'assemblée, en concourant à l'élection unanime du colonel Couza, se sont fondus dans le
grand parti national, qui, grâce à ce mouvement patriotique, devient celui de la Moldavie entière.

« Cet événement a de plus l'importance de mettre fin aux
accusations malveillantes d'agitation qui étaient sciemment
dirigées contre nous.

« Il prouve une fois de plus que les Roumains savent user
avec ordre et dignité des droits qui leur ont été accordés
par la convention du 19 août, et leur conduite justifie
pleinement de la confiance de l'Europe.

« Recevez, etc.   « J. ALEXANDRI. »

(Numéro du 7 février).

Nos correspondances de Moldavie, s'arrêtant à la date du
26 janvier, nous transmettent, concernant l'élection du
nouveau prince, une série de détails qui ne présentent plus
aujourd'hui qu'un intérêt rétrospectif, et néanmoins curieux
à noter comme traits de caractère et au point de vue de la
couleur locale. L'élection eut lieu, comme l'on sait, le
17 janvier, le neuvième jour après l'ouverture de l'assemblée, et le résultat en fut tout à fait inattendu. Trois partis
étaient en présence : le parti du vieux Michel Stourza,
celui de son fils Grégoire, qui rallient à eux deux environ
la moitié des députés, et le parti national, formé de l'autre
moitié, mais qui n'avait point encore de candidat arrêté.
Les voix, ou plutôt les sympathies flottaient entre M. Bazile
Stourza, l'un des trois caïmacams, Mavroyeni, ex-ministre
du prince Grégoire, et Lascar Rosetti, tous les trois anciens
unionistes. Une quatrième faction, composée des députés
de la seconde classe de la noblesse, de ce qu'on appelle
là-bas *la petite boyarie*, se forma bientôt et porta Basile
Alexandri, le poëte national, qui venait de se montrer avec
éclat dans son nouveau poste de secrétaire d'État (ministre

des affaires étrangères). De là des tiraillements et des luttes qui faillirent un moment tout compromettre. C'est alors que l'on fit surgir, comme moyen de conciliation, la candidature de M. Negri, puis celle de M. Alexandre Couza.

La veille de l'élection définitive, tous les députés se réunirent dans la maison de feu Raletti (voulant par là rendre un hommage public à la mémoire de ce vaillant champion unioniste qui succombait, il y a deux mois à peine, à Iassy, dans la force de l'âge et du talent), et procédèrent à un vote préparatoire. M. Couza ayant réuni la majorité des suffrages, tous s'engagèrent sur l'honneur à voter pour lui, et le lendemain, après un éloquent appel d'Alexandri, qui avait généreusement sacrifié ses prétentions personnelles au triomphe de sa cause, et dont le désistement avait entraîné celui de ses concurrents, le nom de M. Couza sortit de l'urne à l'unanimité des voix. L'effet produit par les paroles d'Alexandri avait été tel, que les partisans mêmes de Michel et de Grégoire Stourza, gagnés par l'enthousiasme universel, avaient voté pour le candidat national. Grégoire Stourza, l'ex-caïmacam Étienne Catargi et trois autres, pressentant la déroute de leur parti, ne s'étaient point rendus à la séance.

Le lendemain, le nouvel élu fut proclamé sous le nom d'Alexandre-Jean Ier, prince régnant (*domnu*) de Moldavie, et prêta serment en cette qualité.

Voici la teneur de ce serment, que nous traduisons textuellement de la *Gazette officielle* :

« Au nom de la Sainte-Trinité et à la face de mon pays, je jure de *garder* religieusement les droits et les intérêts de la patrie ; d'être fidèle à la constitution, dans sa lettre et dans son esprit ; de veiller, pendant toute la durée de mon règne, au maintien des lois en tout et pour tous, oubliant toute haine et toute injure, aimant également ceux qui m'ont aimé et ceux qui m'ont haï, et n'ayant en vue que le bien et la prospérité de la nation roumaine. Et ainsi, que Dieu et mes compatriotes me soient en aide ! »

Tout le monde s'accorde à faire l'éloge de la personne

et du caractère du nouveau prince. Quant à ses actes, il n'y en aura pas de très-marquants jusqu'à l'élection du prince de Valachie, si ce n'est ceux qui dérivent de sa propre initiative. . . . . UBICINI.

(Numéro du 21 février).

Iassy (Moldavie), 11 février.

Dans l'avant-dernière séance, le secrétaire d'État des affaires étrangères lut à l'assemblée nationale moldave un message du prince, qui annonçait son élection comme prince de Valachie et des principautés unies et son acceptation de l'hospodarat de Valachie.

M. Cantacuzène présente la proposition suivante : « Comme il y a 18 réélections à faire, et que plusieurs députés sont soit en congé, soit en voyage par mission de l'assemblée il est nécessaire que l'assemblée déroge à la disposition de la convention, qui exige la présence des deux tiers du nombre légal des membres pour prendre une décision valable, et qu'elle décide qu'il suffira de la présence des deux tiers du nombre effectif des membres, qui est actuellement de 47, pour qu'un vote soit valable. »

On vote sur cette proposition par appel nominal, et elle est adoptée par 24 voix contre 21. Il suffira donc à l'avenir de 32 députés pour tenir une séance. Cette résolution assurera une majorité au parti Pano Gogolnitchano, tandis que le ministère se trouvera toujours en minorité.

Une commission avait été nommée pour rédiger une adresse en réponse au message du prince, et une adresse de remercîment aux frères d'au delà du Millkoff (rivière qui sépare la Moldavie de la Valachie).

M. Gogolnitchano donne lecture de cette adresse au nom de la commission. En voici le sens : Les frères d'au delà du Millkoff, en répétant l'acte mémorable de la nation moldave du 5 janvier, et en nommant également le prince Alexandre-Jean Ier prince des pays roumains, ont prouvé d'une manière qui dépasse tout éloge leur patriotisme et leurs sentiments d'union ; l'assemblée nationale soumet en conséquence au prince la prière suivante : de convoquer les deux assemblées à Fokchany pour qu'elles y puissent remplir en commun la grande mission qui leur est échue, poser la première pierre de la construction de l'empire roumain, et pour qu'enfin l'union devienne une vérité effective.

Et comme, selon M. Gogolnitchano, cinq millions de Roumains enthousiastes font entendre des Carpathes à la mer Noire le cri de Vive Alexandre-Jean Ier ! Vivent les pays roumains-unis ! l'assemblée elle-même éclate en nouveaux vivats. — M. Lascar-Catargi ose avec beaucoup de courage « jeter une parole grave dans le flot de l'enthousiasme. » Il dit avec calme qu'il partage complétement les expressions patriotiques et le sens de l'adresse, mais que la commission a dépassé les pouvoirs de l'assemblée en demandant au prince de convoquer l'assemblée à Fokchany ; il propose, en rappelant le danger que trop de précipitation pourrait entraîner, qu'on vote sur le paragraphe de l'adresse relatif à cet objet. (Marques nombreuses de mécontentement.)

M. Gogolnitchano répond que si la demande d'une réunion des deux assemblées pouvait être considérée comme une faute, ce ne serait qu'une faute de patriotisme, d'un patriotisme que, dans l'opinion de la commission, tous les membres de la chambre partagent d'autant plus qu'on ne doit plus dire : « Nos frères d'au delà le Millkoff, parce qu'à partir d'aujourd'hui le Millkoff a cessé de former la limite entre les deux nations fraternellement unies. » Son discours se termine par l'exclamation pathétique : A Fokchany ! à Fokchany !

On procède au vote sur la proposition de M. Catargi, et la demande de convoquer l'assemblée à Fokchany est adoptée à une grande majorité.

Une députation conduite par le métropolitain et le vice-président se rend auprès du prince pour lui remettre l'adresse.

Ost-Deutsche Post.

Iassy, 12 février.

Le prince a adressé, par le télégraphe, une proclamation au peuple valaque et nommé le ministère. Le 14, le prince doit partir pour Bucharest, et le 22, les deux assemblées doivent se réunir à Fokchany. La députation de Bucharest est arrivée hier soir et a été reçue avec enthousiasme. Elle s'est acquittée aujourd'hui de sa mission au sein de l'assemblée nationale. Tout est en fête ; ce soir, il y aura des feux de joies, des illuminations, etc.

(Numéro du 24 février).

On lit dans la feuille officielle :

« Nous recevons de Bucharest, à la date du 7 février, les détails suivants sur les faits qui ont amené l'élection du prince Alexandre Couza comme hospodar de Valachie. »

Après avoir expliqué que des dissentiments allaient s'élever sur la nomination de l'hospodar, *le Moniteur* continue ainsi [1] :

« L'assemblée, au grand complet, paraissait recueillie. A l'ouverture de la séance, un jeune député de la gauche, M. Boeresco, a proposé à la chambre de se former en comité secret pour entendre une communication qu'il comptait lui faire. Sa demande a été accueillie, et tous les députés se sont retirés dans une pièce voisine.

« Là, M. Boeresco a donné connaissance de sa motion. Après avoir déploré l'antagonisme existant entre les deux fractions de l'assemblée, il a montré que tout le mal provenait de la future élection du chef de l'État. « Chacun, a-t-il dit, croit que son candidat est le meilleur, et personne ne peut supporter l'idée du triomphe d'un autre candidat. Voilà ce qui a produit la discorde et ce qui menace de créer l'anarchie parmi nous. Or, comment sortir de cette impasse ? comment contenir l'anarchie et éviter l'occupation

---

1. Bien qu'on doive écrire le hospodar, comme cette prononciation jure dans notre langue, nous écrivons l'hospodar, comme plus loin *le Moniteur* écrit l'hospodarat.

étrangère qui en serait la conséquence? En supprimant la
cause de nos divisions. Quant à nous, nous commençons par
déclarer que nous n'avons pas de candidat. Peut-être, Messieurs, en avez-vous un ; mais, ce que je ne crois pas, c'est
que vous soyez arrivés ici résolus à le faire prévaloir à tout
prix. Quoi ! même au prix d'une guerre civile? même au
prix d'une invasion armée?.. Non, je ne vous ferai point l'injure de le croire. Cherchons donc un candidat autour duquel nous puissions tous nous grouper. Mais ce candidat
est introuvable, et tout à l'heure j'en ai dit la raison. Est-il
possible, au contraire, de nous rallier tous autour d'un
seul et même principe? Oui, sans doute. Ce principe si
bien fait pour nous concilier; ce principe désormais inséparable pour nous de l'idée de patriotisme, je l'ai nommé,
Messieurs, c'est le principe de l'union.

« Il y a un an, plusieurs d'entre vous représentaient déjà
le pays dans cette enceinte et exprimaient avec chaleur le
vœu de l'union. Parmi tous les députés d'alors, le plus
éloquent peut-être et le plus ardent promoteur de l'union
était le prince Bibesco, l'ex-hospodar. Des hommes comme
vous, Messieurs, et comme le prince Bibesco, ne sauraient
se contredire aujourd'hui. Restons donc fermement attachés
au principe de l'union, car de ce principe dépend le réveil
de notre nationalité. Donnons-nous la main; soyons frères;
considérons le peu d'années que nous avons à vivre, et
songeons que notre postérité recueillera l'héritage préparé
par notre abnégation. Ralliés au principe de l'union, nous
le sommes par conséquent à l'homme qui personnifie ce
principe, à Alexandre Couza, prince de Moldavie! Unissons-
nous autour de ce nom, et notre souvenir sera béni par nos
arrière-neveux, et dès à présent nous jouirons de notre
œuvre, car le pays sera content de nous, et notre conscience nous dira que nous avons rempli le plus sacré des
devoirs. »

Ce discours a produit une immense impression. Le sentiment qui animait l'orateur n'avait pas tardé à gagner son
auditoire. Presque tous les assistants avaient les yeux bai-
gnés de larmes.

M. Arzaki et le beyzadé Démètre Ghika ont appuyé en quelques mots la proposition de M. Boeresco.

Un cri unanime de *Viva le prince Couza!* est sorti de toutes les bouches. Ce cri s'est fait entendre jusque dans la salle des séances, et a bientôt été répété par la foule, qui, retenue jusque-là en dehors des murailles de la métropole, est venue prendre part aussitôt à cette manifestation improvisée.

Le métropolitain s'est agenouillé, et, d'une voix qui trahissait son émotion, a remercié Dieu d'avoir éclairé les représentants de la nation valaque. Puis, dans une courte prière, il l'a supplié de faire fructifier la pensée de paix et de concorde qui unissait tous ses collègues. « N'ayons, a-t-il dit, qu'un seul bras et qu'un seul cœur. Que la divine Providence, qui nous a dicté le choix du prince Couza, maintienne l'accord de nos volontés! Jurons tous de soutenir notre prince. »

« Nous le jurons! » se sont écriés les députés, et tous, sans distinction de parti, se sont embrassés avec effusion.

Un procès-verbal rédigé à l'instant même a reçu la signature de toutes les personnes présentes.

Le beyzadé *George Stirbey*, député de Craiova, a dit que son père (le prince Stirbey), retenu loin de l'Assemblée par l'état de sa santé, regretterait vivement de n'avoir pu assister à cette solennité, et a demandé que le procès-verbal fût porté chez lui pour recevoir la signature du prince.

Le beyzadé G. Bibesco (prince Brancovano) a annoncé la prochaine arrivée de son père en Valachie. « N'étant pas député, a-t-il dit, mon père ne pourra pas signer cet acte; mais je sais du moins, et je me plais à vous assurer, qu'il sera le premier à y donner son adhésion. »

Les députés sont ensuite rentrés dans la salle des séances. Les partis étaient confondus, les injures étaient oubliées. Des ennemis irréconciliables se donnaient la main et s'embrassaient en pleurant. Les applaudissements des tribunes, les cris de joie qu'on entendait au loin, et dont le retentissement semblait parcourir toute la ville ; les marches triomphales exécutées par la musique militaire ; les clochers des églises, annonçant partout l'heureuse nouvelle, complétaient l'ensemble et la grandeur de cette scène.

Après une longue interruption, la séance est reprise. Désormais, plus de difficultés. On veut procéder sur-le-champ à la vérification des pouvoirs. Une proposition écartée depuis deux jours, et consistant à diviser l'Assemblée en sections qui doivent s'acquitter simultanément de cette tâche, est de nouveau présentée par M. Arsaki et adoptée sans débat. En deux heures, les pouvoirs sont vérifiés. On confirme presque toutes les élections. Six sont cassées, savoir : celles de MM. le prince Alexandre Ghika, Jean Mano, R. Golesko, Nicolas Balliano, Hagladi et Plechoïano, les cinq premières pour défaut de majorité, la sixième pour vice de forme.

L'Assemblée, définitivement constituée, se compose de 66 députés, dont 64 présents. Deux sont absents pour cause de maladie : le prince Stirbey et M. J. Slatiniano.

Sur la demande de M. Jean Bratiano, l'Assemblée se déclare en permanence jusqu'à ce qu'elle ait procédé à l'objet principal de sa mission.

Le bureau est formé. On tombe promptement d'accord sur l'élection de deux vice-présidents (MM. Catarji et Constantin Cantacuzène), de quatre secrétaires, de deux suppléants et de trois questeurs, tous choisis indistinctement dans les rangs de l'Assemblée.

M. Constantin Cantacuzène propose aussitôt après de passer à l'élection de l'hospodar. A son avis, les Moldaves et les Valaques jouissant des mêmes droits, l'Assemblée valaque peut élire un Modalve. La liste dressée par les caïmacams n'est point exclusive, et, en dehors de cette liste, l'Assemblée est libre de porter son choix sur tout candidat possédant les qualités requises.

Sa proposition est adoptée.

Le métropolitain, tenant d'une main la croix et de l'autre l'Évangile, se lève et requiert les députés de prêter le serment prescrit par l'article 31 du règlement organique. Il prononce la formule du serment :

« Je jure de n'être guidé, dans le vote que je vais émettre, par aucune vue d'intérêt personnel, ni par aucune instigation étrangère, ni par aucune autre considération que celle du bien public. »

Tous les députés s'écrient d'une commune voix : « Je le jure ! »

Le scrutin est ouvert. Il y est procédé avec une régularité parfaite. Les 64 bulletins déposés dans l'urne électorale sont dépouillés ensuite par l'un des secrétaires, qui constate l'unanimité en faveur du prince Alexandre-Jean Couza.

Alors le silence religieux qui avait régné pendant la vérification des votes est subitement interrompu par une explosion de bravos et un enthousiasme indescriptible. Un député propose de voter des remerciments aux puissances garantes ; un autre rappelle que la Porte-Ottomane, par sa sollicitude, a des titres particuliers à la reconnaissance des Valaques. Tous deux sont applaudis avec chaleur.

M. Boeresco monte à la tribune, et, dans une courte improvisation, explique les avantages que présente le vote de l'assemblée. « Ce vote, dit-il, n'est nullement contraire à l'esprit de la convention ; il en rend seulement l'application plus facile. L'union administrative reste ce qu'elle était, avec deux gouvernements, deux Assemblées et un seul prince. »

Le beyzadé Démètre Ghika démontre à l'Assemblée qu'elle est redevable de ce grand résultat à l'abnégation de la majorité. Ce sont, dit-il, ceux que l'on qualifiait de rétrogrades et d'aristocrates, ce sont ces privilégiés, qu'on disait si entichés de leurs privilèges, qui, par leur dévouement à la chose publique, ont fait triompher un principe immortel. »

Ces paroles sont couvertes d'applaudissements.

Une dépêche télégraphique, rédigée par le bureau, est expédiée à Iassy. Elle annonce au prince Couza son élec-

tion à l'hospodorat de Valachie. Une notification semblable
est adressée aux caïmacams.

La séance est levée à huit heures du soir.

Le soir, la ville a été illuminée spontanément, au milieu
des acclamations de joie d'une immense population.

Correspondance particulière du Moniteur.

Pour terminer, nous dirons maintenant aux Gallo-Romains
d'Occident, voilà comment on procède lorsqu'on veut produire
quelque chose de grand ; procédez de même et vous verrez bientôt
renaître les beaux jours de la grandeur romaine.

P. V.

NOTES

PIÈCES HISTORIQUES ET JUSTIFICATIVES

Note A.

On croit généralement en France que les Cosaques sont Tartares ou plutôt Tatares. C'est une erreur : les Cosaques sont des Slaves, tous ou presque tous d'origine polonaise, et dont le langage se rapproche beaucoup plus du polonais que du russe. Il y a les Cosaques Zaporogues ou Cosaques de l'Ukraine, les Cosaques du Bog, les Cosaques de la mer Noire, les Cosaques du Volga, les Donski ou Cosaques du Don, les Cosaques de l'Oural. Ce sont des colonies transplantées par la Russie.

Il ne serait pas impossible cependant que les premiers Kosaks, Kozars ou Kazars, eussent une origine tatare ou hunnique, mais ceux de nos jours sont Slaves.

Si nous ne nous trompons, le mot Cosaque, en polonais Kosak, doit avoir une origine indoustane ou sanscrite, et signifier bandit.

A propos du proverbe indien : « Il fait obscur sous la lanterne, » M. Quitard cite la petite anecdote suivante :

« Le savant orientaliste M. Garcin de Tassy, membre de l'Institut, m'a donné, dans une lettre qu'il m'a fait l'honneur de m'écrire, un renseignement curieux sur le proverbe indien : *Il fait obscur sous la lanterne*. Ce proverbe, dit-il, se trouve dans une anecdote indoustani (empruntée peut-être au baharistan de Jami) et dont voici la traduction : Un individu fut dévalisé sous les murs du château du roi. Il s'en plaignit au roi lui-même : Sire, des *bandits* m'ont dévalisé sous les murs du château de Votre Majesté. Le roi lui répondit : Pourquoi ne t'es-tu pas mis en garde ? Le plaignant répliqua : Votre esclave ignorait que les voyageurs pussent être attaqués sous les jalousies de Votre Majesté. Le roi ajouta : Tu ne connais donc pas le proverbe : *Il fait obscur sous la lanterne ?* »

Chose singulière, dit M. Garcin de Tassy à propos du mot *bandits*, le texte porte des Cosaques, *Cazzak*.

Par une circonstance, que nous appellerons également singulière, *bandits* est aussi le nom que les paysans polonais donnaient aux Cosaques Zaporogues ou Cosaques de l'Ukraine, composés dans l'origine d'une bande de brigands, tous célibataires, et ne vivant que de rapines et de brigandages. Ils étaient constitués militairement et se recrutaient par des engagements volontaires.

Ces Cosaques ont commis, en Pologne, surtout envers les nobles, des atrocités tellement inouïes, que ceux-ci n'entendaient prononcer leur nom qu'avec effroi. Aussi lorsque des seigneurs se montraient trop rigoureux envers leurs serfs, ces derniers les menaçaient-ils d'appeler les *bandits*, nom sous lequel, comme nous l'avons dit, ils désignaient les Zaporogues; ils parvenaient ainsi, à l'aide de cette menace, à obtenir momentanément quelque adoucissement à leurs souffrances.

Catherine II a forcé les Zaporogues à prendre une résidence fixe et à se marier; ils habitent l'Ukraine, au nord de la Tauride ou Crimée.

Quant aux Cosaques du Bog, ils sont d'origine roumaine ou valaque; en 1769, ils firent partie des régiments levés dans la Valachie et la Moldavie par la Turquie. Passés au service de la Russie, dit Masselin, ils s'établirent sur la rivière du même nom (le Bog), et reçurent, en 1803, une constitution semblable à celle des cosaques du Don. Ils commercent surtout en poisson, qu'ils échangent contre d'autres denrées, exercent des métiers et élèvent des bestiaux.

Note B.

La langue anglaise est fille de la teutonique. Les Anglais et les Saxons s'établirent dans l'île Britannique, en 450, et y introduisirent les deux dialectes qu'ils parlaient : celui des Anglais au nord, et celui des Saxons au sud de la Tamise. Le dialecte saxon prédomina, quand l'héptarchie fut réunie sous un seul roi de cette nation. Dans le viiie siècle, l'Angleterre fut soumise au Danois, et alors la langue danoise devint celle de la cour; lorsque Édouard le Confesseur réintroduisit la langue saxonne, elle resta mêlée avec la danoise. Par l'avénement de Guillaume le Conquérant, le français-normand fut introduit à la cour, dans les tribunaux et dans les écoles. Les enfants des grands étaient envoyés, pour leur éducation, en Normandie, et la langue saxonne fut réduite à être celle du bas peuple. Cependant elle reprit le dessus vers la fin du xiii° siècle, lorsque les villes ou communes obtinrent une part à l'administration. Sous Édouard III, elle redevint la langue des affaires publiques; mais dans l'intervalle qui s'était écoulé depuis Guillaume le Conquérant, elle avait été amalgamée avec un si grand nombre de mots français, *qu'on ne peut plus dès lors l'appeler saxonne.* C'est là le commencement de la langue anglaise, qui consiste en un mélange de saxon, de danois, de français et de latin; on n'y trouve rien, ou peu de chose des peuples qui ont habité l'île avant les Saxons; car les mots latins proviennent des missionnaires qui ont apporté le christianisme dans l'île.

F. Schoel.

(*Tableau des peuples qui habitent l'Europe,* classés d'après les langues qu'ils parlent et les religions qu'ils professent. 4 vol. in-18. Paris, 1810.)

Note G.

1° *Campagne de Rome.*

La campagne de Rome est située aux environs de Rome. Voici ce qu'en dit Masselin :

« Campagne de Rome (la), *Latium, Campania,* province d'Italie de 20 à 28 l. de long sur 16 à 24 de large, bornée N. par la Sabine et le patrimoine de saint Pierre, O. par le Tibre et la Médit., E. par la Terre de Labour et les Abruzzes, ne produit presque rien, est pleine de marais qui rendent le climat malsain, et n'offre qu'une faible popoulation : part. des Ét. de l'Égl. Rome, cap., voy. Latium. »

Il ne faut pas non plus confondre la Campagne de Rome, à cause de son nom latin *Campania,* avec l'ancienne Campanie située dans son voisinage, que Masselin décrit ainsi : (Art. Géographie ancienne 1.)

2° *La Campanie.*

* « Campanie, contrée de l'Italie, sur la Médit. entre le Samnivm, le Latium, la Lucanie et la mer Inf., prov. belle et fert., srrtout en vins très-recherchés, produits des monts Massique et Cécube, renfermait le mont Vésuve, était arrosée par le Clanis

---

1. Les articles précédés d'une *, dans Masselin, indiquent la géographie ancienne.

et le Vulturne; Capoue, cap.; villés princip. Naples, Gaëte, Cumes et Salerne; avait les Picentini au S.; représentée aujourd'hui par la *terre de Labour* et une part. de la princip. citér. (roy. de Naples).

3° *La Romagne, les Romagnes ou Romandiole.*

La Romagne ou les Romagnes, contrée d'Italie sur l'Adriatique, formait tout récemment encore la partie nord-est des États de l'Église; elle vient d'en être détachée pour être annexée au Piémont. Voici la description qu'en donne Masselin :

« ROMAGNE ou ROMANDIOLE (la), *Romandiola*, anc. princip. de l'État de l'Église (Italie), entre le Ferrarais au N., l'Adriat. à l'E., la Toscane et le duché d'Urbin au S., le Bolonais et la Toscane à l'O., appartint aux Ostrogoths, aux Lombards, aux Allemands, aux papes, qui la reçurent de Louis XII, roi de Fr.; pays fert. en bons vins, blé, fruits exquis, olives et pâtur.; mines, eaux minérales, salines; forme auj. (au temps du 1ᵉʳ empire) la délégat. de Ravenne, son anc. capitale. »

4° *La Romanie, Rumélie, Roumélie, Roumili ou Roumli.*

La Romanie, Rumélie ou Roumilie, que les Turcs nomment Roumli, forme le territoire situé autour de Constantinople.

Lorsque les Romains fixèrent à Byzance le siége de l'empire d'Orient, ils changèrent son nom de Byzance et lui donnèrent celui de *Roma nova* ou Rome nouvelle, nouvelle Rome : de là le nom de Romanie donné à son territoire; le nom de Constantinople ne lui a été donné qu'un peu plus tard, après que Constantin l'eut rebâtie.

Les Turcs étendent le nom de Roumli, qui signifie *pays romains*, à presque toute la Turquie d'Europe.

Puisque nous avons cité Masselin, nous allons encore le citer.

On lit, page 454, tom. II de son Dictionnaire de géographie :

« ROMANIE, RUMÉLIE ou ROUMILI, *Romania* (l'anc. Thrace), province considérable de la Turquie d'Europe entre le Danube au N., l'Archipel et la mer de Marmara au S., l'Adriatique, la Bosnie et la Dalmatie à l'O., la mer Noire à l'E., comprend toutes les possessions des Turcs en Europe, à l'exception de la Bosnie, de la Moldavie et de la Valachie, env. 10,500 l. carrées, 28 sandjiacats, 6,000,000 d'hab. Constantinople cap.; elle a pris son nom des Romains du Bas-Empire[1]. »

___

1. La Grèce devait même être comprise sous cette dénomination de Roumli ou pays roumains, presque, à l'époque de la publication du dictionnaire de Masselin,

Tout ce qui, en Orient, porte le nom de Roum, indique une origine romaine, le nom de la ville d'Erzeroum n'a pas une autre étymologie.

Chose singulière à remarquer : la dynastie qui occupe actuellement le trône de Russie, à cause de son nom Romanow ou Romanoff, se dit héritière de Roma nova (Constantinople), bien que ce nom n'ait d'autre analogie avec celui de Constantinople que celui de la ressemblance.

Le nom de Romanow n'a été donné à la famille qui occupe actuellement le trône de Russie que parce que le premier empereur de cette dynastie était descendant d'un prince qui avait reçu au baptême le nom de Roman (saint Roman ou saint Romain est à la fois reconnu par l'Église latine et l'Église grecque); lui-même s'apppelait Michel, de sorte que, suivant les règles de la grammaire russe et l'usage adopté en Russie, il a été appelé Michel Romanoff, c'est-à-dire Michel fils de Roman [1] : de là le nom de Romanoff qu'il a transmis à sa dynastie; mais si, au contraire, son père ou son aïeul avait reçu au baptême le nom de Michel, il eût été appelé Michel Michaloff ou Mikael Mikaeloff, c'est-à-dire Michel, fils de Michel, et sa dynastie, au lieu de porter le nom de Romanoff, porterait celui de Mikaeloff. Voilà sur quoi reposent les titres de la famille de Russie à l'héritage de ROMA NOVA.

8° Roumanie.

Roumanie est une dénomination nouvelle pour l'Occident de l'Europe. On donne ce nom aux pays latins du bas Danube, la Moldavie, la Valachie, la Bessarabie, la Transylvanie, la Bukovine et le bannat de Temeswar. Les habitants de ces contrées se nomment eux-mêmes Roumains ou Roumanes, c'est-à-dire Romains.

NOTE D.

Le hongrois ne ressemble à aucune langue européenne, sinon au finnois, à l'esthonien et au lapon. Les Hongrois, si beaux, si fiers, si vaillants, ne veulent point admettre cette communauté d'origine avec les Lapons, ces myrmidons des régions hyperboréennes. Je ne me prononce pas dans ce différend; je dois dire, cependant, que la majorité des linguistes de l'Alle-

---

sous le premier empire, elle faisait partie de la Turquie d'Europe, et que toutes les possessions des Turcs en Europe étaient comprises sous cette dénomination de Roumli, excepté la Bosnie, la Valachie et la Moldavie.

1. Voir page 21 l'indication que nous avons donnée de la manière dont se déclinent les noms de baptême en Russie.

magne soutient l'évidence de la consanguinité; elle se perdrait dans la nuit des temps, mais elle est prouvée par l'analogie de ces langues nommées *finnoises* ou *tschoudes*. Le hongrois est, du reste, une des plus sonores et des plus majestueuses langues connues; ses métaphores les plus usuelles sont empruntées aux mœurs et aux idiomes de l'Orient. Les perles, les diamants et les fleurs rappellent à chaque page la gracieuse et brillante rhétorique des Arabes et des Persans.

Paul DE BOURGOING.

Moke, page 126 de son *Histoire de France*, dit en note :

« Que les Messagètes de l'antiquité fussent de race tartare, c'est ce que prouve leur parenté avec les Huns. L'historien Procope, qui avait fait plusieurs campagnes avec un corps de cavaliers de cette dernière nation, donne les deux noms comme synonymes. (*De Bello Vand.*, liv. I, c. IV et II). Aujourd'hui encore la postérité des guerriers d'Attila s'appelle Magyars ou Madjars. — Son origine tartare est hors de doute, quoique en Hongrie le Magyar, dénaturé par son croisement avec d'autres races, n'offre plus les traits et ne parle plus la langue de ses ancêtres. »

Les Magyars qui ont habité aux environs du Caucase, et dont une partie l'habite encore, peuvent bien avoir été croisés avec des Caucasiennes, ce qui expliquerait la beauté actuelle de leur race et la différence qui existe entre eux et les Lapons, mais ne détruirait pas l'idée d'une consanguinité et d'une origine communes.

La beauté des Tartares-Kabardinski ou de la grande Kabarda-Caucasienne ne doit pas avoir une autre origine, cependant elle ne détruit pas leur parenté avec les autres Tartares.

NOTE E.

Les Finlandais ou Finnlandais se nomment eux-mêmes Finns, dont on a fait Finnois, puis ensuite Finlandais, à cause du nom de Finlande, en latin *Fenninia*, donné à leur pays par les peuples de race gothique, Finn-land, terres des Finns.

Dans l'ouvrage intitulé *la Finlande*, tome Ier, page xxxvii, on lit :

« Dans leur langue nationale, ils s'appellent *Suomo-Laines*, et leur pays *Suomi*, *Suomenmaa*, sans doute de *suo*, qui veut dire marais, à cause de la grande quantité de terres marécageuses qui couvrent le sol finlandais. »

Page XL du même volume, on lit encore :

« De nos jours encore, non-seulement les Finnois, mais les

Lapons, ont adopté le même nom national *suome*, *same*, mot qui signifie *marais*. C'est le vieux mot *suum* qui s'applique aux Lapons et aux Finnois. Le mot germain *fenni*, dans Tacite, et le terme scandinave *finnar*, n'en sont que la traduction et expriment la même idée, qui, se reproduisant dans plusieurs dénominations des peuples finnois, indique la nature de leurs premières habitations et leur convient encore. Le nom de ce peuple est donc générique et appartient à tous les habitants de l'Europe septentrionale. »

Note F.

Les Bohémiens portent encore, en Moldo-Valachie, le nom de Rômes, qu'ils se donnent eux-mêmes.

C'est une race malheureuse que les historiens du moyen âge ont désignée sous le nom d'Azinghans.

Longtemps on les a crus originaires d'Égypte, ce qui leur a fait donner, dans une grande partie de l'Europe, le nom d'Égyptiens ; mais les dernières recherches ont démontré qu'ils avaient une origine indoue, et qu'ils devaient appartenir à la caste des suders ou soudras (artisans) de l'Inde.

Quoique portant chez nous le nom de Bohémiens, il ne faut cependant pas les confondre avec les habitants de la Bohême, qui prennent, du nom de leur pays, celui de Bohêmes, mais dont le nom véritable est celui de Tscheks. Ces derniers, comme nous l'avons dit page 6, appartiennent à la race slave, l'une des trois grandes races de la famille européenne, avec laquelle les Bohémiens, qui, suivant toute apparence, sont récents en Europe, n'ont rien de commun.

Ce n'est ni aux Bohémiens ou Zigans, ni aux Bohêmes ou Tscheks, que la Bohême doit son nom, mais à des Boïens partis de la Gaule, probablement des environs de Bordeaux[1], et qui suivirent Bellovèse en Italie, lorsque celui-ci fit la conquête de la partie connue sous le nom de Gaule Cisalpine, la Lombardie, la Toscane, Parme, Modène et les Romagnes d'aujourd'hui.

Les Boïens se fixèrent au sud du Pô, dans le Bolonais actuel ; leur capitale était Bononia, aujourd'hui Bologne.

Plus tard, lors de la conquête de la Gaule cisalpine par les

---

1. Lorsque Jules César se disposait à faire la conquête de la Gaule, les Helvètes se disposaient également à la subjuguer, aidés de Boïens venus on ne sait d'où, peut-être de la Bojem ou de la Boarie. César les battit les uns et les autres, renvoya les Helvètes en Helvétie reprendre possession de leurs terres qu'ils avaient abandonnées dans la crainte que les Germains ne s'en emparassent pendant leur absence, et permit aux Boïens de s'établir aux environs de Langres, où leurs descendants existent encore, mêlés aux autres populations.

Romains, les Boïens refusèrent de se soumettre à leurs conquérants ; ils se retirèrent dans la contrée qui était alors habitée par les Suèves, et qui prit, du nom de ses nouveaux habitants, celui de Boïem ou Bohême, qu'elle a conservé jusqu'à nos jours, bien que, depuis ce temps, elle ait encore changé deux fois de maîtres. Les Boïens ayant été chassés du pays par les Marcomans, se fixèrent dans une contrée voisine, qui prit encore de leur nom celui de Boarie, Boierie ou Boière (la Bavière actuelle), où ils se sont fondus depuis avec les Germains.

Lors du grand déplacement de peuples qui amena la chute de l'empire romain, les Marcomans, qui avaient chassé les Boïens de la Bohême, quittèrent eux-mêmes ce pays, pour une autre contrée. La Bohême, après leur départ, s'étant trouvée déserte, fut repeuplée par une nation d'origine slave ou slavonne, la nation tscheke ou bohême, qui l'habite de nos jours, conjointement avec des Allemands qui habitent les frontières du côté de la Germanie, et s'infiltrent peu à peu dans le pays.

Nous pensons que c'est aux Bohémiens, et non aux Bohêmes, que l'on applique, dans le Perche et peut-être dans d'autres contrées de la France, le proverbe suivant, en parlant d'un ménage mal tenu :

« C'est à la mode de Bohême, c'est le plus sale qui fait la cuisine. »

Comme dernière observation, nous dirons que les Bohêmes sont extrêmement blancs, tandis que les Bohémiens sont presque noirs comme des nègres, dont ils n'ont cependant ni le type ni les cheveux.

Nous avons cru devoir entrer dans tous ces détails afin de bien faire comprendre la distinction qu'il y a à faire entre Bohême et Bohémien ; il paraît que nous avons donné à ces derniers, que les Valaques appellent Zigans, le nom de Bohémiens, parce qu'ils sont venus en France en passant par la Bohême.

Nous trouvons dans la *Revue de l'Orient*, juin 1844, un article sur les Bohémiens, signé Vaillant, de Bucharest, intitulé :

Origine, langage et croyances des Rô-muni, Zind-romes[1] *et Zind-Cali* (Bohémiens, Égyptiens, Gypsis, Gitanos, etc.), avec cette épigraphe : « La langue zind-cali est le seul critérium capable de résoudre le problème de leur origine et de leur croyance. »

(Borrow, tom. II, p. 446.)

Malgré les doubles emplois que nous pourrons faire, nous tenons cependant à extraire de cet article le passage suivant, pour le placer sous les yeux de nos lecteurs :

1. Prononcez *Tsind*.

« Les Rô-muni sont généralement connus sous dix-huit noms :
On les appelle *Diapi* en Bucharie, *Chas al Charami* ou simplement
Charami chez les Arabes, *Sisesch-Hindous* en Perse, *Maj'ub* en
Syrmie, *Pharaoni* en certains lieux de Dacie, *Tatars* en Suède et
en Norvége, *Chatsi-Véli* en Grèce, *Bohémiens* en France, *Égyp-
tiens* en Bohême, *Hydenen* en Hollande, *Athingéni* ou *Azin-gani* en
Thrace, *Tsigani* en Russie et en Dacie, *Tschigeni* en Hongrie et en
Turquie, *Zigeuners* en Allemagne, *Zingari* en Italie, *Gitanos* en
Espagne, *Gypsi* en Angleterre, *païens* partout ; et comme si ce
n'était pas assez, on les nomme encore en Espagne *nouveaux
Castillans*, *Germains* ou *Flamands*, en Dacie *Tschôra* et *Strigoï*, et ils
se disent entre eux *Tschey* ou *Tschay* et *Tschabo*, *Kalo* et *Tschiklo* ;
tous noms dont j'essaierai, dit M. Vaillant, d'expliquer le sens. »

« Ils s'appellent eux-mêmes *rôm*, *rômni-c'ey*, *rô-muni*, *zind-cali*
et *zind-cari*, *rôm*, c'est-à-dire homme, en remontant aux racines :
moi qui marche (de *rô*, marcher, et de *om*, pronom affixe en analogie avec le turc et dont l'harmonie est *am*, *em*, *im*), *rômni-c'ey*,
c'est-à-dire fils de la femme ; *rô-mun*, de *rô* et de *mun* (vite) ;
zind-cali ou *zind-cari* enfin, de *Zind* (Sind ou Indiens), et de
cali ou *cari* (noirs), ce que les Persans expriment par *Sisech-
hindou*[1]. Dans l'Estramadoure ils se contentent quelquefois des fi-
nales *c'ey* et *cali*, ou d'un synonyme du premier *c'abo* (garçon), et,
comme on le peut comprendre, pour avoir fait *zindaya* (grand
père) et *zinduya*[2] (grand'mère), il faut que le Sind soit leur père,
que l'Inde soit leur mère-patrie.

« Il semble que toutes les origines leur ont été données, on les
a supposés venus de tous les pays ; nous ne rénumérerons pas
tous ceux que M. Vaillant leur donne. Une note du genre de
celle-ci ne permet pas un aussi long développement. Il ajoute
qu'on a été « jusqu'à les confondre avec les Romans (Roumains)
de la Dacie, Ardieliens[3], Valaques et Moldaves, avec lesquels
(dit-il avec raison) leur nom n'est pas sans analogie[4], mais dont,
il faut en convenir, ils ne sont que des esclaves. »

1. Par ignorance ou par malice, les Grecs ont donné le nom de Zind-çari aux
Kutso-Vlacques, avec le sens de *moustique*, par métaphore pour *importun*.

2. Les Zind-cali prononcent *Tschinday*.

3. Nous ignorons quelle contrée M. Vaillant désigne dans son article sous le
nom d'Ardialie. Les ouvrages de géographie que nous possédons ne nous appren-
nent rien à ce sujet.

4. Il est bizarre, en effet, de voir ainsi deux peuples, si différents d'origine, de
mœurs et de langage, portant deux noms à peu près identiques, mais ayant chacun une étymologie différente et habitant un même pays ; l'un de ces peuples
comme maître et propriétaire du sol, et l'autre comme sujet et esclave et dans
le plus vil abrutissement. Toutefois, disons que ce dernier a été affranchi le
31 janvier 1844, d'après M. V. Alexandri.

On ignorait absolument d'où ils venaient, « quand, vers le milieu du dernier siècle, le hasard, ajoute M. Vaillant, d'après Grellmann, la fit trouver dans la philologie. A cette époque un Roman (Roumani) d'Omlas', en Ardialie, Vale. étudiait à Leyde. Il fit la connaissance de trois jeunes Malabarais, étudiants comme lui. Étonné d'abord de leur ressemblance avec les Rô-muni de son pays, il l'est bien davantage lorsqu'il croit la reconnaître jusque dans leur langue, et son étonnement est à son comble, quand, de retour à Omlas', il s'est assuré que les Rô-muni comprennent à peu près la plupart des mots malabarais, qu'il a eu soin de recueillir. »

Voici quelques-uns de ces mots rô-muns comparés avec divers autres idiomes de l'Inde :

FRANÇAIS.	RÔMUN.	INDOSTAN.	MULTAN,	SANSCRIT.	BENGALI,	MALABAR.
Jour	divé	dyn	degow	devasi	din	dio
Nuit	rati	rat	rat	ratri	raat	rate
Soleil	k'am	k'am	k'am	k'am	»	k'am
Lune	s'on c'anda	s'and	c'andorma	c'anda	s'and	c'and
Terre	pu	»	»	puma	»	buma
Eau	poni	panni	pány	panir	paani	pan
Or	sonny	sonna	sonâ	»	suna	suna
Argent	rup	rupa	ruppâ	»	rupu	ruppa
Sel	lôn	nun	lon	›	»	nun

Dès lors, continue M. Vaillant, plus de doute, les Rô-muni sont Indiens, Indostans, Multans, Bengaliens ou Malabarais, etc., etc.

M. Vaillant a développé son travail, qu'il a publié il y a quelques années, en un fort volume in-8°, sous le titre suivant : *Les Rômes, histoire vraie des vrais Bohémiens*. Paris, Dentu, 10 fr.

Nous engageons les personnes qui désireraient connaître de plus amples détails sur ce peuple à consulter cet ouvrage.

NOTE G.

Il y a quelques exceptions, mais elles sont si peu sensibles par rapport à la masse de la nation, que nous n'en faisons ici l'observation que pour éviter à d'autres de la faire; d'ailleurs l'esprit est tellement national chez nous que ce sont précisément ceux qui, comme les Alsaciens, ne parlent pas le français, qui montrent le plus de patriotisme; c'est même leur faire une grande injure que de douter du leur, et si une question de ce genre leur est faite à ce sujet, la première réponse qu'ils font constamment, c'est de vous dire : *Est-ce que nous ne sommes pas aussi bons Français que vous?* Nous l'avons éprouvé plusieurs fois nous-mêmes, nous nous plaisons ici à leur en rendre justice. Cette réponse qui nous a encore été faite en avril dernier nous avait déjà été faite, il y a plusieurs années, par feu M. Hetzel père, à une réunion à laquelle nous assistions tous deux. M. Hetzel était de Strasbourg. Un Alsacien nous répondit aussi un jour que ses compatriotes étaient meilleurs Français que les autres Français mêmes.

En 1848, lorsque l'Allemagne manifestait la velléité de vouloir nous reprendre le Rhin, les habitants de Strasbourg, comme protestation, firent élever, nous a-t-on dit, au milieu de leur ville une statue de l'Alsace placée sous la protection de la France, ce qui suffit pour justifier de l'attachement qu'ils nous portent : on peut donc dire avec raison qu'il y a chez nous unité de langage et de sentiments nationaux ; les Alsaciens ne demandent pas mieux, du reste, que d'apprendre le français, et de faire disparaître cette différence qui existe entre eux et le reste de la nation.

Note H.

Il est probable que les Avares étaient Hongrois, mais d'une horde qui aurait précédé celle de 894, la dernière.

Voici, comme nous l'avons fait pour les différentes appellations gauloises, une liste des différentes appellations hongroises ou magyares faite par un Hongrois, M. de Besse, et dans laquelle figure le nom des Avares.

« Parmi tous les peuples de la terre, dit M. de Besse, il n'en existe pas un qui ait reçu tant de noms différents que les Magyars ; car les historiens les appellent tantôt Ungar, Ungher, Hungar, Uun, Hunn, Uhri, Vengher, Turkoï ou Turcs, Ugroï, Dentu-Mogher, Gher, Avar, Zavar, Zabar, Gangarides, Outigour, Mazar, Magyar, Madjar, Agarènes, Sarrasins, Ismaélites, Magar, Mahjar, Indiens, Abyssiniens, finalement Mogars. »

M. de Besse oublie encore Ougres qu'il cite dans un autre passage de son livre :

« A cette longue nomenclature on peut encore ajouter Oïghours, Ouïghours, Ougres et Ogres. Les Hongrois de la dernière horde, celle de 894, les ancêtres directs de ceux qui habitent aujourd'hui la Hongrie, étaient si barbares et si féroces, que c'est de cette dernière variante de leur nom dont les nourrices se servent pour effrayer les enfants. »

Massolin nomme les Huns d'Attila Huns, Hunni, Hunsi, Annibi, Chuni, Ounni.

Leouzon Leduc dit encore :

« D'autres les appellent *Unni*. Cinnamus ajoute occidentales, etc. Quoi de plus frappant que la ressemblance du nom
des Hongrois avec celui des races hunniques, comme les *Ugri*,
les *Ungri*, les *Ougri*, les *Unuguris*, etc.! »

Cyprien Robert, en parlant des hordes huniques de l'armée
d'Attila, leur applique encore les noms de Hunugures, Uturgures
et Kurturgures.

Les Avares nommés dans cette note sont aussi appelés Obres,
ce qui se rapproche beaucoup d'Ogres et feraient croire qu'en
effet les Avares pourraient bien être des Huns ou Hongrois.

Les Chinois, suivant de Guignes, les appellent Yong-Nou.

Il serait à désirer qu'il fût fait pour tous les noms de peuples
un catalogue de leurs différentes appellations comme nous l'avons
fait pour les Gaulois et les Hongrois, ce serait un moyen com-
mode pour les suivre à travers l'histoire et à travers le monde ;
la même chose pourrait être également faite pour les noms de
baptême et quelques noms de famille. C'est d'après certains in-
dices et en rapprochant certains noms que nous avons cru reconnaître que Walter, Wouthers, Wauther, Wauthier, Gauthier,
Gaulcher, Vaucher, Faucher, Foucher, Foulquier, Foulques,
Fouque, Fouquet, Fouquier, Foucart et Foucault, n'étaient aussi
qu'un seul et même mot sous des formes et variantes différentes.

NOTE I.

On pourra juger de la vérité de ce que nous avançons par
la réponse suivante adressée par Joseph II à un magnat hongrois :

« Monsieur,

« Toute pétition qu'on m'adresse, soit dans l'intérêt d'un seul
individu ou pour le bonheur de tout un peuple, doit renfermer
des principes incontestables de raison et de justice, pour me
faire changer de résolution.

« Mais je n'aperçois rien de tout cela dans les démonstrations
de vos compatriotes. Quant à la formation des cantons d'enrôle-
ments et de translation de la couronne royale, je m'en suis expliqué précédemment avec l'un de vos magnats ; mais, pour le
nouveau mode de perception et l'introduction de la langue allemande dans les tribunaux, voici en peu de mots mes sentiments :

« Le nouveau mode garantit aux sujets leur propriété, fixe les
contributions dues à la couronne et aux propriétaires de fiefs,

comme cela se pratique depuis longtemps dans mes États héréditaires, et il empêche les nobles de les augmenter arbitrairement à leur profit. N'est-ce pas là un grand avantage pour le peuple?

« Le cultivateur, forcé de supporter la plus grande part dans les impositions, acquiert précisément par là plus de droits à la protection de son roi; et voici, Monsieur, ce que l'on voit d'un mauvais œil dans votre pays.

« *La langue allemande est celle de l'État;* pour quelle raison rendrais-je les lois et traiterais-je les affaires publiques de chaque province dans son idiome particulier? Je suis empereur d'Allemagne; il s'ensuit que les différents États que je possède ne sont que des provinces qui, réunies en un seul corps, forment cet État dont je suis le chef. Si le royaume de Hongrie était la première et la plus importante de mes possessions, alors sa langue serait celle de l'État; mais il n'en est pas ainsi [1].

« Quoique les ordonnances publiées à cet égard aient assez fait connaître mes intentions, je ne refuserai jamais, même à de simples particuliers, de leur donner des explications et de leur exposer mes principes de près. Vous venez d'en recevoir une preuve, monsieur le comte.

« JOSEPH.

« Vienne, janvier 1785. »

(Lettres inédites de Joseph II, empereur d'Allemagne, précédées d'une Notice historique sur ce prince, et suivies de détails sur ses derniers moments; traduites de l'allemand par M. V. — Paris, chez P. Person et C°, libraires. 1822. In-8°.)

NOTE J.

Non-seulement l'Autriche n'a pas tenu la promesse faite aux Croates, au moment du danger, mais elle les a même dépouillés des franchises que leur assurait la constitution hongroise, qui était commune à la Hongrie et aux trois royaumes illyriens et que l'Autriche a brisée pour la remplacer par l'octroi d'une charte commune à toute la monarchie autrichienne, ce qui a pro-

---

1. *Observation.* Joseph II n'agit pas ici de bonne foi; il était empereur d'Allemagne, il est vrai, mais les Hongrois ne sont pas des Allemands, et Joseph II n'était que roi de Hongrie; dans leur pacte d'union avec la maison d'Autriche, il était même stipulé que les Hongrois avaient droit d'insurrection dans le cas où leurs priviléges viendraient à être violés. Aujourd'hui même la Hongrie est en dehors de la confédération germanique, et jamais elle n'a fait partie de l'Allemagne.

voqué en Illyrie un mécontentement général contre l'Autriche, comme on pourra en juger par les renseignements suivants que nous trouvons dans le journal *la Pologne*, qui les a elle-même en partie puisés dans les journaux d'Agram et de Laybach.

LES SLAVES DANS LA QUESTION HONGROISE.

« ..... Le Slave, quoique tardivement, va comprendre que son tour est venu de représenter en Hongrie le parti de l'indépendance. Déjà le conseil banal des trois royaumes illyriens a commencé sa résistance au projet de publication de la charte autrichienne dans ce royaume. Les Slaves de Hongrie prétendent hériter de la couronne de saint Étienne et conserver intactes toutes les franchises constitutionnelles garanties depuis des siècles à la Hongrie et à ses annexes. Les journaux de Vienne, *le Lloyd*, *la Presse* et autres, soutiennent en vain que ces priviléges ont cessé par la rébellion : les Slaves qui n'y ont point trempé n'en sauraient être punis. D'ailleurs, les journaux croates démontrent sans réplique que les annexes de la Hongrie ont constamment participé à toutes les franchises hongroises, qui ne peuvent aujourd'hui leur être enlevées sans la plus criante injustice. Le texte de la vieille charte hongroise est formel sur ce sujet. Nous n'en citerons qu'un passage :

« . . . . . . Hungaria cum *partibus adnexis* sit Regnum liberum et relate ad totam legalem Regiminis formam independens, id est, nulli alteri Regno aut populo obnoxium, sed propriam habens Consistentiam et Constitutionem, proinde a legitime Coronato hæreditario Rege suo..... propriis legibus et Consuetudinibus, non vero ad normam aliarum Provinciarum (dictantibus id articulis 3. 1715, 8 et 11, 1741) regendum et gubernandum. . . . . . »

« . . . . . . Que la Hongrie *et ses annexes* soient un royaume libre dont les formes du gouvernement soient tout à fait légales et indépendantes de tout prince et de tout peuple quelconque ; qu'elle soit gouvernée par une constitution et une royauté légitime et héréditaire..... par ses lois et coutumes (ainsi que le prescrivent les articles 3 de 1715, 8 et 11 de 1741), et non selon la règle d'autres provinces. »

Tout projet d'absorption des Slaves hongrois au sein de l'Autriche est donc un attentat aux conventions signées et aux bases historiques sur lesquelles reposent le passé de l'Autriche et son avenir, si elle peut en avoir encore. « C'est nous, écrit *la Gazette méridionale slave*, c'est nous qui, l'année dernière, avons les premiers tiré l'épée pour soutenir les droits historiques de l'Autriche..... Or, ces droits stipulent que la Hongrie et les royaumes qui lui sont annexés ne peuvent être soumis à aucune ordonnance ou rescrit, et pas même aux lois de l'empire, tant que celles-ci ne sont pas consenties et acceptées par la diète indigène. Il est stipulé, en outre, que nos droits municipaux ne pourront jamais être mis en question, et encore moins être abolis. De plus, il est réglé que, pour avoir chez nous une valeur légale, toute loi doit être promulguée par la diète des trois royaumes unis. Cependant, le cabinet autrichien ose ordonner à notre conseil banal de publier en Croatie cette charte du 4 mars, octroyée sans aucun concours du pouvoir législatif, et qui anéantit d'un seul coup toutes nos franchises municipales. Comment qualifier cette conduite ? Est-elle légale, du moment qu'elle contredit nos droits historiques, seule base de notre union avec l'Autriche ? Il n'y a donc plus entre elle et nous d'autre lien que la force brutale. Mais cette force n'est qu'un bien faible appui, qui peut même à la longue se tourner contre le gouvernement lui-même. Car la force brutale, livrée à elle seule, où a-t-elle son centre de gravitation, si ce n'est du côté des sujets opprimés ?..... Aussi notre capitale est-elle résolue, non seulement à reconnaître comme juste la conduite du conseil banal, mais encore à la soutenir de toutes ses forces. Appuyés sur notre droit, nous résisterons à toute usurpation, préparés aux plus extrêmes conséquences. »

Ainsi parle la *Sud-Slawische Zeitung*. Le *Slavenski rug* va plus loin encore. N'osant faire ouvertement un appel à la nation, il lui adresse une série de demandes qu'il intitule : *Questions au peuple*, et dont il n'est pas inutile de mentionner ici les principales. « Un peuple, écrit le *Slavenski rug*, qui, depuis huit siècles, possède sans contestation ses institutions nationales, peut-il s'en laisser imposer d'autres, fussent-elles même meilleures, sans les avoir préalablement discutées et votées ? — Notre antique constitution permet-elle de tirer du sein du peuple, sous le nom d'hommes de confiance, des députés qui n'ont reçu du peuple aucun mandat et qu'on appelle néanmoins à délibérer en son nom ? — Le ministère peut-il nous forcer, nous ou notre ban, à mettre en oubli nos priviléges héréditaires et notre diète législative, après que le 6 juin de l'année dernière le ban Ielatchitj lui-même a juré devant la nation entière de maintenir saines et sauves contre toute atteinte les libertés des trois royaumes unis ? »

A ces questions le peuple croate a répondu par une agitation menaçante contre le nouveau projet de coup d'État autrichien. Le conseil banal a conquis subitement en Croatie une popularité immense, et les magistrats qui le composent ont déclaré presque tous que si le ban ne faisait pas droit à leurs réclamations contre la publication de la charte octroyée, ils donneraient leur démission et retireraient tout concours au gouvernement. « Nous n'examinons pas, dit la *Gazette méridionale slave*, le plus ou le moins de garantie que la charte octroyée présente aux citoyens. Nous savons qu'un morceau de papier ne pourra jamais à lui seul garantir la liberté. Ce qui nous préoccupe, c'est la base factice et contre nature que cette charte s'efforce de donner à notre gouvernement. Son principe dirigeant est la centralisation, principe contre lequel se sont élevés à la fois les Slaves, les Roumains et les Magyars. Si on laissait le cabinet réaliser dans toutes ses conséquences son plan centralisateur, il en résulterait une Autriche nécessairement éphémère, car elle manquerait de base historique ; elle serait sans avenir, parce qu'elle serait sans passé, et ne reposerait sur aucun sentiment national. Méconnaissant les mobiles les plus intimes qui font agir les hommes, un tel plan échouerait contre l'unanime répulsion des peuples, dont il veut détruire l'histoire, les souvenirs, les intérêts les plus chers. Ce système, ou plutôt ce despotique caprice, ne se réalisera jamais totalement en Autriche, fût-ce même par le fer et le feu. Mais en attendant, le cabinet nous sacrifie indignement, nous autres Croates, en prétendant nous traiter comme des vaincus, et à l'égal des Italiens ou des Magyars. » Plus tôt ou plus tard une insurrection slave contre le joug austro-russe est inévitable en Hongrie. C'est aux Magyars à reconnaître où les a conduits leur prétention de suprématie, et à se combiner mieux que par le passé avec les races hongroises d'une autre origine qu'eux, et qu'ils peuvent moins que jamais espérer d'effacer de la carte.

(La Pologne, 2 septembre 1849.)

Malgré ces protestations des populations illyriennes, malgré le conseil banal des trois royaumes et malgré le droit écrit, la charte autrichienne a cependant, par ordre de Jellachich, été publiée et mise en vigueur en Illyrie.

On a lieu d'être surpris de voir Jellachich, après avoir été en quelque sorte le promoteur de la liberté illyrienne, se mettre ainsi en opposition avec ses compatriotes, en prêtant la main à l'Autriche pour les dépouiller de leurs priviléges, franchises et libertés, pour les rattacher plus directement à la couronne d'Autriche ; mais sa conduite paraîtra moins étrange si on se rappelle et réfléchit qu'il a dit : *Si l'Autriche n'existait pas, il faudrait l'inventer*. Ceci indique clairement que Jellachich n'a jamais eu l'intention de se séparer de celle-ci. Nous supposons, au contraire, que comme les Slaves forment au moins la moitié de la population autrichienne, Jellachich a pensé qu'à un moment donné ceux-ci pourraient s'emparer du gouvernement, et d'allemand qu'est aujourd'hui l'empire, le transformer en empire slave. En faisant traduire dans une langue slavonne quelconque la bienheureuse charte unitaire, qui se serait trouvée faite par les Allemands au profit de la race slave, Jellachich aurait ainsi, par son épée et par un trait de plume, conquis, pour les Slaves, la suprématie sur les Allemands et les autres peuples de l'empire, et de l'état de sujétion et d'infériorité où se trouve encore aujourd'hui la race slave vis-à-vis de la race allemande, elle serait devenue la race dominante, en passant immédiatement au premier rang. Voilà ce que nous supposons que Jellachich avait pour but et ce que n'ont pas compris ses compatriotes.

NOTE K.

PARONYMES QU'IL NE FAUT PAS CONFONDRE.

Les quatre paronymes de *Slaves*, *Slovaques*, *Slovènes* ou *Slowenzes*, et *Slavons* ou *Esclavons* ne doivent pas être confondus ensemble. « Il faut, dit M. Paul de Bourgoing, se rappeler : 1° que le nom de *Slave* est le nom générique de dix nations consanguines ; 2° que les *Slovaques* sont les Slaves catholiques et protestants qui habitent les monts Karpathes ; 3° que les *Slovènes* ou *Slowenzes* sont les Slaves de la Styrie ; 4° qu'enfin le mot d'*Esclavonie* ou *Slavonie*, l'un des royaumes dont l'empereur d'Autriche porte le titre, est situé au sud-ouest de la Hongrie ; que du reste le mot d'esclavon appliqué à une nation n'a aucun sens dans le vocabulaire de l'ethnographie moderne. Ce sont les Vénitiens qui ont nommé *Schiavoni* leurs sujets Dalmates. Nous avons, en français, ajouté un *e* pour en faire le mot Esclavonie, qui a le double tort d'être fautif et d'offenser le peuple auquel nous l'appliquons. Ceux de Servien, Servies, rappellent également le mot *servus*, esclave en latin, sans que les deux racines slaves aient le moindre rapport avec cette signification. Il faut dorénavant dire et surtout imprimer les Serbiens, ou mieux encore les Serbes. Ce qui a rendu inintelligible plus d'un bulletin de la dernière guerre (de Hongrie), c'est que les Serbes sont aussi nommés, par leurs adversaires Hongrois, *Raitzes* ou *Ratzes*. »

PAUL DE BOURGOING.

Contrairement à l'opinion de M. de Bourgoing, nous pensons

12

que c'est du mot slave qu'est venu notre mot esclave. Les Anglais écrivent *slavery*, pour esclavage, et exactement *slave*, pour esclave ; un mot peut dans un pays avoir une signification différente de celle qu'il a dans un autre ; on a dû dire autrefois : mon slave [1], mon esclave, mes slaves, mes esclaves, comme on disait récemment encore dans nos colonies : mes noirs, mes nègres. En passant d'une langue dans une autre, les mots changent de forme et souvent de signification ; pour ne pas aller plus loin et en prenant un exemple chez les Slaves mêmes, le mot croate est devenu, chez nous, synonyme de cravate : un ou plusieurs régiments de croates envoyés en Lorraine, dans le courant du XVIIIᵉ siècle, portaient ce vêtement à leur cou, il devint à la mode en France ; il était de bon ton de porter la croate, et par corruption la cravate. Nous trouvant un jour dans un magasin de nouveautés, nous avons, il y a quelques années, personnellement entendu un gascon dire *caroubate* pour *cravate*. Les Croates eux-mêmes écrivent *Horvatzke* pour *Croate* et *Nonine horvatzke* pour *Gazette croate*.

NOTES L ET EE.

On lit dans *le Siècle* du 16 juillet 1860.

LA HONGRIE ET SON ROLE.

« A M. L. Havin, directeur politique du *Siècle*.

« Le journal que vous dirigez avec tant de talent et de succès, dans un article intitulé : *Résistance pacifique en Hongrie* [2], a parfaitement caractérisé le rôle de notre patrie, en disant qu'elle rend un service immense à la cause des peuples, service que ceux-ci n'oublieront jamais, en tenant l'Autriche en échec au milieu de la grande crise par laquelle l'Europe est agitée depuis quelque temps. En effet, si l'Autriche a signé la paix de Zurich, si elle a regardé passivement, quoique avec dépit, l'annexion de l'Italie centrale au Piémont, et celle de la Savoie et de Nice à la France ; si elle s'abstient, ayant le sentiment de son impuissance, de secourir la dynastie napolitaine, son ancienne alliée en despotisme, en intolérance, en aveuglement, tout cela doit plutôt être attribué à l'attitude menaçante de la Hongrie qu'à la défaite de l'armée autrichienne ; car celle-ci, quoique brisée, existe encore, mais *la Hongrie, c'est-à-dire plus de la moitié de l'empire*, est prête à se soulever.

1. Dans les langues slaves, slava et slova signifient gloire.
2. Par Léon Plée, 21 juin.

« Livrée à ses propres forces, se soulèvera-t-elle bientôt ? Ce n'est pas ici la question ; mais ce qui est certain, c'est que toutes les puissances avec lesquelles l'Autriche peut avoir la guerre, la Russie, l'Italie, la Prusse, la France, trouveront dans la Hongrie une alliée sûre et toujours prête, et c'est précisément ce qui paralyse l'Autriche dans ses desseins et dans ses mouvements. »

L'auteur dit encore :

« Dans ce mélange confus de provinces et de peuples qu'on appelle l'Autriche, le ferment, c'est l'élément hongrois, portant dans son sein le germe de la liberté qui, comme le bon grain pousse et repousse partout, même à Vienne sur le sol aride du despotisme. »

« BARTHELEMY DE SZEMERE.

« Ancien ministre de Hongrie. »

D'après le fragment de lettre qui précède, on serait tenté de croire que la Hongrie forme réellement la moitié de l'Autriche, mais il est bon de s'entendre à ce sujet, car ainsi que nous l'avons déjà fait remarquer et comme on va le voir encore, il y a Hongrie et Hongrie, comme il y a Hongrois et Hongrois :

Il y a 1° la Hongrie proprement dite ou Hongrie Magyare ;

2° La Hongrie Slave ou Hongrie Croate, Slavonne, Dalmate, Slovaque, etc.;

3° La Hongrie Transylvanie ou Roumano-Valaque.

La population de toutes ces Hongries réunies ne s'élève pas à 14 millions, ce qui ne fait que les 2/5° de l'Autriche et non la moitié, comme le dit l'auteur de la lettre, si même l'Autriche n'avait pas perdu la Lombardie ce n'en serait qu'un peu plus du tiers.

Mais en désignant ainsi toutes les Hongries sous une seule dénomination la Hongrie, l'auteur est-il bien sûr du concours des populations non Magyares ou Hongroises, comme les Croates et les Transylvaniens, par exemple, cela nous paraît douteux ; s'il en était ainsi, il aurait bien dû leur faire l'honneur de les nommer. Voici d'ailleurs les éclaircissements que nous croyons devoir donner sur les diverses races qui habitent la Hongrie, et, comme on le verra, loin de former la moitié de l'Autriche, ce qu'il convient aujourd'hui d'appeler véritablement Hongrie et Hongrois ne forme que la septième partie de cet empire. C'est en dénaturant les faits que l'on induit le public en erreur : cette brochure a été faite dans le but, au contraire, de l'éclairer, et nous tenons à lui faire connaître la vérité.

On lit dans *la Pologne*, du 1er janvier 1849 :

« Longtemps abusée par les relations mensongères des publicistes magyars, l'Europe commence à s'apercevoir de son erreur. Elle reconnaît qu'il y a en Hongrie des Slaves en possession d'une nationalité qui n'est pas celle des Magyars. Entre ces deux peuples acharnés l'un contre l'autre, on cherche d'un œil curieux quels peuvent être les vrais Hongrois, et quelles causes ont séparé si profondément deux races habitant le même territoire.

« Ces causes d'antipathie sont malheureusement aussi anciennes que l'arrivée des Magyars en Europe, au ix° siècle. Appelés d'Asie, comme auxiliaires des Allemands contre les Slaves insurgés du Danube, les Magyars sont, depuis cette époque, restés campés, pour ainsi dire, au milieu de la Hongrie, sans chercher à se fondre avec les indigènes et les plus anciens maîtres du sol jusqu'au jour actuel. Ces Asiatiques ont conservé, en Hongrie, la même prétention que les Turcs dans leur empire ; c'est-à-dire que, formant une minorité de guerriers conquérants, ils veulent dominer les majorités vaincues, en les réduisant à l'état de raïas, soumis à la langue et au monopole administratif et politique de la race victorieuse. Mais le sort qui attend les Turcs attend aussi les Magyars, supposé qu'ils ne renoncent pas totalement à ce qu'ils appellent la *magyarisation* des Slaves. Évidemment sur les 14 millions d'habitants de la Hongrie, 3 à 4 millions [1] d'individus, quelque bien unis qu'on les suppose, ne peuvent plus continuer d'absorber la vie politique de tous.

« En outre, les Slaves de la Hongrie sont invinciblement rattachés à ceux d'Autriche par les liens d'une langue et d'une nationalité communes. Ceux des provinces illyriennes qui entourent Trieste, ont juré de ne plus faire qu'un seul corps avec les Croates et les Dalmates, et ceux du nord de la Hongrie n'ont jamais cessé, quoique la conquête les ait séparés, de reconnaître la Bohême comme leur mère patrie. En s'opposant, par les armes, à la reconstitution des nationalités qui les entourent, les seigneurs magyars foulent donc aux pieds les principes les plus élémentaires du droit des gens. Pour ces magnats ambitieux, la démocratie n'est qu'un masque. Leur prétendue république, avec ses satrapies en terre slave, si elle prolongeait sa domination sur ses voisins, amènerait bientôt, pour la démocratie européenne tout entière, les conséquences les plus fatales. Un État magyar isolé, en se consolidant aux dépens des Slaves,

---

1. On verra par la statistique qui suit qu'ils sont près de cinq millions.

brisorait nécessairement la grande fédération slavonne qui est en voie de se former.

« Or cette ligue une fois rompue, rien ne retiendrait plus l'avalanche de l'invasion russe, qui menace incessamment de couvrir l'Europe de débris.

« Le magyarisme, si prôné par nos journaux comme un instrument révolutionnaire, est donc, au contraire, le plus grand obstacle au progrès de la révolution, c'est-à-dire de l'émancipation des nationalités et, par contre-coup, de la démocratie européenne. »

Dans l'ouvrage de M. H. Desprez intitulé : *les Peuples de l'Autriche*, nous trouvons également sur l'antagonisme des races et sur la prétention des Hongrois ou Magyars à la suprématie en Hongrie, les renseignement suivants.

M. Desprez, après avoir raconté son séjour en Illyrie, s'exprime ainsi sur la Hongrie et les Hongrois :

« Nous passâmes la Drave à une journée au nord d'Agram, et je me trouvai tout d'un coup, sans transition, au milieu d'une société nouvelle. Les villages offraient le même aspect de simplicité primitive et de misère qu'en Illyrie : des maisons recouvertes de chaume et souvent sans cheminée, des siéges de bois et rarement des lits. Cependant, à la place de ces grands corps bruns, de ces robustes Croates à la taille élancée, au visage ovale, à la physionomie ouverte et presque enfantine, nous avions devant nous une population forte aussi mais ramassée, au visage rond, à la physionomie orgueilleuse et rude. Cette population est hospitalière et bienveillante, mais non point pour l'étranger, du moins, avec cette sympathie empressée et fraternelle qui nous saluait au foyer illyrien. Cette réserve n'a pourtant rien qui déplaise, car elle ne cesse point d'être simple, et elle peut passer pour de la gravité orientale. Si d'ailleurs, à propos de quelque danse du pays ou de tout autre incident dont s'amuse le patriotisme dés campagnes, on sait diriger la conversation sur le terrain de la politique, on trouvera tout d'un coup ces hommes si contenus, expansifs à l'excès, comme si malgré leur indigence ils vivaient pour la chose publique. Quelles exagérations d'ailleurs dans ce langage hyperbolique! Que de croyances bizarres nous entendons de la bouche de ces paysans drapés dans leurs peaux de mouton huileuses, que le peuple magyare est le plus grand des peuples, et que la langue nationale est la plus harmonieuse des langues. Nous apprenons que les seigneurs sont plus nobles que le roi ; que quelques-uns descendent de Noé par Attila ; que saint Étienne, patron de la Hongrie, est le premier des saints du Ciel ; que Dieu a donné la révélation en langue magyare, et qu'il porte sur son trône éternel le costume de la Hongrie. Nous saurons aussi (car le paysan n'est point sans songer à la gloire extérieure du pays), que l'ambassadeur d'Autriche à Paris, très-puissant, par la vertu de sa nationalité, sur le roi des français, l'a déterminé ou contraint à étudier la *langue héroïque*, l'idiome magyare, tout comme la diète a fait pour Sa Majesté le roi de Hongrie[1]. Et si quelque paysan gentilhomme pense que la France n'est point convenablement gouvernée, nous le verrons dans la prochaine assemblée de comitat proposer que le rappel du comte Apponyi[2] soit demandé par députation à Vienne[3].

« Restons un moment placé à ce point de vue de la situation de 1845, et prenons les principaux traits du tableau que nous avons sous les yeux. Ces paysans gentilshommes que l'on ne distingue point d'abord des simples paysans corvéables[4], les uns et les autres végètent dans une égale indigence[5]. Ils représentent cependant une fraction originale de la société magyare dans les campagnes. Ils possèdent des droits politiques; ils sont membres-nés des diètes de comitat. Quelques-uns mêmes montrent un certain esprit d'indépendance; mais la plupart, pliés aux idées de hiérarchie et d'ailleurs fermiers des grands propriétaires, se rangent sous la conduite d'un chef qui leur dicte ordinairement leurs votes et les héberge pendant toute la durée des sessions. Les florins roulent alors par milliers, le vin de Hongrie circule à pleins verres, les cerveaux s'échauffent; dans le feu et l'enthousiasme, on prend la résolution de vaincre ou de mourir, et l'on se précipite en masse vers la salle du comitat où l'emportent d'assaut les suffrages, pourvu que le parti opposé n'ait point jeté sur les tables plus de florins et versé plus de vin de Hongrie. Ces paysans nobles portent dans les corps politiques

---

1. Il ne faut pas oublier que l'empereur d'Autriche n'a jamais été que roi constitutionnel en Hongrie, et qu'il n'y porte point d'autre titre que celui de roi.

H. DESPREZ.

2. L'i placé à la fin du nom du comte Apponyi remplace la particule française *de*, de sorte que Apponyi signifie d'Appony.

P. V.

3. Cette proposition a été sérieusement faite dans le comitat de Peth.

H. DESPREZ.

4. On peut cependant les distinguer lorsqu'ils conduisent la charrue, comme ils ont droit de porter des armes, on voit quelquefois leur sabre attaché à une branche d'arbre.

P. V.

5. Nous étant trouvé un jour dans un café de Paris avec un Hongrois de race magyare qui vantait le bon marché avec lequel on pouvait vivre dans son pays, en nous disant qu'un bœuf y coûtait 25 francs, nous lui répondîmes qu'on vivait à bon marché dans son pays parce qu'il n'y avait pas d'argent pour y vivre à un prix élevé, et que si l'argent était commun en Hongrie, un bœuf ne s'y donnerait pas pour 25 francs : il n'eut pas d'argument à nous opposer. Ceci justifie ce que dit M. Desprez, de l'état d'indigence des paysans magyars et des gentilshommes campagnards.

P. V.

toute l'ignorance, tous les préjugés des paysans corvéables, et aussi la même indifférence pour les peuples qui ne sont point de leur race, le même mépris pour ceux qui sont en lutte avec la nation magyare.

« L'aristocratie titrée domine et gouverne ces agitations du fond de ses châteaux, où elle passe une partie de l'année dans l'appareil d'une féodalité encore puissante. Combien de fois sur ces routes, le long desquelles de pauvres cultivateurs s'essoufflent à pousser un chariot qui n'avance pas, ne rencontre-t-on point de ces fiers magnats, traînés triomphalement par huit chevaux avec une escorte de trente domestiques armés? On sait que le prince Esterhazy, par une vanité ruineuse, entretient à ses frais pour la garde de ses domaines un régiment tout entier [1]. Le cas échéant, il serait en mesure de soutenir un siége contre l'empereur d'Autriche ou de faire la guerre aux seigneurs ses voisins. Il mettrait en campagne quelques mille fusils et plusieurs pièces de canon. Naguère, il y a seulement cinquante ans, les conflits de priviléges ou d'intérêts manquaient rarement d'être tranchés ainsi par les armes. Plusieurs magnats ont plus de trois cents domestiques-soldats; des archevêques et des évêques en possèdent jusqu'à mille, qui, aujourd'hui inoffensifs, font tranquillement sentinelle à la porte de l'église ou du palais épiscopal, mais qui eurent autrefois des mœurs fort belliqueuses.

« L'orgueil de cette noblesse féodale qui peut encore dire : mes vassaux et mes sujets, cet orgueil plus éclairé sans aucun doute que celui des paysans, s'accroît néanmoins outre mesure par le sentiment de cette toute-puissance.

« Le noble magyar ne connaît point d'égal ici-bas; il étale aux regards du vulgaire les généalogies pompeuses qui le font remonter à la création; il est hospitalier et magnifique, mais avec une réserve par laquelle il trahit l'idée toujours présente de sa personnalité. Au fond du cœur, dans le secret de sa conscience, il estime, plus qu'homme du monde après lui le paysan magyar qui ne l'aborde qu'en lui baisant la main; il regarde d'en haut la noblesse illyrienne, il marche sur la tête de la noblesse slovaque, et il affecte de ne point reconnaître la noblesse roumaine. Quant aux paysans de ces trois races, le seigneur magyar semble

---

1. On raconte que le prince Esterhazy se trouvant un jour avec un lord anglais, celui-ci lui dit : *j'ai trente mille moutons*, et moi, répondit le prince, *j'ai trente mille bergers*. Celui qui rapporte cette anecdote, ajoute qu'il n'y avait point d'exagération de la part du prince Esterhazy. Il dit que, possédant une grande partie de la Hongrie, il n'est pas extraordinaire que le prince Esterhazy ait un aussi grand nombre de bergers.

trop souvent ne voir en eux qu'une classe de parias[1]. N'allons point porter dans les châteaux, dans ces brillantes citadelles du magyarisme, l'expression de nos sympathies pour les Illyriens ou les Valaques, car nous perdrions l'amabilité de nos hôtes; nous les verrions frémir comme de l'ardeur des batailles, et nous serions exposés à entendre quelque brûlante et lyrique menace contre ces rebelles qui repoussent loin d'eux l'honneur d'être magyarisés[2]. »

Voici le tableau des populations hongroises divisées par races, d'après M. Paul de Bourgoing. On verra par là si la Hongrie proprement dite, c'est-à-dire la Hongrie magyare, forme la moitié de l'Autriche; on verra plus loin, par le fragment que nous citons de M. Elias Regnault, si les Hongrois sont bien autorisés et bien fondés de parler au nom des autres peuples de la Hongrie.

Nous avons placé à la suite de la colonne qui contient le chiffre total de ces populations, des colonnes spéciales établissant la division des races hongroise, slave, valaco-roumaine, et une pour les diverses petites races du royaume, que nous avons réunies en une seule, de sorte que les quatre colonnes qui suivent la première donnent, en les réunissant, le même chiffre que celle-ci.

Les articles marqués d'un astérisque * désignent les Hongrois; ceux qui en ont deux **, les Slaves; ceux qui en ont trois ***, les Valaco-Roumans; ceux qui en ont quatre ****, les Allemando-Saxons; nous n'avons pas cru devoir distinguer les autres par aucun signe particulier.

1. M. H. Desprez dit, dans un autre passage de son livre : « Il n'y a point de misère plus profonde et de plus évidente que celle des Roumains de Transylvanie. »

2. Pages 76 et 77 de son livre, M. H. Desprez dit encore : « Le nom des Magyars était prononcé avec haine, du Tyrol à la mer Noire et du fond des Carpathes jusqu'au revers méridional des Balkans. Plus détestés que l'Autriche, les Magyars s'étaient fait une dangereuse réputation de tyrannie dans l'Europe orientale, et l'on peut recueillir sur les lèvres de leurs adversaires, de sinistres paroles de vengeance. »

Que le monde gallo-romain voie de quel côté il doit porter ses sympathies, si c'est vers les Hongrois contre les Roumains ou vers les Roumains contre les Hongrois.

POPULATION

DE LA HONGRIE, AVEC LA CROATIE ET LA SLAVONIE, D'APRÈS
PAUL DE BOURGOING.

POPULATIONS DE LA HONGRIE	TOTALITÉ	HONGROIS	SLAVES	VALACO-ROUMAINS	RACES DIVERSES
Hongrois*	4,281,500	4,281,500	»	»	»
Slovaques**	2,200,000	»	2,200,000	»	»
Ruthènes**	350,000	»	350,000	»	»
Serbes**	740,000	»	740,000	»	»
Croates**	660,000	»	660,000	»	»
Slovènes**	50,000	»	50,000	»	»
Bulgares**	10,000	»	10,000	»	»
Monténégrins**	2,800	»	2,800	»	»
Allemando-Saxons****	986,000	»	»	»	986,000
Valaques***	930,000	»	»	930,000	»
Français [1]	10,000	»	»	»	10,000
Grecs.	10,000	»	»	»	10,000
Arméniens	2,500	»	»	»	2,500
Juifs.	250,000	»	»	»	250,000
Bohémiens.	30,000	»	»	»	30,000
Albanais**	10,000	»	»	»	10,000
TRANSYLVANIE					
Hongrois*	260,170	260,170	»	»	»
Szeklers*	260,000	260,000	»	»	»
Allemando-Saxons****	250,000	»	»	»	250,000
Bulgares**	400	»	400	»	»
Valaques***	1,287,840	»	»	1,287,840	»
Bohémiens	50,000	»	»	»	50,000
Arméniens	10,000	»	»	»	10,000
COLONIES MILITAIRES					
Hongrois*	54,000	54,000	»	»	»
Croates**	692,960	»	692,960	»	»
Serbes**	203,000	»	203,000	»	»
Allemando-Saxons	185,500	»	»	»	185,500
Valaques***	100,000	»	»	100,000	»
	12,876,170	4,855,670	4,909,160	2,317,840	1,794,000

1, Les Français habitent aux environs de Temeswar. « C'est avec intérêt, dit
M. Paul de Bourgoing, qu'on retrouve, au milieu de cette agrégation de colonies
de tous les pays, les noms restés français de Saint-Hubert, de Charleville et
celui de Souletour, donné peut-être en raison de quelque vieille vigie romaine ou
de quelque donjon turc ou magyar, unique point de repère dans ces plaines du
Bannat, aujourd'hui cultivées, alors désertes. Les descendants de ces colons,

TABLEAU

DES POPULATIONS HONGROISES, TIRÉ DE L'OUVRAGE DE M. H. DESPREZ,
DRESSÉ PAR UN HONGROIS, M. FÉNYES.

POPULATIONS DE LA HONGRIE	TOTALITÉ	HONGROIS	SLAVES	VALACO-ROUMAINS	RACES DIVERSES
Magyares (Hongrois).	4,812,759	4,812,759	»	»	»
Slovaques.............	1,687,256	»	1,687,256	»	»
Allemands............	1,278,677	»	»	»	1,278,677
Valaques.............	2,202,542	»	»	2,202,542	»
Croates.............	886,079	»	886,079	»	»
Raitzes.............	828,365	»	828,365	»	»
Schockzes...........	429,868	»	429,868	»	»
Windes.	40,864	»	40,864	»	»
Ruthéniens..........	442,903	»	442,903	»	»
Bulgares............	12,000	»	12,000	»	»
Français.	6,150	»	»	»	6,150
Grecs et Tzintzares...	5,680	»	»	»	5,680
Arméniens.	3,898	»	»	»	3,898
Monténégrins........	2,830	»	2,830	»	1,800
Clémentins..........	100,6	»	»	»	244,035
Juifs...............	244,035	»	»	»	»
	12,880,506	4,812,759	4,834,165	2,202,542	1,535,040

« Si l'on ajoute à ce chiffre, celui de la jeunesse des écoles et
des soldats de l'armée régulière, on aura pour toute la Hongrie
une population de près de 13 millions d'âmes, dit H. Desprez. »

Comme on le voit, ce tableau diffère considérablement du
premier; on ne devra pas en être surpris si l'on considère qu'il
est tracé de la main d'un Magyar, dans le but de dissimuler la
véritable situation des choses et dans le but aussi de chercher

appelés par Marie-Thérèse dans ces contrées, ont presque entièrement vu disparaître leur langue originaire. Les anciens de ces villages Lorrains, quelques
vieillards qui conservent les traditions du siècle dernier, se sont entretenus encore
en français avec le voyageur qui est allé les visiter en 1842, par égard pour le nom
de leurs paroisses.

« On trouve, en outre, en Hongrie, les villages de Herkewtze et Nikintze,
colonie d'Albanais. Les Albanais de l'Épire se nomment aussi Arnautes ou Skipé-
tars; leur langue peut être celle que parlaient entre eux Pyrrhus et Cinéas, ne
ressemble à aucune langue connue. Cette colonie albanaise de la Hongrie s'appelle
aussi Clémentins, d'après leur chef, qui les conduisit sur ce territoire en 1737. »

Moke dit aussi que les *Scypetars* des bords de l'Adriatique ne sont encore classés dans aucune des races connues; cependant Cyprien Robert les range parmi
les Slaves, au moins une partie, car l'autre partie des Albanais est grecque.

à légitimer la suprématie de sa race, en la présentant comme la plus nombreuse, et, à l'exemple de Joseph II qui, parce qu'il était empereur d'Allemagne, prétendait que la langue allemande devait être la langue officielle de ses États; M. Fényes prétendait aussi que, par la même raison, la langue hongroise devait, en Hongrie, être la langue des affaires.

« Il y a, dit M. H. Desprez, plusieurs choses à remarquer dans ce tableau. D'abord l'auteur a eu soin de compter parmi les Magyars une population d'environ 60 mille âmes, les Bohémiens (Tsiganes, Gitanos), qui ont bien conservé leur nationalité et leur langue distinctes, mais qui parlent en général le magyar par flatterie et pour mieux duper les hauts et puissants seigneurs du pays, dont ils sont les musiciens attitrés.

« En second lieu, M. Fényes a diminué de beaucoup le chiffre des Slovaques, qui ne doit pas être de moins de 2 millions, celui des Valaques qui approche de 3 millions, pour la Transylvanie et la Hongrie, et celui des Croates qui s'élève à au moins 1 million.

« Enfin, l'auteur de la statistique du royaume de Hongrie a eu le soin de diviser le plus possible les populations hongroises qui appartiennent à la race slave, particulièrement celles qui sont le plus à craindre pour les Magyars, c'est-à-dire les Illyriens ou Croates.

« C'est entre les Croates et les Magyars que la querelle des langues et des nationalités s'est d'abord engagée; c'est entre eux qu'elle a pris le plus de vivacité, et les Croates sont les promoteurs de tout ce qui s'est fait dans tout le royaume au détriment des Magyars. Ce sont donc les Croates qu'il s'agissait principalement d'amoindrir dans l'opinion. Aussi M. Fényes s'est-il bien donné de garde de réunir sous ce nom de Croates toutes les populations slaves, les Croates, les Raitzes, les Schocktzes, les Windes, etc., établis au sud de la Drave et dans le bannat de Temeswar; surtout il n'a point ajouté que la Dalmatie fait non-seulement partie du royaume de Croatie; que tous les anciens actes publics portent *regnum Croatiœ, Slavoniœ, Dalmatiœ,* et que les Croates trouvent un appui pour leur agitation non-seulement parmi les autres Slaves de la Hongrie, mais aussi dans les populations de la Dalmatie, de la Styrie, de la Carniole et de la Carinthie, qui sont également d'origine slave et parlent l'antique langue de l'Illyrie. Ceci eût changé un peu la question et déplacé les raisons et les chances de prépondérance politique. »

M. H. Desprez s'exprime encore ainsi dans *la Pologne* du 1ᵉʳ décembre 1848, à propos des Valaques, tant de la Transylvanie que des autres contrées roumaines et des Slaves du Sud,

relativement aux événements de 1848 et du rôle des Hongrois à
cette époque.

LES VALAQUES ET LEUR ALLIANCE AVEC LES SLAVES DU MIDI.

« L'heure présente est une heure décisive pour les jeunes populations de l'Europe orientale. La fortune s'offre à elles plus tôt
peut-être qu'elles ne l'avaient espéré ; il faut qu'elles la saisissent
avec résolution. On voit chaque jour, par les dramatiques événements de l'Autriche, comment les Slaves, et principalement les
Slaves méridionaux, entendent leurs intérêts. Deux populations
isolées au milieu du monde slave, les maghyars et les valaques
avaient un rôle à jouer dans ce grand mouvement. Les maghyars
ont méconnu et refusé, par une aveugle ambition, celui qui leur
était réservé, et les voilà peut-être à la veille d'une grande catastrophe. Les Valaques ont mieux compris la situation : par un
sentiment vrai de la communauté de leurs intérêts, ils se sont
spontanément rapprochés des Slaves méridionaux. On sait que la
dernière diète de Transylvanie, formée en grande partie de Maghyars, a voté la fusion de cette grande principauté dans la
Hongrie, et que les Valaques transylvains, qui demandaient depuis
tant d'années la reconnaissance de leur nationalité, se sont vus
ainsi privés du moyen de l'obtenir pacifiquement. Au prix de
leur sang et de la vie d'un grand nombre de patriotes, en dépit
de ces mots terribles : *l'union ou la mort*, partout inscrits par
des mains maghyares en face des potences élevées sur toutes les
routes, les Valaques ont protesté dans d'immenses *meetings*, où
la population entière accourait. D'un autre côté, les régiments
valaques de la frontière militaire ont refusé de marcher à l'ordre
de Kossuth, contre les slaves insurgés, dans le bannat de Temesvar ;
la plupart des Valaques ont fait cause commune avec les Serbes.
Ainsi, les deux peuples viennent de sceller de leur sang, sur
plus d'un champ de bataille, une alliance qui promet à l'Europe
les résultats les plus salutaires.

« Par un juste sentiment de réciprocité les Serbes de la Turquie,
en présence de l'invasion russe dans les principautés moldo-
valaques, ont ressenti à leur tour une vive émotion pour la situation malheureuse de leurs nouveaux alliés. Ensuite, lorsque les
Valaques ont cherché un appui auprès du gouvernement turc
contre l'oppression russe, exactement comme le faisaient les
Croates auprès du gouvernement autrichien contre l'oppression
maghyare, les Serbes ont paru s'offrir d'eux-mêmes au sultan
pour organiser une résistance armée. La sympathie du gouvernement serbe est acquise de la manière la moins équivoque à toutes

ces manifestations. Ainsi, en Turquie comme en Autriche, les deux nationalités illyro-serbe et roumaine se sont rapprochées devant un danger commun. Espérons que cette alliance se consolidera, car elle est destinée à contribuer puissamment au maintien de l'indépendance des deux races. »

Nous ne donnons tous ses renseignements que pour expliquer la position délicate des Hongrois ou Magyars vis-à-vis des populations qui leur étaient autrefois soumises, car nous ne partageons nullement ici la manière de voir de M. Desprez, qui donne aux Roumains le conseil de se rapprocher des Slaves. Il n'y a de rapprochement à conseiller qu'entre les Roumains et les Hongrois, à la condition que ces derniers modifieront leur manière d'agir vis-à-vis des premiers, ou sans cela, nous l'avons déjà dit, pas d'union; car Hongrois ou Valaques, ou Valaques et Hongrois, s'ils s'associent avec les Slaves, seront dévorés par eux un jour ou l'autre.

Les véritables intérêts des Hongrois et des Roumains leur commandent de s'unir ensemble, et M. Desprez lui-même, paraît, depuis qu'il a écrit cet article, s'être rangé du côté de cette opinion, car on lit, page 94 du tome 4ᵉʳ de son livre déjà cité :

« L'union des Valaques et des Magyars n'aurait pas seulement pour conséquence d'entraver le Panslavisme en sauvant la Hongrie; elle servirait aussi, en face des civilisations slaves, une civilisation plus forte et plus avancée. De même que les Magyars vont puiser quelquefois leurs exemples chez nos voisins d'outre-mer (les Anglais), les Valaques latins par goût comme par origine, viennent volontiers chez nous chercher des enseignements qui les séduisent. »

Mais les Magyars ont méconnu leurs intérêts, ils ont voulu continuer le système d'oppression qu'ils faisaient peser, depuis dix siècles et plus, sur les populations qui leur étaient soumises et qui se sont révoltées contre leurs injustes prétentions, de sorte que d'oppresseurs et menaçants qu'ils étaient encore peu de temps auparavant, les Magyars avaient pu craindre eux-mêmes pour leur existence; le découragement avait fini par s'emparer de leur âme, surtout des Szeklers ou Magyars de Transylvanie, c'est-à-dire de ceux qui, on vient de le voir, avaient voté l'union de cette principauté avec la Hongrie, en prenant pour devise : *l'Union ou la mort.* M. Hippolyte Desprez nous apprend qu'avant d'être tranchée par les armes, la querelle avait été longtemps littéraire; mais l'attitude menaçante des Valaques énergiquement secondés par leurs évêques et par plusieurs écrits périodiques, toutes ces marques du péril qui augmentait avec le temps avaient jeté dans l'opinion des Magyars de secrètes terreurs sur les-

quelles on aimait à s'étourdir, que l'on oublie quelquefois, mais
que la force des événements devait ramener infailliblement. Les
Magyars de la Transylvanie, pressés par leurs paysans de race
roumaine et mieux placés pour sentir toute la difficulté des circonstances, trahissaient plus clairement encore le désespoir dont
ils étaient par moments saisis, et ces vœux de réunion officielle
en royaume, qui étaient naguère un simple et chaleureux élan
de fraternité, renouvelés depuis avec plus d'instance, avaient fini
par ressembler à des mouvements d'effroi et à des signaux
d'alarme.

Voici maintenant en quels termes dans son histoire des principautés danubiennes M. Élias Regnault s'exprime sur les Hongrois
et les Roumains, on verra que son opinion concorde avec tout
ce que nous en avons dit et raconté.

Parmi les peuples soulevés en 1848, nul plus que les Hongrois
ne s'est signalé par de grands actes de courage, nul n'a mérité
les revers par de plus grandes fautes. Ce n'est pas l'Autriche, ce
n'est pas même la Russie qui a fait succomber le Magyar ; ce sont
les nationalités voisines, auxquelles il apportait le joug dont il
s'était lui-même délivré. Le Magyar ne voulait pas devenir Autrichien, et il voulait que les Serbes, les Croates et les Roumains
de la Transylvanie devinssent Magyars. Son fol orgueil l'avait
placé dans une telle condition, qu'il fallait nécessairement qu'il
eût tort d'un côté ou de l'autre. Si, à l'égard de l'Autriche, le
droit était pour lui, en face des autres peuples il avait le droit
contre lui. Oppresseur autant qu'opprimé, son triomphe, non
moins que sa défaite, devait être une offense pour la morale, et
il mettait en lutte les sympathies que méritait la Hongrie avec
les sympathies que méritaient les autres nationalités. Quel fut
le résultat de cette triste politique ? Les Serbes et les Croates
relevèrent le trône renversé de l'Autriche, et les Roumains de la
Transylvanie ouvrirent aux armées russes le passage des Karpathes. Les Hongrois auront encore longtemps à se reprocher
d'avoir contraint des peuples avides de liberté à chercher un
refuge sous les drapeaux du despotisme.

Les Roumains de la Transylvanie jouèrent un rôle important
dans cet épisode des insurrections nationales de 1848. Mais
avant de prendre les armes contre le despotisme hongrois, ils
avaient épuisé tous les moyens de conciliation ; avant de consentir avec l'Autriche une alliance dont ils sentaient tous les périls, ils avaient tendu la main aux Magyars, qui les repoussèrent
obstinément, leur offrant le vasselage quand ils demandaient

l'égalité. L'histoire de cette lutte pacifique, qui précéda la guerre ouverte, mérite d'être connue...

Pour comprendre les déchirements intérieurs qui suivirent, il faut étudier les éléments divers de la population.

Les Roumains de la Transylvanie s'étaient maintenus libres jusqu'au x° siècle. Cependant, quelques débris des soldats d'Attila s'étaient fixés dans les montagnes qui avoisinent la Moldavie, aux sources de l'Alto, et ils y avaient formé une population à part, resté sans mélange et conservant le véritable type des Huns, beaucoup plus beau, il faut le dire, que ne le représentent les légendes romaines ou gauloises[1]. Ces peuples, ayant pris possession, par droit de conquête, d'un coin de l'ancienne Dacie, s'appellent Szeklers. On sait que ce sont des hussards de cette race qui assassinèrent les plénipotentiaires français envoyés à Rastadt.

Lors donc que les Magyars, venus plus tard de l'Asie, envahirent la Transylvanie, ils y trouvèrent des hommes de leur race, parlant la même langue qu'eux, et devenant leurs premiers alliés. Les bandes hongroises, conduites par le roi Tuhutun, rencontrèrent l'armée des Roumains près de Gyula. La victoire resta aux envahisseurs et les Roumains découragés, jurèrent fidélité aux Magyars dans une plaine appelée aujourd'hui Eskiella, de Eskudni, prêter serment.

Maîtres du pays, les Magyars réduisirent les Roumains en esclavage, et se partagèrent entre eux les terres et les forteresses.

Vers le milieu du xii° siècle, des colonies saxonnes, agricoles et commerçantes furent appelées dans le pays par le roi Geyza II, qui leur accorda des garanties pour leurs biens et leurs droits civils. Leurs principales résidences étaient Hermanstadt et Cronstadt. N'étant ni vaincus comme les Roumains, ni vainqueurs comme les Magyars, il n'y avait parmi eux ni seigneurs ni serfs; ils étaient simplement sujets du roi, et leurs terres s'appelaient *fundus regius*[2]. Ils formaient des corporations libres de commerçants et d'agriculteurs, avec des institutions municipales qui les plaçaient sous l'administration de chefs de leur nation, élus par eux. Sous la domination autrichienne, les colonies saxonnes prirent de grands développements. Cependant, les Magyars furent à leur tour vaincus par les Ottomans : Soliman, séparant la Transylvanie de la Hongrie, laissa le gouvernement de cette province

---

1. Ce type, modifié par le croisement, peut être beau aujourd'hui et avoir été laid autrefois, témoins les Turcs d'Europe, autrefois monstrueux et semblables aujourd'hui aux autres Européens.

2. Fonds royal.

entre les mains d'Isabelle, veuve de Jean Zapolya. Mais, quoique tributaire de la Turquie, la Transylvanie conserva les mêmes divisions intérieures, les seigneurs magyars demeurant propriétaires des terres et des châteaux, les Roumains cultivateurs et vassaux. Dans toutes les guerres qui se livrent en Transylvanie, tantôt contre les Turcs, tantôt contre les Autrichiens, on voit toujours des Magyars à la tête des armées, les Bathori, les Bethlen, les Rakotzi.

Les Magyars de la Hongrie, pour se délivrer des Turcs, se donnèrent volontairement à l'Autriche en 1526; ceux de Transylvanie, en 1698, par le traité de Carlowitz.

Mais quoique la Transylvanie eût été si longtemps séparée de la Hongrie, les Magyars ne cessèrent pas de considérer cette province comme une dépendance de leur royaume. Aussi, dans tous leurs projets d'indépendance nationale méditent-ils aujourd'hui de faire une grande Hongrie qui s'étendrait d'un côté aux bords de la Save et de la Drave, de l'autre jusqu'aux Karpathes, sans tenir compte des nations qui se trouvent sur la route, tout prêts même à invoquer de vieux droits de souveraineté sur la Valachie. Il semblerait qu'ils se révoltent contre l'Autriche, moins encore pour s'affranchir d'elle, que pour se substituer à elle. Qu'importerait donc aux autres peuples d'affaiblir l'Autriche pour agrandir la Hongrie? que leur importerait de changer d'oppresseur? D'ailleurs, le Roumain de la Transylvanie sait trop ce qu'il faut attendre des Magyars. Placé sous la main de ces orgueilleux seigneurs, courbé sous leur domination immédiate, il y a trop longtemps qu'il les connaît, pour qu'il puisse consentir à suivre leur bannière. Qu'y a-t-il de commun entre eux et lui? La loi magyare a ouvert entre les deux races un infranchissable abîme.

Rappelons quelques passages de la constitution politique de la Transylvanie, en vigueur jusqu'en 1848. On y conteste même aux Roumains le droit d'exister comme nation. Si l'on considère les nations de ceux qui sont appelés aux comices, la première est la nation hongroise, qui figure très-souvent dans les lois sous le nom de la noblesse et les nobles; le seconde, est la nation sicule (les Szeklers), la troisième, la nation saxonne. Les autres, tant qu'elles sont, sont des nations tolérées, et elles ne jouissent d'aucun droit de suffrage dans les comices. (*Diæta, sive rectius, comitia Transylvanica*[1].) »

Ainsi les Roumains étaient frappés d'interdit chez eux et assi-

---

1. Diète, ou mieux, comices de Transylvanie.

milés aux Grecs, aux Juifs, aux Slaves, aux Arméniens et aux Tziganes.

D'autres textes sont plus formels :

« Les Roumains sont provisoirement tolérés, tant du moins que cela sera agréable aux princes et aux régnicoles du pays. »

Ici l'on réserve la qualité de régnicoles aux étrangers, Hongrois, Szeklers et Saxons. Plus loin, on leur interdit les armes et le costume des hommes libres :

« Défense est faite aux Roumains de faire usage de fusils, sabres, épées, cannes ferrées ou de toute autre arme. »

« Il n'est pas permis aux Roumains de porter habits et pantalons de drap, bottes, chapeaux, de la valeur d'un florin, et chemises de toile fine. »

Lorsque la Transylvanie fut réunie à l'Autriche, les Roumains demandèrent à l'empereur des droits politiques, analogues à ceux des trois autres nations. Ils rencontrèrent chez les Hongrois une opposition invincible. Ces impérieux tyrans se placèrent entre eux et la couronne, s'écriant hautement que « l'organisation de la principauté serait renversée, si l'on admettait la plèbe vagabonde au rang des nations. » N'oublions pas que les Roumains forment en Transylvanie les deux tiers de la population, tandis que tous les autres éléments réunis, Hongrois, Szeklers, Saxons, Grecs, Arméniens, etc., forment dans leur ensemble l'autre tiers.

Il est vrai que d'éminents services ou des grandes richesses acquises permettent aux Roumains de siéger à la diète; mais ils n'y sont admis qu'en perdant leur nationalité, et parce qu'ils sont censés être devenus hongrois : « Sunt inter toleratas etiam « nationes, Valachos præsertim, qui omnium in Transylvania « habitant numerosissimi, pauci saltem nobiles qui jure co-« mitiorum gaudent; sed non qua tales, verum hi in gremio « Hungaricæ nationis censentur [1]. » Cela devait être, le principe fondamental de la loi magyare est dans cet axiome : « Nobilitas « Hungaricæ est [2], » et elle l'applique aux Roumains du Banat, de Temeswar, comme à ceux des comitats hongrois, tous confondus dans un servage commun.

Aussi l'histoire des deux peuples pendant les XIIe, XIIIe et XIVe siècles est-elle remplie des détails de luttes sanglantes

---

1. Ils sont tolérés comme les Valaques qui sont les plus nombreux de tous dans la Transylvanie, et dont quelques-uns sans doute nobles jouissent du droit des comices, non parce qu'ils sont nobles, mais parce qu'ils sont censés faire partie de la nation hongroise (c'est-à-dire censés faire partie de la nation noble).

Nota. Les Roumains étant les Valaques mêmes, nous ne comprenons pas bien comment ils peuvent être tolérés comme les Valaques. Il y a sans doute dans cette citation allusion à un autre peuple.

2. La noblesse est hongroise.

entre les opprimés et les dominateurs. Plus d'une fois même, les Roumains, réduits par les Magyars à l'état de serfs, appuyèrent les invasions des Ottomans, et ce fut une des principales causes qui mirent ces derniers en possession du Banat. Pour prix de leur coopération, les Roumains rentrèrent dans leurs droits. Auprès de la domination hongroise, la suzeraineté turque devenait un soulagement et un bienfait.

M. le comte de Fiquelmont, ancien ambassadeur et *ancien ministre* d'Autriche, dans un livre écrit par lui en français et intitulé *Lord Palmerston, l'Angleterre et le Continent*, dit que la Hongrie est *arriérée* (le mot est souligné) et que le peuple hongrois prétendait à la suprématie qu'il *usurpait* sur les autres races, qui, *avant lui* et depuis des siècles *avec lui* occupaient les vastes territoires auxquels il avait donné son nom en vertu de la prépondérance de ses armes.

Que l'on juge maintenant si c'est aux Hongrois que nous *devons* nos sympathies, ou bien à ceux qui, *comme nous, sont de race latine;* si c'est à ces opulents et insultants Magyars, ou bien à nos frères de sang et de langage qu'après les avoir dépouillés de tout les Magyares traitent de *plèbe vagabonde.*

Comme si dans cette révolution hongroise tout devait être contre nature, il n'est pas même jusqu'au dictateur de la Hongrie, Kossuth, qui, de race slave, s'est fait le champion des oppresseurs de son pays ; il était en opposition avec sa propre famille, avec son oncle qui était dans les rangs opposés. Voici ce que dit de lui M. Paul de Bourgoing : « Louis Kossuth n'est point Magyar de naissance, il est d'une famille noble slovaque, et son nom en langue slave signifie *le cerf.* Son oncle George Kossuth était un protecteur éclairé de la littérature tchèque [1] et du mouvement politique slave, etc. [2]. »

Au moment de terminer cette note déjà si longue, il nous tombe sous les yeux une brochure sur la Hongrie [3] qui nous oblige d'y ajouter encore un mot.

Cet écrit nous paraît rempli d'un si grand nombre d'erreurs volontaires que nous renonçons à les réfuter, nous contentant seulement de faire quelques observations sur deux d'entre elles.

Page 5, à propos de la population actuelle de l'Autriche, l'auteur s'exprime ainsi :

---

1. Slavo-bohême. — 2. *Guerre d'idiome et de nationalité,* 1849, in-8°.
3. *La Question hongroise 1848-1860.* Paris, 1860.

POPULATION

De l'Autriche (sans la Hongrie). 17,598,354 |
De la Hongrie seule. . . . . . . 15,500,000 | 33,098,554.

Bien que l'auteur ne réunisse pas les deux chiffres, nous les réunissons pour lui. — Il continue ainsi :

RACES QUI HABITENT LA HONGRIE [1]

POPULATIONS	TOTALITÉ	HONGROIS	SLAVES	VALACO-ROUMAINS	RACES DIVERSES
Hongrois.........	6,150,000	6,150,000	»	»	»
Allemands.	1,589,715	»	»	»	1,589,715
Croates..........	993,995	»	993,995	»	»
Serbes [2].........	1,193,095	»	1,193,095	»	»
Ruthènes.........	589,870	»	589,870	»	»
Slovaques........	1,852,005	»	1,852,005	»	»
Valaques.........	2,374,472	»	»	2,374,472	»
Juifs............	350,000	»	»	»	350,000
	15,093,156	6,150,000	4,628,965	2,374,472	1,939,715

L'auteur ajoute :

« Le reste se compose de Wendes, de Bulgares, d'Italiens, de Français, d'Arméniens, de Clémentins, de Grecs, de Monténégrins, de Bohémiens. »

Pourquoi l'auteur ne donne-t-il pas également le chiffre de ces autres populations : en sont-elles donc indignes?

Pourquoi? Nous allons le dire. C'est qu'il ne tient pas à grossir le nombre des Slaves, dont le nom ne figure même pas dans sa nomenclature, et qui, d'après les chiffres isolés qu'il donne, s'élèvent à 4,628,965

Auxquels il faut ajouter :

Les Wendes. 40,864
Les Bulgares. 42,000
Les Monténégrins. 2,830
Les Schockzes (non mentionnés par l'auteur). . 429,868
Les Slovènes {   id.   }. . 50,000

Ce qui porte les Slaves au nombre de 5,164,527

1. Dans ce tableau, les quatre dernières colonnes et l'addition ont été ajoutées par nous, comme pour les deux précédents, afin de faciliter la comparaison.

2. Le mot Serbe, qui est le véritable, est remplacé dans la nomenclature de M. Fenyes par Raitzes.

Nous avouons n'être qu'imparfaitement renseigné sur les Schockzes; peut-être sont-ce les Uskoques qui ne figurent sur aucun de ces tableaux, et qui cependant habitent l'Illyrie, sur l'Adriatique et à l'ouest des Croates.

Mais si l'auteur a fait des omissions vis-à-vis des Slaves, il n'a pas négligé de faire progresser sa race, qui, d'après M. Fenyes, ne s'élève qu'à 4,842,759 individus, tandis que l'auteur de la brochure dont nous parlons la fait sauter d'un seul trait de plume à 6,150,000. Quel progrès en quelques années, et comme les femmes magyares sont devenues rapidement fécondes! Ceci n'est pas d'accord avec le préjugé national sur une nombreuse progéniture, si nous en croyons M. de Gérando, qui dit, pages 44 et 45, tome Ier de son livre intitulé : *la Transylvanie et ses habitants*, 2e édit., 1850 : « Le Hongrois ne trouve pas digne de lui de remplir sa maison de marmots comme l'Esclavon [1] ou le Valaque. La noble jument n'a, dit-il, qu'un seul poulain ; c'est l'ignoble truie qui met bas une multitude de petits. » Le Hongrois a des paroles distinguées pour parler de ceux qui ont le malheur de lui déplaire ; il dit qu'il ne cultive pas la pomme de terre, « parce... [2]. » (Nous renvoyons à l'ouvrage déjà cité.)

L'auteur, en désapprouvant qu'on ait substitué le mot « Magyar » au mot « Hongrois », défend ses compatriotes de l'avoir fait, et en accuse au contraire les panslavistes. « Cette substitution, dit-il, a été inventée, vers 1840, par les panslavistes et adoptée par nos ennemis les Autrichiens. »

Quant à nous, nous déclarons que c'est vouloir reporter sur d'autres ses propres fautes et le tort qu'on est parvenu soi-même à se faire par ses maladresses et ses injustes prétentions. C'est si peu vers 1840 que cette substitution a été faite, que l'auteur de cette note possède une histoire de Hongrie, publiée en hongrois à Pesth, en 1808, où cette substitution était déjà faite. En voici le titre exact :

« Magyarok eredete, a' régi és mostani Magyaroknak nevezetesebb teelekedeteivel együtt. Irta Szekér J. Aloysius, A' Böltselkedésnek és Szentséges Theologiának néhai Tanitója, most pedig Tábori Pap. Pesten, 1808, 2 vol. in-8°. »

Si quelqu'un en doutait, on pourrait se rendre rue des Grands-Augustins, n° 7, chez l'éditeur de cette brochure, qui montrera le livre : les mots « Hongrie et Hongrois » n'y figurent même pas en sous-titre.

Sans doute, les Magyars vont dire : « C'est précisément parce

1. Le Slave.
2. *La Transylvanie*, par de Gérando, t. II, p. 50.

qu'il en a toujours été ainsi, c'est parce que nous avons toujours traduit *Hungaria* par *Magyar*, qu'on a tort de nous accuser d'avoir substitué ce dernier mot au premier, » Mais nous répondrons à cet argument : Il vous a été loisible de faire pour vous et vis-à-vis de vous seulement l'usage qu'il vous a plu du mot *Magyar;* mais lorsque, dans les actes officiels, vous avez voulu substituer ce nom au mot *Hungaria,* lorsque vous avez voulu que, dans ces mêmes actes, on fît usage du magyar en remplacement du latin; lorsque, dans les églises, vous avez envoyé dans les contrées non magyares des prêtres magyars prêcher en magyar : les habitants de ces contrées ont été fondés à s'opposer à vos injustes prétentions; c'est ce qu'ils ont fait. On connaît le reste.

Nous terminerons en disant : les Hongrois ont tout usurpé; il n'est pas même jusqu'aux sympathies que l'Occident *devait* aux populations qu'ils opprimaient, qu'ils ont trouvé le secret de se faire injustement décerner.

Enfin, tout en disant leur révolution démocratique, les Hongrois ont la vanité de dire que si on considérait les populations d'après leur *valeur* (le mot est souligné), l'avantage serait aux Hongrois ou Magyars sur les autres races. On s'offense en Hongrie de ce que l'Autriche compte les habitants par tête et ne sait pas les *peser.* Voilà les sentiments démocratiques et égalitaires des Hongrois. (Voir la brochure intitulée *Liberté et Nationalité,* pages 12 et 16, Paris, 1860.)

Un grand nombre d'observations seraient encore à faire sur la Hongrie et les Hongrois proprement dits, mais nous ne pouvons donner à une note la dimension d'un volume.

Notes M et N.

Sous le titre de Correspondance anglaise, Pensées et Impressions sur les Slaves et leur rôle, on lit dans *la Pologne* du 29 juillet 1849:

« D'une manière ou d'une autre, pour le bien ou pour le mal, les Slaves maîtriseront l'avenir [1]. Nos aveugles demandent que sont donc ces Slaves? pourquoi n'y a-t-il aucun signe visible qui nous fasse reconnaître ces futurs dominateurs du monde ? Les Slaves sont une force que des digues savamment construites tenaient emprisonnée, mais que la tempête affranchira. Les flots qui dorment n'ont aucune forme : ils se cachent au fond des abîmes de la terre dont ils rongent en silence les rivages. Mais

1. Ils ont foi dans leur race, dit l'auteur anglais.

l'heure arrive où cette terre, avec ses temples, ses champs pleins de moissons et ses cités florissantes, doit s'engloutir. Le passé des Slaves est prophétique. Interrogez les siècles, et ils vous diront qu'autrefois les Slaves ont dominé en Asie, qu'ils ont inondé l'Allemagne jusqu'au Rhin, qu'ils ont occupé la Hollande, et delà se sont élancés dans les îles britanniques. »

Nous savions bien que les Slaves étaient venus jusqu'à l'Elbe, que le Meklembourg, la Poméranie, le Brandebourg, la Silésie, la Prusse occidentale (Dantzig), la Prusse orientale (Kœnigsberg), presque toutes les provinces de Prusse enfin, excepté celles du Rhin, étaient autrefois habitées par des Slaves, aujourd'hui presque totalement germanisés; nous savions bien qu'en France les Vénètes qui ont fondé Vannes (en latin *Veneti*), comme en Italie les Vénètes, qui ont fondé Venise (en italien *Venezzia*, qu'il prononcer *Venetzia*), étaient des Slaves; nous savions également bien que les Slaves prétendent, dit M. Cyprien Robert, que nos Vendéens sont des Vendes ou frères de leur race, mais nous ignorions que des Slaves eussent habité la Hollande et fussent passés en Angleterre; c'est l'auteur anglais des paroles que nous venons de citer qui nous l'apprend.

Au moment de terminer cette brochure, en parcourant de nouveau le tome I{{er}} de l'*Histoire de France*, d'Henri Martin, nous trouvons, dans une note de la page 20, qu'il y a dans le nord du pays de Galles une contrée nommée Vénédotie et une autre encore du même nom dans le sud de l'Écosse.

M. Henri Martin paraît n'avoir pas connaissance que ce nom de Vénètes soit une ancienne dénomination des Slaves, comme Gaulois est une ancienne dénomination des Français, car il dit : « Ce nom de Vénètes semblerait celui d'un peuple primitif qui se serait brisé dans les âges anté-historiques et dont les tribus se seraient dispersées parmi les principales races de l'occident, etc. »

Ce peuple primitif qui, suivant M. Henri Martin, se serait brisé et dispersé dans les âges anté-historiques, est aujourd'hui pour ainsi dire compacte et nombreux à 80 millions en Europe.

D'après une brochure que nous avons présentement sous les yeux, intitulée *Essai sur l'origine des Slaves*, par F. G. Eickhoff, Lyon 1845, in-8°, M. Eickhoff divise l'histoire des Slaves en quatre époques différentes et leur donne quatre dénominations distinctes :

Pendant la première époque, il les nomme Scythes.
Pendant la deuxième,   —   Sarmates.
Pendant la troisième,   —   Vénètes.
Et pendant la quatrième,   —   Slaves.

Les Slaves ont porté successivement ces noms de Scythes, de Sarmates, de Vénètes, et portent aujourd'hui celui de Slaves, comme nous avons porté successivement celui de Celtes, de Gaulois, de Romains ou Gallo-Romains et que nous portons aujourd'hui celui de Français.

Vénète, Vende, Vendille ou Vindille ou Vandales ne sont que des synonymes.

On lit dans Masselin :

* « VANDALES, VENDES ou VENDILII, peuples de Germanie, le long de la mer Baltique, entre la Vistule, l'Elbe et la Drave, se liguèrent, traversèrent les Gaules, battirent les Romains en Espagne et y fondèrent le royaume de Vandalitie (*Andalousie*). Les Goths les ayant chassés, ils se retirèrent en Afrique et y fondèrent le royaume des Vandales que Bélisaire détruisit en faisant mourir Gilimer. Ces peuples se répandirent alors dans l'ancien empire romain, et y détruisirent les monuments des arts.»

Géographie moderne.

« VANDALES ou VENDES dominaient autrefois sur tout le pays entre l'Elbe et la Vistule, et principalement dans la Poméranie et le Méklembourg, sur les côtes de la mer Baltique. Vaincus par Charlemagne, Henri l'Oiseleur et Othon le Grand, cette nation se confondit petit à petit avec les nombreuses colonies de Saxons et de Francs envoyées dans le nord de l'Allemagne. Pribeslaw[1] fut le dernier roi des Vandales; il résida à Brandebourg et mourut en 1152. Il existe des tribus de Vandales dans la Lusace, et l'on nomme *Vandalie* ou duché de *Wenden* une contrée de la Poméranie ultérieure.

« VANDALES (villes), nom donné à six petites villes de la haute et basse Lusace, parce que leurs habitants sont originaires des Vandales, dont ils ont conservé le langage et les habitudes ; ce sont : Beskow, Dreyocke, Muska, Strkow, Wetschow et Wittichenaw. »

* VINDIBILIS, Belle-Isle (sur les côtes ouest de la France).

* VINDILI, *voy.* VANDALES.

VINDISCH, Vindonissas, anc. petite ville de la Suisse (Argovie). *Voy.* Windisch.

* VINDOBONA, autrefois principale v. de la Haute-Pannonie, sur le Danube, auj. *Vienne* (Autriche).

Vindobona, Windischgraetz, signifient Ville vende ou Ville vandale.

1. Le nom de Pribeslaw ou Prebislas est bien slave, comme Stanislaw ou Stanislas, Ladislaw ou Ladislas. Warsowie a en slave la même terminaison, Warsaw.

En terminant la période de l'histoire des Slaves pendant laquelle ils ont été connus sous la dénomination de Vénètes, Eickhoff s'exprime ainsi :

« La race indigène, les antiques possesseurs de l'Europe orientale chez qui s'affaiblissait le nom de Vénètes, chez qui le nom d'Antes venait de disparaître, reprenaient, sous le nom de Slaves, un nouvel ascendant qui ne devait plus cesser.

A l'appui de cette opinion que les Slaves ne sont autres que les anciens Vénètes, Vénèdes, Vendes ou Vandales, nous citerons encore les passages suivants de Cyprien Robert, dans l'un desquels figure également le mot *Antes* cité ci-dessus.

Cyprien Robert, parlant du Goth Jornandès, évêque de Ravenne, dit :

« Cet écrivain du vi* siècle reconnait que les différents peuples désignés sous le nom nouveau de Slaves avaient formé auparavant une vaste unité sous ce nom antique et général de Vinides. Cette race d'hommes qui s'étend, selon lui, sur un immense espace *(per immensa spatia)*, porte différents noms, suivant les contrées ou elle se trouve établie, bien qu'*aujourd'hui*, dit-il, on l'appelle généralement *Ante* et *Slave*. Ce nom d'Ante, dont l'origine est inconnue, semble ne pas être autre chose qu'une altération du mot Vende. C'est ainsi que dans la partie des Gaules voisine des côtes, où César avait combattu les Vénètes, les géographes romains nous montrent une province nommée Andégavie, ou gave (district) des Andes, connue aujourd'hui sous le double nom d'Anjou et de Vendée. »

Dans un autre passage, Cyprien Robert dit encore :

« Les diplômes des rois allemands du viii* au xi* siècle, s'accordent à nommer les Slaves Vinides, Vinades ou Gunèdes. »

Cyprien Robert, toutefois, n'est pas d'accord avec Eickhoff sur le nom des Sarmates ; il pense que ceux-ci n'étaient pas d'origine slave.

Ce qui prouvera qu'il ne peut pas y avoir confusion entre les Vénètes de M. Henri Martin et ceux de Cyprien Robert, c'est le passage suivant que nous allons encore citer, où les Vénètes de Galles sont positivement désignés. Voici en quels termes Cyprien Robert s'exprime à ce sujet :

Une dernière station maritime des Vénètes, appelée Vindolona ou Vindobena dans l'Itinéraire d'Antonin, apparaît sur les côtes de la Grande-Bretagne, où une partie du pays de Galles porte dans les diplômes latins du moyen âge le nom de Gwined, Gwentland [1], pays des Vendes.

1. Voir à la note X, ce que nous avons dit sur le mot Land.

MM. Barberet et Magin, dans leur *Précis de Géographie historique universelle*, t. II, page 470, s'expriment ainsi au sujet de la Slavie et des Slaves au moyen âge, première époque (527).

Slavie ou Slavonie. — C'était l'ancienne Sarmatie. Les Slaves se divisaient en trois grandes familles, savoir : 1° les Slaves septentrionaux, parmi lesquels on distinguait les Slavines ou Slovènes au nord du lac Illmen, etc. ; . . . 2° les Slaves occidentaux appelés aussi Wendes ou Vénèdes, dont les principales tribus étaient les Leckkes et les Mazoviens, et qui s'étendaient même dans la Germanie orientale jusqu'à l'Elbe, sous les noms de Poméraniens et de Sorabes; 3° les Slaves méridionaux ou Antes, entre les monts Carpathes, le Dniester et le Danube : leur principale tribu était les Crapathes, Chrobates ou Bélochrobathes [1], près les montagnes qui portaient leur nom.

Louis Pâris appelle les Vénètes, Vénèdes, Vandres ou Vandales.

Comme tous les noms de peuple en général celui des Vénètes, Vénèdes, Vendes ou Vandales a ses variantes.

Voici celles que nous avons recueillies dans les seuls ouvrages de Cyprien Robert, Eickhoff et Masselin : Enètes, Hénètes, Vénètes, Vanètes, Vénèdes, Gunèdes, Venades, Vinades, Vinides, Vindes, Vendes, Vindilles, Vindili, Vindiliciens, Vandales, Vanes, Vaneies, Venelaines, Venelasses.

Une chose qui prouvera que les Vénètes étaient très-étendus, ce sont leurs prétentions à la possession de tout le nord de l'Europe, d'après un diplôme qui, suivant eux, leur aurait été donné par Alexandre le Grand.

Nous laissons parler Cyprien Robert à ce sujet :

« Les traditions polonaises, d'accord en cela avec celles de l'Illyrie, prétendent qu'Alexandre le Grand assure par un diplôme aux Slaves la possession de tout le nord de l'Europe. Ce diplôme, ratifié par Jules César, un roi polonais le perdit dans une bataille contre les Turcs; et ceux-ci l'emportèrent à Constantinople où, disaient les savants de l'ancienne Pologne, il doit se trouver caché dans la bibliothèque du sérail. »

Joseph Ossolinski, dans ses notes sur Kadlubek, a prétendu que ce diplôme de priviléges d'Alexandre le Grand ne fut connu en Pologne qu'au xive siècle, à l'époque où les bénédictins slaves de l'Illyrie furent installés à Prague, puis à Cracovie, où ils durent apporter un certain nombre de légendes illyriennes. Lelevel pense au contraire que ce diplôme devait être connu du chroniqueur Mathieu Kholeva. Haïek fut le premier écrivain de

1. Croates blancs.   P. V.

la Renaissance qui l'inséra dans son ouvrage, paru en 1544. Le texte original de cet ouvrage a péri, mais il s'est conservé dans la traduction allemande de Sandels. En outre, vers l'an 1805, Sarnitski écrivait qu'il avait vu de ses yeux une copie du diplôme d'Alexandre, venue du trésor royal de Bohême, et conservée dans un couvent près de Cracovie. Paprotski publia en polonais cette pièce singulière. Bielski, l'an 1595, la reproduisit également dans sa chronique. En voici la traduction littérale :

« Nous, Alexandre, fils du Dieu suprême dans les Cieux, et de Philippe, roi de Macédoine sur la terre, maître de l'Occident et de l'Orient, du Nord et du Midi, dompteur des Mèdes, des Perses, etc... A vous, peuples intelligents des Vénètes, paix, protection et salut! Comme vous nous avez servi longtemps à la guerre avec une inébranlable courage et une fidélité éprouvée, nous vous concédons à perpétuité tous les pays qui s'étendent depuis la mer méridionale et les rochers de l'Italie, jusqu'aux extrémités du Nord où commence l'Océan glacial. Que dans ces régions personne n'ose jamais vous juger, ni vous traiter en sujets : et si des étrangers viennent s'y établir, qu'ils soient vos serviteurs eux et leurs descendants à jamais. Donné dans notre résidence d'Alexandrie, sur la glorieuse rivière du Nil, l'année douzième de notre règne, et mis sous la garantie des grands dieux, Jupiter, Mars et Minerve. »

« Cette pièce, ajoute M. Cyprien Robert, forgée par les anciens Illyriens, sans doute comme une protestation contre les prétentions conquérantes des Allemands, aurait été, à en croire les traditions de l'Illyrie, la conclusion finale des guerres acharnées soutenues contre la Grèce. »

Si le diplôme d'Alexandre se trouve caché dans la bibliothèque du sérail ou plutôt soraï (palais) de Constantinople, il y est sans doute bien caché, car cette bibliothèque qui paraît, d'après le catalogue que nous avons sous les yeux, renfermer un grand nombre de futilités, ne contient rien qui y ait rapport.

Le catalogue de la bibliothèque du sérail se trouve dans le tome II° de l'ouvrage intitulé : *de la Littérature des Turcs*, par l'abbé Toderini, traduit de l'italien en français, par l'abbé de Cournand, lecteur et professeur royal. 3 volumes in-8°, Paris, MDCCLXXXIX.

Note O.

On sait qu'après février 1848 c'est à Prague, en Bohême, qu'a commencé la révolution autrichienne. Cet événement a eu lieu à

la suite d'un congrès réuni dans cette ville et provoqué par les
Tchèks en mars 1848, dans le but de se confédérer avec leurs
frères de race. Voici ce qu'on lit à ce sujet dans le journal *la
Pologne*, n° 2, 1er juillet 1848 :

« On ne saurait douter que le but du congrès ne soit d'unir en
un seul faisceau tous les efforts tentés jusqu'à présent isolément
par les divers peuples slaves pour leur émancipation. Le comité
préparatoire siégeant à Prague, et qui a fait toutes les convoca-
tions officielles depuis le 1er jusqu'au 31 mai, se composait de
Bohêmes et de Polonais de la Gallicie et de la Poznanie, d'Illyriens de la Carinthie, de la Styrie et de l'Istrie, de Croates et de
Serbes, de Silésiens et de Moraves. L'idée du congrès avait trouvé
d'ardents champions jusque chez les Serbes à demi germanisés
de la Lusace saxonne et prussienne. Depuis les montagnes slaves
de Lusace et de Silésie jusqu'à la mer slave qui baigne les côtes
d'Istrie et de Dalmatie, depuis les confins de la Bavière et du
Tyrol jusqu'en Transylvanie et à Belgrade, toutes les têtes pen-
santes travaillent pour opposer à la propagande germanique une
propagande indigène, et pour former une ligue défensive contre
l'oppression de plus en plus intolérable des étrangers. Étant la
ville la plus centrale de tout ce vaste mouvement de nationalités
diverses, Prague a été naturellement choisie par tous pour le
lieu de réunion générale. Voilà comment ce congrès slave s'est
formé. »

PREMIER MANIFESTE DU CONGRÈS SLAVE DE PRAGUE.

« Slaves, nos frères !

« Qui d'entre nous ne poursuit d'un regard douloureux notre
triste passé ? Qui ne voit pas aussi que ce que nous avons souffert,
nous l'avons dû à notre ignorance et au fatal morcellement qui
séparait les frères d'avec leurs frères ? Une ère nouvelle vient de
commencer pour le monde. Le joug pesant sous lequel gémis-
saient les autres peuples est tombé. En se brisant pour eux, il
nous a laissés, nous aussi, reprendre une grande partie de nos
droits. Nous pouvons maintenant dire tout haut ce que nous pensons depuis longues années, et ce que notre intérêt exige, nous
pouvons à la fois le dire et l'exécuter.

« Toutes les nations européennes en sont venues à se comprendre fraternellement entre elles. Les divers peuples allemands ont
résolu de s'unir. Dans ce but, ils ont convoqué à Francfort un
parlement qui travaille à s'approprier dans la puissance autri-

chienne ce qui lui paraît nécessaire pour constituer l'unité de
l'Allemagne, de manière à rattacher au nouveau corps germanique
l'empire autrichien avec toutes celles de ses provinces qui ne
sont pas hongroises. Or, une telle solution n'anéantirait pas seulement l'unité de l'Autriche, elle menacerait encore l'individua-
lité et l'existence nationale des branches de la souche slave que
cet empire renferme. Notre devoir est de défendre courageuse-
ment ce que l'homme a de plus sacré sur la terre.

« Le temps est venu enfin où, nous autres Slaves, nous devons
aussi, comme les Allemands, nous réunir pour discuter ensemble
et tendre vers un but commun. C'est pour arriver à ce résultat,
et en obéissant avec joie au désir exprimé par une foule de
Slaves de contrées diverses, que nous convoquons tous les Slaves
de la monarchie autrichienne, et notamment ceux d'entre eux qui
possèdent la confiance de leurs concitoyens, et qui prennent le plus
à cœur le triomphe de la cause commune. Nous les invitons donc
à se rendre, pour le 31 mai, dans notre antique cité de Prague la
Tchèque, pour que nous y délibérions tous ensemble sur ce que
l'intérêt commun de notre race exige de nous, dans les circonstances décisives où nous nous trouvons. Pour les Slaves étrangers à la monarchie autrichienne, nous ajoutons qu'ils seront
reçus dans notre assemblée, de quelque pays qu'ils viennent,
comme des hôtes chers et désirés.

« Fait à Prague la Tchèque, le 1er mai 1848. »

Suivent les signatures des délégués bohêmes, polonais et iugo-
slaves.

Note P.

Sans doute les Slaves protesteront contre cette opinion, mais
toutes protestations à ce sujet ne détruiraient pas notre pensée.
La Russie aussi protestait de ses bonnes intentions vis-à-vis de
la Pologne. Les Polonais savent ce que valaient ses protestations.
Sans doute les Slaves sont dignes de la liberté, et le monde civilisé doit demander leur émancipation, mais ils ne doivent pas
trouver mauvais que l'Occident prenne ses précautions contre
l'abus qu'une fois constitués ils pourraient faire de leurs forces.
La prudence le commande, dans la crainte que l'Allemagne réagit
contre nous *avant de nous comprendre*. Napoléon Ier, comme on
l'a vu précédemment, ne voulait pas lui donner l'unité « pour
laquelle, disait-il, elle n'est que trop préparée. » Ce que
Napoléon redoutait des Allemands, moitié moins nombreux que
les Slaves, ne devons-nous pas le redouter de ces derniers? En-

core les Allemands étaient-ils instruits et susceptibles d'apprécier un bienfait, mais peut-on en attendre autant de 80 millions d'individus qui gémissent encore dans l'esclavage et ne savent pas même lire ?

Lorsque les Slaves voient l'abus que fait l'Allemagne de sa force vis-à-vis d'eux, des Italiens et des Hongrois; lorsqu'ils voient ce que les Hongrois, malgré leur petit nombre, en ont fait aussi vis-à-vis d'eux, les Slaves ne doivent pas trouver mauvais que l'Occident, comme nous venons de le dire, prenne ses précautions. De même que sir Henri Bulwer, ambassadeur d'Angleterre à Constantinople, a dit, comme nous l'avons rappelé dans cet ouvrage, qu'il était Anglais et non pas Russe, Anglais et non pas Français, nous dirons aussi que nous sommes Gallo-Romain et non pas Slave, et que dans le but de prémunir nos frères Gallo-Romains contre les dangers qui les environnent, nous avons publié cet écrit.

Et ce qui témoignera que nous ne sommes pas seul de notre avis, c'est qu'on lit dans Destrilles, *Confidences sur la Turquie* :

« L'élément panslaviste, russe et polonais, schismatique et catholique, a la prétention d'absorber toute la terre roumaine qui sépare les Slaves du Nord et du Midi. Pour nier l'origine latine des colons qu'ils veulent à tort faire descendre de leur race, ils faussent l'histoire. »

Ainsi voilà donc déjà les Slaves, avant d'être constitués, disposés à se montrer envahisseurs.

Dans le cas où les Slaves tiendraient cependant à protester, nous les renverrions au n° du 23 décembre 1849 du journal *la Pologne.*

Note Q.

Le latin a, ainsi que nous l'avons dit, donné naissance au français, à l'italien, à l'espagnol, au portugais, nous ajouterons, et au valaque.

Le français, qui n'est qu'un dialecte ou patois latin parvenu à l'état de langue par la culture de nos grands écrivains, a donné à son tour naissance aux patois ou idiomes normand, picard, wallon, bourguignon, provençal, languedocien, gascon, auvergnat, etc., dont quelques-uns parviendraient également à l'état de langue si on les cultivait.

Le français est en quelque sorte demi-langue mère, par rapport à l'anglais, car la langue anglaise est plutôt une langue demi-française que demi-latine. Voir, page 52, l'opinion de Voltaire sur les langues mères.

De même que le latin, qui est une langue morte, est la langue liturgique des chrétiens de rit latin, de même l'ancien slavon, qui est aussi une langue morte, est également la langue liturgique des Slaves chrétiens de rit grec. Voici ce qu'en dit Paul de Bourgoing :

« L'ancien slave (le slavon) est la langue liturgique de toutes les populations slaves qui professent la religion grecque. Apriloff, archéologue bulgare, résidant à Odessa, a établi par des documents authentiques que les premiers apôtres de l'Église slave du rit grec, Méthode et Cyrille, qui ont fait en slave une traduction de la sainte Écriture, étaient bulgares du rit oriental. Un fait assez curieux, c'est que l'Évangile conservé à Reims, et sur lequel les rois de France prononçaient leur serment lors du sacre, est un vieux manuscrit slave. Ce fut le czar Pierre le Grand qui, lors de son passage à Reims, en 1717, fit connaître au clergé de la cathédrale l'origine de ce livre vénéré. »

Paul DE BOURGOING.

Nota. Cet Évangile a été apporté en France par Anne de Russie, femme de Henri Ier. Voici ce qu'on dit de cette reine dans la biographie du général Beauvais; Furne, 1833 :

« ANNE DE RUSSIE, fille de Jaroslaw, épousa Henri Ier, roi de France, en 1045. C'est la seule alliance de ce genre contractée avec la Russie. La neuvième année de son mariage, elle accoucha d'un fils qui régna sous le nom de Philippe; elle eut depuis deux fils et une fille. Après la mort de Henri Ier, elle accorda sa main à Raoul, comte de Crépy en Valois, quoiqu'il fût marié et parent de son premier époux. Elle osa braver les foudres de l'Église; mais, répudiée par ce nouveau mari, elle alla finir ses jours dans sa patrie. »

A propos de l'Évangile de Reims, disons qu'il est à la bibliothèque de cette ville, et non au trésor de la cathédrale, parmi les objets précieux qui y sont renfermés en si grand nombre que nous avons eu occasion de visiter en juin dernier (1860), et où serait sa véritable place.

NOTE R.

Italie, Hespérie, Œnotrie, Ausonie, Saturnie, une des parties méridionales de l'Europe, et à bien des égards la plus célèbre, couverte vers l'occident et vers le nord des hautes montagnes des Alpes, qui la séparent de la France, de la Suisse et de l'Allemagne, s'avance en forme de presqu'île entre les deux mers: *Superum et Inferum* ou *Adriaticum, et Tuscum* ou *Tyrrhenum.* Elle ne se soutient contre ces deux mers que par la force qu'elle reçoit de l'Apennin, qui la parcourt dans toute sa longueur, jusqu'au détroit qui la sépare de la Sicile. Le nom d'Italie convenait d'abord proprement à la partie du milieu, la plus resserrée entre les deux mers. Celle du nord prenait le nom Gallia Cisalpina, par rapport aux Romains, parce qu'elle était occupée par plusieurs nations celtiques qui s'y étaient établies vers les premiers temps de Rome. Elle s'étendait des Alpes à la mer Adriatique, et le petit fleuve Rubicon la séparait de l'Italie proprement dite. La partie du sud prenait le nom de Grande-Grèce, parce qu'elle était remplie de colonies grecques, et la mer qui la baigne s'appelait Ionium ou mer de Grèce.

Les conquêtes des Romains firent disparaître ces différents noms, en étendant l'Italie d'un côté jusqu'aux Alpes, et de l'autre jusqu'au détroit de Sicile.

L'Italie propre fut d'abord appelée Saturnie, à cause de Saturne, qui, chassé de Crète par son fils Jupiter, y trouva un asile auprès de Janus, roi du pays, à qui il apprit l'usage des lettres et de l'agriculture.

Plus de 400 ans après la guerre de Troie, une colonie d'Arcadiens vint s'établir en Italie, sous la conduite d'Œnotrus, de qui le pays prit le nom d'Œnotrie. Italus, l'un de ses descendants, lui donna celui d'Italie. Peu après la guerre de Troie, Évandre, obligé de quitter le Péloponnèse, y mena une nouvelle colonie d'Arcadiens, et bâtit la petite ville de Pallanteum sur le mont appelé depuis Palatin. Vers le même temps, Énée, à la tête d'une troupe de Troyens, qui avaient échappé à la fureur des Grecs, entra dans les bouches du Tibre, et ayant épousé Lavinie, fille du roi Latinus, bâtit la ville de Lavinium. C'est ainsi que l'Italie fut peuplée de Grecs et de Troyens. Auguste la partagea en onze provinces. MASSELIN.

Note S.

Henri Martin raconte différemment cet épisode, que nous croyons cependant avoir lu quelque part tel que nous le rapportons, mais nous n'insistons nullement à ce sujet. Voici, du reste, le récit de M. Henri Martin, qui dit en parlant des Gaulois de Sigovèse :

« En l'année 340 (avant J.-C.), quelques-uns de leurs guer-
« riers étaient allés rendre visite au grand Alexandre. « Que crai-
« gnez-vous le plus au monde? leur demanda-t-il. — Nous ne
« craignons que la chute du ciel; nous estimons cependant fort
« l'amitié d'un homme tel que toi. — Voilà un peuple bien fier!
« s'écria le héros. »

A propos de la réponse des Gaulois à Alexandre que nous rapportons ici : « nous ne craignons que la chute du ciel, » nous ajouterons que les Gaulois avaient encore pour dicton : « Si le ciel tombait, nous le soutiendrions de nos lances. »

On sait que les Romains avaient dans leur armée une légion de Gaulois à laquelle ils avaient donné, comme emblème de leur gaieté, le nom de *légion de l'alouette ;* nous supposons que c'est cette légion et les dictons que nous venons de citer qui ont donné naissance, peut-être un peu par dérision, au proverbe suivant, qui nous vient des Romains : « Si le ciel tombait, il y aurait bien des alouettes de prises. »

NOTE S BIS.

Nous avons dit que les Grecs aussi étaient frères des Latins, voici comment :

On suppose que les Romains même fondateurs de Rome étaient d'origine grecque ; en outre tout le sud de l'Italie, la Sicile comprise, ont été colonies grecques ; le royaume de Naples actuel a porté autrefois le nom de Grande-Grèce [1], mais plus tard ainsi que les Gaulois de la Cisalpine, les colons grecs de la Grande-Grèce et de la Sicile ont été conquis par les Romains et se sont ensuite mélangés avec les colons romains envoyés dans leur pays, de sorte qu'aujourd'hui les habitants du royaume de Naples et de la Sicile descendent à la fois des Ibères (Sicanes ou Sicules), des Grecs et des Romains.

Les Grecs de nos jours se considèrent si bien comme frères des Italiens du sud et par le même fait de ceux du nord et des Latins en général, que voici ce que nous lisons dans *le Siècle* du 6 juillet 1860.

« Un auxiliaire inattendu vient en aide à la Sicile. La Société nationale italienne a fait appel aux Hellènes ; elle a demandé que l'on convoquât les conseils, chargés de réunir des secours en faveur du peuple qui a été poussé à l'insurrection par le plus cruel arbitraire et qui désire faire partie de la libre et indépendante Italie. Le journal grec *Hélios,* rappelant que la Sicile a fait partie des Colonies grecques, demande à ses compatriotes des secours d'hommes et d'argent. »

Le numéro du 18 août, à l'article télégraphie privée, contient également ce qui suit :

« Caratassa a réuni deux mille volontaires grecs pour Garibaldi. »   HAVAS-BULLIER.

---

1. Voyez la note R.

Note T.

« Au xviiie siècle, dit M. Henri Martin, dans une descente que
tentèrent les Anglais sur les côtes de Bretagne, un corps de mi-
liciens bas-bretons et un régiment gallois se reconnurent pour
frères, à la vieille mélodie qu'ils entonnèrent de part et d'autre,
en marchant au combat [1]. »

C'était la seconde fois qu'un semblable fait se présentait dans
les annales de la Gaule. Le premier eut lieu lorsque Marius détruisit près d'Aix, en Provence, les Ambro-Cimbro-Teutons.
Voici le récit tel que le donne M. Henri Martin :

« La position de Marius, dit-il, était très-forte, mais privée
d'eau. Les soldats, haletants, sous un ciel de feu, se plaignirent
de la soif. « Voilà l'eau ! » leur dit-il en leur montrant le Cœnus
bordé d'ennemis, « voilà l'eau ; mais il faut l'acheter avec du
« sang ! » Les valets d'armée, la cruche d'une main, la hache
ou la lance de l'autre, se précipitèrent en foule vers la rivière.
Les Ambrons, dispersés, prenaient tranquillement leur repas au
bord du Cœnus, ou se baignaient dans la rivière et dans les
« sources chaudes » du voisinage. Ils coururent aux armes, et
on les vit bientôt redescendre dans la rivière en bon ordre, frappant leurs armes en cadence, bondissant en mesure et faisant
retentir l'air de leur cri de guerre : Ambra ! ambra ! Ils furent
tout à coup frappés de surprise en entendant le même cri leur
répondre des rangs opposés. C'étaient des Gallo-Italiens au service de Rome, issus d'anciennes tribus ombriennes [2] refoulées
jadis en Ligurie par les Étrusques. Ces frères d'origine se re-
trouvaient ainsi après neuf siècles de séparation ! Ils ne se rencontrèrent que pour s'entr'égorger.

« Les Ambrons-Romains, rejoints par les légions descendues au
pas de course, culbutèrent les Ambrons-Barbares dans le lit étroit
et profond du Cœnus, qui fut comblé de cadavres. »

Dans une brochure publiée en 1844 sur cet événement et intitulée : *Notice sur les lieux de Provence où les Cimbres, les Ambrons
et les Teutons ont été vaincus par Marius* [3], on lit ce qui suit :

1. On doute de l'antiquité des poëmes d'Ossian ; mais pourquoi ces poëmes ne
se seraient-ils pas aussi bien conservés à travers les âges que cette vieille mélodie
conservée à la fois par les Bretons et les Gallois, malgré treize siècles de séparation ? Ceci ne suffirait-il pas pour justifier de l'antiquité et de l'authenticité
d'Ossian ?

2. Ambronnes.

3. Voici le titre exact de la brochure dont nous venons d'extraire le passage ci-
dessus :

Notice sur les lieux de Provence où les Cimbres, les Ambrons et les Teutons

« Un des noms des peuples du nord qui ont été défaits par Marius s'est perpétué, en Provence, d'une manière assez singulière. Les paysans des environs d'Aix disent quelquefois à leurs bêtes de charge, pour les exciter à marcher très-vite : *Ambrons! ambrons!* Ils ne comprennent pas ce mot qu'ils prononcent. Peyresc, dans une lettre à Gassendi, remarque qu'ils le répètent machinalement parce qu'ils l'ont entendu prononcer à leurs pères, et ainsi remontant jusqu'au temps des batailles livrées par Marius aux peuples du nord, que cela se rapporte à ce que dit Plutarque, que ces peuples s'excitaient à charger l'ennemi et à faire une marche précipitée par ces mots : *Ambrons, ambrons,* qui étaient le nom d'une de ces nations que vainquit Marius. »

Note U.

M. Henri Martin admet également cette identité que nous combattons; page 3 de la nouvelle édition, tome Ier de son *Histoire de France*, il dit :

« La race des Gaels apparaît à l'origine de l'histoire, divisée en un grand nombre de peuplades indépendantes, mais agglomérées en plusieurs groupes par des liens fédératifs. Un de ces groupes acquit une telle importance dans la Gaule primitive, que son nom a été souvent attribué à la race gauloise tout entière : c'était la grande confédération des Celtes. »

Puis il ajoute en note : « ou plutôt Keltes, hommes des forêts du Gaëlique koilte (coelte) forêt. Les Grecs, qui connurent ces tribus méridionales avant les autres Gaels, appelèrent Keltes (Κελτοι) tous les Gaulois [1]. L'usage s'est conservé de qualifier de langue celtique tous les dialectes gaulois encore subsistants, à savoir : le breton, le gallois, l'écossais et l'irlandais. »

Voir, à propos du mot Koilte (Coelte) ou Kelte, ce que nous avons dit à la note V bis qui suit.

ont été vaincus par Marius, dans le IIe siècle (avant J.-C.); sur les monuments, les noms des villes et des cantons qui conservent la mémoire de ces peuples et du séjour que Marius a fait dans la même province, soit pour les attendre, soit pour les combattre; enfin sur le séjour et la domination des Goths en Provence dans les Ve et VIe siècles; par M. Fauris de Saint-Vincens. Paris, imp. de Sajou, 1814; in-8° de 21 pages.

(Extrait du *Magasin encyclopédique*, numéro d'août 1814. Les mots (avant J.-C.) sont écrits à la main sur le titre; l'auteur dit avoir écrit ce mémoire sur la demande qui lui en a été faite par la Société savante de Copenhague nommée le Comité royal pour la conservation des antiquités.)

1. Nous croyons en effet qu'on peut tout aussi bien avoir donné aux Belges ou Welches le nom de Keltes, qu'on a donné à ces derniers le nom de Welches ou Gaulois, quoique, nous le répétons, il fût celui des Belges.

Note V.

Viennent à la suite des Celtes, d'après M. Élias Regnault :

1° Des conquérants africains, qu'il nomme Fomoriens et qu'il suppose Phéniciens ou Carthaginois ;

2° Des colons espagnols, d'origine soit ibérienne, soit carthagino-espagnole, qui se seraient fixés sur le Shannon ;

3° Une tribu puissante, nommée la tribu des Magnates, établie aussi sur le Shannon, et dont il ne peut indiquer l'origine ;

4° Une autre tribu, celle des Éblaniens, fondatrice de Deblana (Dublin), dont il ignore également l'origine ;

5° Enfin les Belges, dont il parle dans les termes suivants :

« A une époque qu'on ne saurait déterminer, mais, selon toute probabilité, bien des siècles après les premiers établissement des Phéniciens, des tribus de race teutonique, les Fir-Bolgs ou Belges, débarquèrent sur la rive sud-est de l'Irlande, et s'établirent dans les régions qui portent aujourd'hui les noms de comtés de Wicklow et de Wexford. Il est à croire que leur domination s'étendit beaucoup plus loin, car, selon les traditions, ils divisèrent toute l'île en cinq provinces, et y établirent l'autorité royale. Les cinq fils de Déla, qui avaient conduit l'invasion, se partagèrent le royaume suivant cette division, et placèrent un bloc de pierre au centre de l'île, à l'endroit où se rencontraient leurs cinq principautés. »

Doit-on encore être surpris qu'en Irlande, Gael, Wael, Welch ou Belge y soit synonyme d'étranger ; assurément non. Mais ce qui surprend, c'est que les yeux d'hommes judicieux et aussi éminemment distingués que MM. Augustin et Amédée Thierry, Henri Martin et autres, n'aient pas été frappés d'une chose aussi simple et aussi élémentaire.

Note V bis.

De ce qu'en Irlande Koiltes ou Celtes, Kaoiltiches ou Celtaches, signifient habitants des bois, MM. Amédée Thierry, Henri Martin et Abel Hugo, en concluent qu'il a dû en être de même dans la Gaule ou Celtique ; c'est une grande erreur. Nous avons raconté, page 48, comment cela avait pu se faire en Irlande, mais ce n'est pas une raison pour que partout le mot Celte ait eu la même synonymie.

Nous avons dit page 49 de cet ouvrage, d'après Chauchard et Müntz, en parlant des Écossais du nord : « Les habitants de cette partie de l'Écosse, appelés par les Anglais montagnards, se nomment eux-mêmes Gaels ou Caels (c'est-à-dire Gaulois), et ils nomment leur pays Gaeldoche, d'où est venu probablement le nom de Caledonia. »

Schœl dit aussi que Calédonien signifie Gaulois des montagnes (de *Gael* Gaulois et *don* montagne).

Faudrait-il en conclure de là aussi, que de ce que dans cette contrée *Caledonien* ou *Gaeldonien* signifie *montagnard*, Gael doit partout avoir la même signification. Gael et Gaulois, ainsi que nous le démontrons et prouvons page 50, ne sont que des variantes du mot belge qui signifie guerrier. Donc Gael et Gaulois signifient guerrier.

Si en Écosse ce mot a une autre signification, cela tient à la position géographique des Gaels dans cette contrée; il en est de même en Irlande pour les Celtes, mais cela ne signifie nullement que leur nom dans la Celtique a dû signifier *habitant des bois*.

La signification primitive du mot Celte est encore à trouver.

Ce que nous supposons qui a dû arriver en Irlande lors de l'arrivée des Gaels, Welshes ou Belges, s'est reproduit depuis dans le même pays, sous le règne d'Élisabeth; nous lisons dans l'*Histoire criminelle du gouvernement anglais*, d'Élias Regnault, qui dit page 22, d'après Gustave de Beaumont et Leland :

« Les anciens habitants du sol, dépossédés de leurs domaines, ne trouvèrent d'asile qu'au fond des forêts les plus sauvages, et sur la pente inculte des montagnes d'Irlande. »

Qu'y a-t-il d'extraordinaire qu'à la suite d'un semblable événement leur nom soit devenu synonyme d'*habitants des montagnes boisées*; la même chose s'est-elle produite dans la Celtique, pour que ce nom y ait la même synonymie?

A propos de ce que nous avons dit que les montagnes étaient les gardiennes de la liberté, nous trouvons la même pensée dans l'*Histoire d'Espagne*, de Paquis, qui dit tome 1er, page 5 :

« Les montagnes ont été *toujours et partout* les asiles de l'indépendance. Celles de Galles, de l'Écosse, de la Suisse, de la Calabre, des Asturies et de la Grèce, sont renommées dans l'histoire comme le refuge ou le berceau de la liberté nationale. »

Note X.

On serait tenté et même autorisé de croire, en voyant le nom de Gothland donné à la partie la plus méridionale de la Suède, que le nom d'île de Gottland donné à une petite île voisine doit avoir la même signification; il n'en est rien pourtant : *Goth* est le

nom d'un peuple, et *Gott* ou *God* le nom dont les races gothiques
se servent pour désigner Dieu. De sorte que *Gothland* signifie,
comme nous l'avons dit, terre des Goths ou pays des Goths,
tandis que *Gottland* signifie *Dieu-terre*, terre de Dieu, pays de
Dieu. La composition du nom de cette île nous paraît assez cu-
rieuse pour être rapportée ici. Voici ce que nous lisons à ce sujet
dans un livre intitulé : *Voyage dans la presqu'île de Scandinavie e
au cap Nord*, par le baron Prosper Sibuet; Paris, 1848, tome Ier,
page 124 :

« La composition du nom de cette île, dit M. Prosper Sibuet,
formée de deux mots germaniques *gott*, Dieu, et *land*, pays, a
donné naissance à une légende qui ne manque pas de charme et
de naïveté. Suivant cette tradition, Dieu, après avoir créé le
monde, se promenant dans le ciel pour admirer son œuvre,
eut l'idée d'employer un reste de limon qu'il avait entre les
mains et de faire en petit le modèle de la terre qu'il venait de
créer. Le hasard voulut qu'il fût alors au-dessus de la mer
Baltique, sur laquelle il jeta son petit univers.

« La douceur du climat de Gottland, ajoute M. Sibuet, la fé-
condité de son sol, riche en productions de toutes sortes, justi-
fient le nom de *pays de Dieu* qui lui fut donné, et expliquent
l'origine de cette légende [1]. »

Note Y.

M. H. Martin dit, à propos du mot Gael : « M. Amédée Thierry
écrit Gall; nous préférons Gâls ou Gaels, d'après sa propre observation que le redoublement de l introduit par les latins est
contraire à la prononciation gaélique » (*Histoire des Gaulois*, t. Ier,
introduction, page cxxxi, 3e édition, 1844). « Gael, observe
M. Henri Martin, est ce qui paraît le plus rapproché de la vraie
prononciation; c'est le nom que se donnent encore aujourd'hui
les montagnards écossais et les Irlandais : Gall ou C'hall signifie
au contraire étranger, dans les différents dialectes celtiques. »

Observation. Nous trouvons étrange que ces deux derniers
mots, Gall et C'hall, soient synonymes d'étranger, tandis que
Gaël, qui n'est qu'une variante de ces deux appellations, se
trouve être au contraire un nom national. Il y a pourtant une
raison pour laquelle on pourrait admettre cette singulière bizar-
rerie, c'est que comme suivant nous, ce qui du reste ne ferait
que confirmer notre opinion, que les Gaels doivent être distin-

1. Voir, pour plus de détails, l'article de M. Billecocq, *Journal des Débats* du
18 décembre 1855. Voyez aussi la note z pour le mot *Land*

gués des Celtes ou Keltes, prononcé Gael par ceux qui le portaient, ce nom est resté national pour les envahisseurs; mais,
mal prononcé par le peuple envahi, il a pu sous cette forme nouvelle signifier étranger, tout en n'étant qu'une variante du même
mot. Puis, les deux peuples s'étant fondus, leurs croyances se
sont fondues aussi, et des erreurs s'en sont suivies, comme nous
en avons, d'après Voltaire, un exemple à citer pour la France.
En effet, Voltaire a dit :

« Je viens de lire un auteur qui commence par ces mots : *les
Francs dont nous descendons...* Hé! mon ami, qui vous a dit que
vous descendiez d'un Franc en droite ligne? »

Dans un autre passage il dit encore :

« Nous n'avons pas une seule famille en France qui puisse
fournir, je ne dis pas une preuve, mais la moindre vraisem-
blance qu'elle ait eu un Franc pour son origine. »

Si un écrivain a pu écrire ce passage réfuté par Voltaire, peut-
on contester que les croyances et traditions des Gaels et des
Irlandais ou Keltes n'aient pu se confondre également? Nous pensons cependant qu'il serait bon de s'assurer si ce n'est pas plutôt dans telle contrée que dans telle autre de l'Irlande et de l'É-
cosse que le mot Gall signifie étranger; on aurait peut-être ainsi
e moyen de se rendre compte si les deux peuples se sont fondus
ou s'ils sont encore séparés par une limite ou dénomination territoriale quelconque.

NOTE Z.

Dans les langues gothiques, ainsi que nous l'avons dit page 48,
land signifie *terre* ou *pays*. On dit Grœn-land, verte terre ou
terre verte, pays vert, et on nomme les habitants Grœnlandais,
autrement Terrevertais, on dit aussi Finlande ou mieux Finn-
land, c'est-à-dire finn-terre, terre des Finns ou Finnois, et on
nomme les habitants Finnois ou Finlandais. En celto-gaulois,
tachd signifie également terre ; de sorte qu'on dit Gall-Tachd,
c'est-à-dire galls-terre ou terre des Galls par extension ; on
nomme ensuite les habitants *Galtachs*, comme on nomme les
habitants du Grœnland, *Grœnlandais*, et les Finns ou Finnois,
Finlandais.

NOTE AA.

M. H. Martin donne ici Gwyddelod comme synonyme de Gaël;
il nous semble qu'il eût été préférable de dire que ce mot signifie gwyddonien, gwyddien, wyddien, guidien, c'est-à-dire *celui*

qui suit le culte du Gui, que M. Henri Martin écrit, d'après le kimrique, gwydd ou wydd (la plante par excellence), de sorte que, suivant notre opinion, il faudrait dire gwyddonien ou guidien, comme on dit chrétien pour désigner *celui qui suit le culte du Christ*. Gwyddelod n'est pas une dénomination nationale, mais une dénomination religieuse.

En effet, M. H. Martin parle d'un réformateur religieux qu'il nomme Gwyddon, et par contraction Gwyon, qu'il dit père (sous-entendu père symbolique, père religieux) des Gaulois, sur lequel, après avoir parlé de différents dieux des Gaulois, et notamment de Belen, qu'il suppose le même que le Bel ou Baal des Chaldéens et Phéniciens, et l'Hélios ou Apollon des Grecs, il s'exprime en ces termes :

« Cette figure éclatante (Bel ou Belen) n'est pourtant pas encore le vrai génie de la Gaule. Quoique les prêtres gaulois s'appellent *beleks*, en l'honneur de Bel [1], d'une part, ils ont un autre nom d'un sens plus étendu et plus élevé, le nom de DRUIDES; de l'autre part, César place avec raison, dans l'Olympe gallique, au-dessus d'*Apollon*, une divinité qu'il appelle *Mercure*, d'après l'habitude des anciens de chercher toujours des analogies entre les dieux et leurs dieux étrangers [2]. Ce *Mercure* n'est pas celui de la tradition vulgaire et dégénérée, mais bien celui de l'Égypte et des mystères d'Éleusis, et il est associé dans les rites gaulois, ce que César ignore, à une grande déité féminine que César nomme Minerve, et qui répond à Minerve, à la grande Diane d'Asie, à Cérès, à Proserpine, à Amphitrite tout ensemble. »

M. Henri Martin en parle en ces termes :

« Koridwen (la *fée blanche*), celle qui retient toute science dans la nuit première, a mis les six plantes efficaces dans la chaudière d'airain, entourée des perles de la mer [3]. Le nain (*Korrig*), le voyant (*Gwyon*) [4] est auprès, veillant sur le vase et mêlant le breuvage. Trois gouttes bouillantes rejaillissent sur sa main; il porte son doigt à ses lèvres; à l'instant même la science universelle se

---

1. Auson. *Profess.* IV; La Villemarqué, *Barzaz-Breiz*, t. Iᵉʳ, p. 23. Ce nom était tellement passé dans les habitudes, que les Bretons le donnent encore aux prêtres catholiques.   Henri MARTIN.

2. « Les Gaulois, dit César (IV, 17), reconnaissent Mercure, Apollon, Jupiter, Mars et Minerve. » Cet ordre n'est exact que pour la Minerve gauloise, dont César n'a pas connu l'importance.   Henri MARTIN.

Observation. Au lieu de : « entre les dieux et leurs dieux étrangers, » ne faudrait-il pas « entre leurs dieux et les dieux étrangers? » N'y a-t-il pas là une erreur typographique? (Voir pages 54-55, t. Iᵉʳ, Henri Martin, 1848.)

3. Les six plantes sont : le selage, ou herbe d'or, la jusquiame, le samalux, la verveine et le trèfle. (La Villemarqué, *Barzaz-Breiz*, t. Iᵉʳ, p. 19.)

4. Gwyon, contraction de Gwyddon, comme Gaël de Gadhol. Henri MARTIN.

dévoile en lui. Koridwen, irritée, s'élance pour l'anéantir. Il fuit
poursuivi par elle d'une course effrénée, et tous deux prennent
tour à tour mille formes diverses, l'un pour échapper, l'autre pour
atteindre. Enfin Gwyon s'étant changé en grain de blé, la déesse,
changée en poule noire, le saisit et l'avale. Elle conçoit aussitôt,
et, après neuf mois, met au monde un enfant merveilleux qui
reçoit le nom de Taliésin, c'est-à-dire *front rayonnant*. Taliésin,
incarnation de Gwyon, est la personnification de la science humaine, et spécialement de la grande organisation religieuse poé-
tique et scientifique dont nous parlerons tout à l'heure : c'est le
DRUIDISME fait homme.

« Ce symbole, profond et enfantin à la fois, qui recèle la lutte
de la nature et de l'esprit, ajoute M. H. Martin, semblerait avoir
été le fond de mystères célébrés par les Gaulois depuis une époque très-antique, et qui ne devaient pas disparaître avant la fin
du moyen âge [1]. Les anciens n'ont pas méconnu l'étroite parenté
de ces mystères avec ceux de Samothrace, où se retrouve presque exactement le même symbole. Gwyon est le Gigon des Phéniciens, le Casmil pélasgique ; Koridwen est la grande déesse
des rites cabiriques de Thrace et de Phrygie. Un indice très-
positif, c'est que les noms des cabires, ces génies cosmiques do
l'Asie occidentale, se retrouvent à peine altérés dans les traditions irlandaises, etc. »

Voici bien la signification de Gwyddelod prouvée comme nom
religieux, mais sa synonymie et son rapprochement avec Gaël
comme nom national, où sont-ils ?

Si Gwyon est le Gigon des Phéniciens, si Gwyddelod vient
de Gwyon et signifie Gael, Gael viendrait donc de Gigon ?

P. V.

Note BB.

Des erreurs de ce genre, une fois accréditées, il semble que
rien ne peut les détruire, surtout lorsque celui qui les a propa-
gées semble présenter une grande autorité. Elles vont se répétant
de siècle en siècle comme un bruit va se répercutant d'écho en
écho dans les profondeurs d'une vallée, pour aller se perdre et
mourir on ne sait où.

Note CC.

Remplacée page 437 par *Encore un mot sur les Belges ou Gaulois.*

---

1. Il en est resté des vestiges dans le pays de Galles jusqu'au xve siècle. Des
feux perpétuels étaient entretenus dans les sanctuaires de Koridwen.   H. M.

LES 'ANGLO-AMÉRICAINS.

Note pour la page 76.

De même que les Slaves ont foi dans leur race, comme nous l'avons fait remarquer aux notes M et N, les Anglo-Américains ont aussi foi dans leur avenir, comme on pourra le remarquer dans les lignes qui vont suivre.

On lit dans *le Siècle* du 16 juillet 1860 :

« Le grand événement de la semaine, c'est l'arrivée à New-York, jeudi dernier, du *Grand oriental (Great eastern)*, après une traversée de onze jours et quelques heures. L'entrée dans la magnifique rade de notre ville de ce géant des mers a été saluée par les acclamations enthousiastes d'un immense concours de spectateurs, anxieux de contempler cette merveille de l'architecture navale. Les Américains, pour employer leur expression, recherchent avec avidité *l'excitement*, mais dans cette circonstance ils ne cédaient pas seulement à ce besoin maladif d'émotion fiévreuse qui les possède.

« La race anglo-américaine a une sorte de conviction instinctive qu'elle est appelée à jouer un rôle commercial et maritime dont il est impossible aujourd'hui de prévoir l'importance ni l'étendue. Le succès du *Grand oriental*, ce colosse qui peut contenir dans ses flancs tout un monde de passagers et de marchandises, leur apparaît comme une garantie nouvelle de la réalisation de la glorieuse destinée *qui attend* la république des État-Unis. »

Ajoutons en confirmation de ceci, que Mme Beecher Stowe, dans *la Case de l'Oncle Tom*, place dans la bouche d'un améririicain d'origine française, Saint-Clair, les paroles suivantes :

« The anglo-saxon is the dominant race of the World and *is to be so* [1], »

Dont voici la traduction :

« Les anglo-saxons doivent dominer le monde et *cela sera* [2]. »

Note CC bis.

Monsieur le marquis d'Hervey Saint-Denis dit en parlant de la population de la Chine :

« La statistique la porte au chiffre à peine croyable de

---

1. Page 201, édit. Baudry, ch. xxiii, in-12, 1853. Les quatre derniers mots son soulignés dans l'original anglo-américain.

2. *Cabane de l'oncle Tom*, traduction d'Alfrod Michiels. — Paris, 1853, page 297 n°18,

360,279,797 individus pour les seules provinces composant la Chine propre, non compris la Mantchourie et les possessions coloniales, d'où il suit que la population totale de l'empire ne peut être évaluée à beaucoup moins de 400 millions d'habitants. Si étranges que puissent paraître ces données, elles résultent de documents si positifs, et les recensements se pratiquent à la Chine avec tant d'exactitude, qu'on est bien forcé de les admettre. Chaque chef de famille est tenu d'inscrire sur une tablette, outre ses nom, surnom et âge, ceux de toutes les personnes qui composent sa maison, y compris ses employés et serviteurs. Deux fois par an ces tablettes sont vérifiées par un agent de la préfecture, indépendamment de la surveillance exercée par les chefs de la commune, puis elles sont transcrites sur des registres spéciaux, dressés en triple expédition. Les registres sont clos, arrêtés et timbrés, le dixième mois de chaque année, par le chef du district, fonctionnaire qui correspond à nos sous-préfets. L'un des triples reste déposé dans les archives; l'autre est destiné à celles du département, le troisième à celles de la province. Avec ces tableaux partiels, le gouverneur fait dresser un tableau d'ensemble, qu'il expédie au ministre des finances, également chaque année. Rien de plus simple, on le voit, et en même temps de plus authentique. J'ajoute que dans aucun pays du monde les recensements ne s'opèrent aussi fréquemment non plus qu'avec autant de détails, puisqu'ils sont nominatifs. Des peines sévères ont pour objet de prévenir toute altération des registres. Comme ceux de notre état civil, ces registres sont ouverts à tout le monde. Chacun peut en prendre communication et en demander des extraits.

« Pour quiconque connaît la Chine, le chiffre que je viens d'indiquer n'a rien qui puisse surprendre. Le mouvement de l'émigration, la nature des cultures, tout, jusqu'aux étranges conditions d'existence d'une partie des classes inférieures, témoigne d'une sorte de pléthore, inconnue dans les contrées les plus populeuses de notre continent.

« Dans le royaume de Siam on compte près de 2 millions de Chinois. Ils encombrent toutes les îles de l'archipel des Indes. A Java, ils sont près de 40,000: autant en Californie. Une multitude prend la route de l'Australie, des Philippines, des îles Sandwich, même de la Havane. A Singapore, les seuls arrivages présentent un mouvement annuel de près de 40,000 émigrants. La Chine semble éclater dans ses frontières. Elle envoie ses colons jusque sur le sol américain, en les égrenant en chemin sur toute la surface du Pacifique.

« A l'intérieur, nous retrouvons dans la nature des cultures,

dans le soin particulier avec lequel les moindres parcelles de
terre sont utilisées, les traces incessantes de cette même exu-
bérance de la race chinoise. Sur plusieurs points de la France,
les terres se reposent encore de deux années l'une; de vastes
terrains demeurent en friche; les campagnes sont entrecoupées
de bois, de prairies, de vignobles, de parcs, de maisons de plaisance. Il n'en est pas de même à la Chine. La doctrine même
des anciens sur la piété filiale n'a pu sauver les sépultures. Les
petites surgissent et disparaissent dans les champs d'une géné-
ration à l'autre; la superstition a aidé la politique à reléguer
peu à peu celle des grands et des riches dans les montagnes ou
dans les endroits stériles fermés à l'agriculture. Déjà au ve siècle
avant notre ère, le célèbre Koung-Tseu s'en était préoccupé.
Bien que ce sol soit épuisé par trente-cinq siècles de moissons,
il faut qu'il produise toujours, à tout prix, partout et quand
même, pour fournir au pressant besoin d'un peuple innom-
brable.

« Et malgré ce travail persévérant, minutieux, qui étonnerait
les Européens, malgré la prévoyance du gouvernement qui inter-
vient partout en Chine et à plus forte raison dans les questions
d'alimentation, tout au plus réussit-on à éviter les disettes.
L'imagination a peine à concevoir le tableau que nous font les
auteurs chinois de la mortalité dans les années de misère. Les
routes, les fossés, les champs sont alors semés d'agonisants et
de cadavres. La mort est en proportion de la vitalité. Elle paraît
toute simple, elle n'effraye ni ne répugne. Même dans les années
d'abondance, les chiens, les ânes, les rats eux-mêmes sont des
aliments d'un usage ordinaire. Un dixième de la population ne
vit que de poisson. Aussi la pêche y a-t-elle pris une extension
sans exemple ailleurs. Pas un endroit qui ne soit employé, pas
un filet d'eau qui ne soit mis à profit, ensemencé et cultivé pour
ainsi dire chaque année, au moyen du frai que des marchands
font éclore et colportent au printemps dans les campagnes. C'est
une activité sans nom, l'activité de tout un peuple refoulé sur
lui-même, qui lutte corps à corps avec les nécessités de la vie.

« L'immense population que j'appellerai la population *fluviale*
de la Chine, cette population amphibie qui habite les rivières
dans des bateaux de toute sorte, qui y naît, y vit et y meurt,
prouverait à elle seule combien le sol est insuffisant.

« Dans la ville de Canton, on l'estime à 30,000 âmes. Elle exerce
toutes les industries, tous les métiers. Là se trouvent des théâtres,
des salles de concerts, des maisons de jeux, approvisionnés par
une autre flottille de marchands ambulants; un monde d'habitations flottantes, depuis les constructions massives qui rappellent

l'arche de Noé, jusqu'au fragile assemblage qui sert d'asile au lépreux solitaire. Rien ne peut donner une idée de cette ville aquatique, plus peuplée et aussi vivante que Marseille. Et ce n'est pas tout, sur plusieurs lacs de la Chine, il existe des îles artificielles, d'immenses radeaux sur lesquels on a transporté des terres, construit des maisons, planté des jardins, et où de pauvres familles cultivent, entre le ciel et l'eau, le champ mobile qui les nourrit. »

Dans un autre partie de son ouvrage sur la Chine, M. le marquis d'Hervey-Saint-Denis dit encore :

« On refuse aux Chinois tout esprit militaire; ce n'est ni mon avis, ni celui des officiers qui les ont vus à l'œuvre, ni celui d'un Orientaliste célèbre que je demande encore à citer : je ne veux pas vanter, dit M. Abel Rémusat, leur discipline, leur stratégie tant admirée par les PP. de la Compagnie de Jésus, et célébrée aussi, ce qui est un peu plus concluant, par plusieurs officiers, partisans zélés de la tactique prussienne; mais on les a déclarés impropres à la guerre, parce qu'ils avaient été deux fois subjugués par les Tartares. Or, quel est le peuple qui n'a pas quelques taches de ce genre dans ses annales? La première fois que la Chine fut conquise, ce fut par les généraux et les enfants de Tchinggis-Khan, dont les armées faisaient trembler l'ancien monde, depuis la Corée jusqu'aux bords de l'Oder. La seconde fois la Chine était en révolution ; un rebelle s'était soulevé contre son souverain et l'avait réduit à se donner la mort. Dans une pareille situation, quelle nation oserait répondre de conserver son indépendance? et cependant quelle résistance heroïque ne fut pas opposée aux Tartares! Quels combats n'eurent-ils pas à livrer pour devenir maîtres de toute la Chine! D'ailleurs, qu'on y prenne garde, les Chinois ont été conquis, et ce sont les Mandchous qui ont été subjugués. Les Chinois sont restés, en nombre égal, maîtres de toutes les places de l'administration civile. Leurs vainqueurs n'ont gardé pour eux que les places de l'armée et le commandement des garnisons. A prendre bien les choses, les Tartares sont moins un peuple conquérant qu'une tribu auxiliaire qui a obtenu, par cent victoires, le privilége de venir monter la garde dans tout l'empire.

« L'histoire nous montre sans cesse les Chinois occupés, contre l'opinion commune, dans des guerres avec leurs voisins, les plus turbulents et les plus dangereux des ennemis. Nous les voyons s'agrandir aux dépens des peuples qui habitaient leurs frontières, jusqu'à ce que les déserts ou les montagnes opposent un obstacle insurmontable à l'extension de leur empire. A chaque instant, des expéditions lointaines vont, avec des succès divers, porter la

guerre dans l'Inde, au delà du Gange, dans le Thibet, la Corée,
au Japon, dans la Boukarie.

« Si les Chinois ont été deux fois soumis par les Tartares, quatre
fois au moins ils avaient soumis la Tartarie entière, cette Tartarie
d'où partaient les peuples qui ravageaient l'Europe. Ils offraient
leur appui aux Perses attaqués par les Arabes et abandonnés
par les Grecs de Byzance. Déjà, précédemment, ils étaient venus
en conquérants sur les bords de la mer Caspienne. Dans le premier siècle de notre ère, un général chinois, qui commandait
dans ces contrées, examina dans un conseil de guerre s'il convenait d'envoyer un de ses lieutenants soumettre l'empire romain.
Il renonça à ce projet par la crainte de fatiguer ses troupes, qui
avaient fait cependant plus des trois quarts du chemin. Ainsi,
tandis qu'Horace et Properce promettaient aux Césars la soumis-
sion du pays des Sères, les Sères marchaient effectivement contre
les Césars, et ne s'arrêtaient que fatigués de conquêtes à douze
cents lieues des frontières de la Chine [1]. »

Le marquis D'HERVEY-SAINT-DENIS.

PENSÉES SUR LES CHINOIS

TIRÉES DE L'OUVRAGE DE M. LE MARQUIS D'HERVEY-SAINT-DENIS,

* Le Chinois est énergique, il montre souvent le plus profond
mépris de la vie, surtout s'il se croit lésé et s'il veut se venger.

* Vindicatif au plus haut degré, le Chinois n'hésitera pas à se
pendre si sa mort peut compromettre un ennemi.

* Sous le rapport physique, le Chinois est d'une force peu
commune en même temps que d'une souplesse féline [2]. L'on a
souvent remarqué qu'il n'existe pas d'hommes mieux faits ni
plus vigoureux que les coolis ou portefaix de Canton. Le poids
que deux d'entre eux portent aisément sur leurs épaules, au
moyen d'un bambou, accablerait les Européens les plus robustes.
Leurs membres n'étant pas gênés par leurs vêtements acquièrent
un développement qui ferait l'admiration du statuaire. Comme
marins, on les a toujours trouvés à bord des navires anglais,
plus forts et plus utiles que les Lascars. [3] » Durant la dernière
campagne, les manœuvres chinois embarqués à bord de l'es-

1. Abel Rémusat, *Œuvres posthumes.*
2. Souplesse qui tient de celle du chat, du tigre, du lion.
3. Davis, *China.*

cadre française déplaçaient des poids énormes avec une facilité qui étonna tous les officiers de marine.

＊ Le Chinois manque complétement d'initiative, ce qui tient à son éducation première; il est extrêmement industrieux, d'une rare intelligence, et pousse l'esprit d'imitation jusqu'au genre costumes, usages, modes, procédés, tout chez lui se stéréotype et s'immobilise. Le plus habile est celui qui copie le mieux; ne demandant la science qu'à la tradition, cherchant toujours à connaître ce qu'on fait et non ce qu'on pourrait faire, il n'attend ses découvertes que du hasard et de la nécessité.

———

Remarquons ici que tout en disant que le Chinois manque d'initiative et attend tout du hasard, on ajoute cependant qu'il est imitateur; c'est justement là ce que nous voulons dire : aussi nous prétendons qu'il imitera l'Europe dans ses sciences, ses arts et son industrie.

———

CIRCULAIRE DE M. LE PRINCE GORTSCHAKOFF.

Nous empruntons au *Nord* la circulaire suivante du prince Gortschakoff aux légations de Russie à l'étranger.

« Saint-Pétersbourg, 20 mai.

« L'attention qu'ont excitée dans toute l'Europe les pourparlers dont la situation de l'Orient est en ce moment l'objet nous fait désirer de mettre à l'abri de toute erreur et de toute interprétation fausse ou exagérée la part que le cabinet impérial a prise et le but qu'il se propose dans cette question.

« Depuis plus d'un an les rapports officiels de nos agents en Turquie nous signalent la situation de plus en plus grave des provinces chrétiennes sous la domination de la Porte, et notamment de la Bosnie, de l'Herzégovine et de la Bulgarie.

« Cette situation ne date pas d'aujourd'hui; mais loin de s'améliorer comme on devait l'espérer, elle n'a fait qu'empirer durant les dernières années.

« Les sujets chrétiens de S. M. le Sultan avaient reçu avec confiance et gratitude des promesses positives de réformes, mais ils en sont encore à attendre la réalisation pratique d'un espoir que les actes solennels du Souverain et l'adhésion de l'Europe avaient revêtu d'une double consécration.

« Les passions et les haines, bien loin de s'apaiser, ont pris une nouvelle animosité; les actes de violence, les souffrances des po-

pulations, et, enfin, les événements accomplis à l'occident de
l'Europe, et qui ont retenti dans tout l'Orient comme un encouragement et une espérance, ont achevé d'y porter l'agitation.

« Il est évident qu'une pareille situation ne peut se prolonger
sans péril pour l'empire ottoman et la paix générale.

« Dans cette conviction, après avoir, d'une part, inutilement
cherché à éclairer le gouvernement turc sur la gravité de cet
état de choses, en lui communiquant successivement toutes les
informations qui nous signalaient les abus commis par les autorités locales; après avoir, d'autre part, épuisé auprès des chrétiens tous les moyens de persuasion dont nous pouvions disposer
afin de les exhorter à la patience, nous nous sommes franchement et loyalement ouverts aux cabinets des grandes puissances
de l'Europe. Nous leur avons exposé la situation telle qu'elle
résulte des rapports de nos agents; l'imminence d'une crise,
notre conviction que des représentations isolées, de stériles
promesses ou des palliatifs ne suffiraient plus pour la prévenir,
et enfin la nécessité d'une entente entre des grandes puissances
entre elles et avec la Porte pour aviser de concert aux mesures
qui seules peuvent mettre un terme à cette situation dangereuse.

« Nous n'avons pas fait de propositions absolues sur la marche
à suivre; nous nous sommes borné à signaler l'urgence et à
indiquer le but.

« Quant à la première, nous n'avons pas caché qu'elle ne nous
paraît admettre aucun doute ni comporter aucun délai.

« Quant au second, il nous a semblé présenter deux phases
distinctes.

« Avant tout, une enquête locale, immédiate, avec la participation de délégués européens, afin de vérifier la réalité des
faits.

« Ensuite un concert qu'il est réservé aux grandes puissances
d'établir entre elles et avec la Porte afin de l'engager à combiner
les mesures organiques nécessaires pour amener dans ses relations avec les populations chrétiennes de l'empire une améliora-
tion réelle, sérieuse et durable.

« Il ne s'agit donc nullement ici d'une ingérence blessante
pour la dignité de la Porte. Nous ne suspectons pas ses intentions. Elle est la première intéressée à sortir de la situation
présente.

« Qu'elle soit le résultat de l'aveuglement, de la tolérance ou
de la faiblesse, le concours de l'Europe ne peut qu'être utile à
la Porte, soit pour éclairer son jugement, soit pour fortifier son
action.

« Il ne saurait pas davantage être question d'une atteinte à ses droits, que nous désirons voir respectés, ni de provoquer des complications que notre vœu est de prévenir.

« L'entente que nous voudrions voir s'établir entre les grandes puissances et le gouvernement turc doit être pour les chrétiens la preuve que leur sort est pris en considération et qu'on s'occupe sérieusement de l'améliorer. En même temps elle doit être pour la Porte un gage certain quant aux intentions bien-veillantes des puissances qui ont placé la conservation de l'em-pire ottoman au nombre des conditions essentielles de l'équilibre européen.

« Ainsi, de part et d'autre on devrait y voir un motif, le gou-vernement turc, de confiance et de sécurité, les chrétiens, de patience et d'espoir.

« De son côté, après l'expérience acquise, l'Europe ne saurait, à notre avis, trouver ailleurs que dans cette action morale les garanties que réclame une question de premier ordre, à la-quelle son repos est indissolublement lié et où les intérêts de l'humanité se confondent avec ceux de la politique.

« Notre auguste maître n'a jamais désavoué la vive sympathie que lui inspirent les premiers. Sa Majesté ne veut pas accepter pour sa conscience le reproche d'avoir gardé le silence en face de pareilles souffrances, alors que tant de voix se sont élevées ailleurs dans des conditions bien moins impérieuses.

« Nous sommes, du reste, profondément convaincu que cet ordre d'idées est inséparable de l'intérêt politique qui s'attache pour la Russie, comme pour toutes les puissances, au maintien de l'empire ottoman.

« Nous aimons à croire que ces vues sont partagées par tous les cabinets. Mais nous avons aussi la conviction que le temps des illusions est passé et que toute hésitation, tout ajournement, au-raient de graves conséquences.

« En concourant de tous nos efforts à placer le gouvernement ottoman dans une voie qui puisse conjurer ces éventualités, nous croyons lui donner un témoignage de sollicitude en même temps que nous remplissons un devoir d'humanité.

« En conviant les grandes puissances à s'associer à nous dans ce but, nous croyons écarter toute possibilité de vues ou d'ingé-rence exclusive.

« Tel est le but des ouvertures que nous venons d'adresser aux cours de Berlin, de Londres, de Paris et de Vienne. Quel qu'en doive être le résultat, il nous importe que la pensée qui y a présidé soit bien comprise.

« C'est pourquoi vous êtes autorisé, d'ordre de S. M. l'Empe-

reur, à donner lecture de la présente dépêche à M. le ministre
des affaires étrangères.

« Recevez, etc.   Signé : GORTSCHAKOFF.»

Peut-être pourrait-on faire beaucoup d'observations sur cette
circulaire, nous nous contenterons seulement de dire que les
événements de Syrie démontrent suffisamment que ce n'était pas
dans la Bosnie, la Hertzégovine et la Bulgarie que la situation
était le plus grave. Cependant la Syrie n'y est pas même nommée.

NOTE DD.

Le désert même, que l'on a cru devoir demeurer improductif,
pourra être cultivé. Élie Berthet, dans la malédiction de Paris,
fait dire à l'homme civilisé :

« Dans les contrées où le sol sec et ingrat se refuse à la culture,
j'ai percé l'écorce terrestre avec une tige de fer et j'ai fait jaillir
devant moi des eaux abondantes tout étonnées de voir la lumière. . . . .

« Je féconderai le Sahara, je le couvrirai de bois verdoyants
et de courants d'eaux ; je joindrai par un canal la mer Rouge à
la Méditerranée, le Pacifique au grand Océan. Je renouvellerai
la face du monde. »

Nous trouvons encore comme épigraphe d'une brochure intitulée « Agriculture, » par M. de Moléon. Paris, Pankoucke, 1860,
la prophétie suivante de Guenc'hlen qui date du vi^e siècle :

> *Abarz ma vezo ar bed,*
> *falla douar ar gwella ed,*

dont voici la traduction :

« Avant que vienne la fin du monde, la plus mauvaise terr»
« produira le meilleur blé. »

Nous lisons dans le *Siècle* du 17 décembre 1858 :

« On a lu sans doute avec intérêt le rapport du commandant
Desvaux sur les forages artésiens pratiqués dans le Sahara de
la province de Constantine. C'est une croyance très-ancienne-
ment répandue en Orient, qu'un jour le désert sera fertilisé!
Isaïe le disait 759 avant Jésus-Christ : « Dans le désert jailliront
« des eaux, et des ruisseaux couleront dans la solitude. Le mi-
« rage deviendra un étang véritable; le sol aride fournira des
« sources : dans la tanière des chacals croîtront les herbes, les
« roseaux et les joncs. »

« On voit que cette prophétie commence à se réaliser au bout
de 2617 ans. »

Nous nous souvenons d'avoir lu un fragment de l'*Histoire de la guerre de la Péninsule*, par le général Foy, dans lequel il disait que depuis qu'on avait déboisé le sud de l'Espagne, les forêts n'y rassemblaient plus les nuages et que l'eau y manquait, que son aspect était désolé comme celui de l'Afrique[1].

Cette pensée qu'où le bois manque l'eau manque est pleinement confirmée par la réponse que nous fit un jour personnellement le savant M. Boitard, de trop regrettable mémoire, auquel nous faisions observer que l'eau manquait en Afrique et qui nous répondit vivement sans tergiverser : *mais elle y viendra, il n'y a qu'à y planter du bois en commençant sur la lisière du désert en empiétant peu à peu, et l'eau viendra.*

On nous dit qu'on a aujourd'hui des moyens faciles pour cultiver le sable en préparant ailleurs des gazons que l'on transporte et que l'on applique à la superficie. Les gazons doivent pendant un certain temps avoir besoin d'être entretenus frais, ce qui pourra se faire à l'aide des forages artésiens.

Il paraît du reste que l'eau ne manque pas en Afrique; elle y est au contraire très-abondante, mais il faut s'occuper de la trouver, car elle est dans certains endroits presqu'à la surface du sol ou à quelques pieds de profondeur. Lorsque les Arabes creusent des puits, on est obligé de tenir celui qui travaille avec une corde attachée à sa ceinture, car lorsqu'il donne le coup de pioche qui fait jaillir l'eau, elle vient avec une telle abondance et une telle force que si on ne le remontait instantanément, il serait asphyxié aussitôt.

On verra par le passage suivant, de M. de Lamartine, cité par le journal *le Siècle* du 29 juillet 1860, comment on peut tirer parti même des terres les plus rebelles à la culture.

« M. de Lamartine qui a, comme on sait, voyagé dans toute la Syrie, parle en ces termes des populations maronites, décimées moins peut-être par la férocité des Druses que par la perfidie de la politique musulmane :

« Les Maronites occupent les vallées les plus centrales et les chaînes les plus élevées du groupe principal du mont Liban, depuis les environs de Beyrouth jusqu'à Tripoli de Syrie. Les pentes de ces montagnes qui versent dans la mer sont fertiles, arrosées de fleuves nombreux et de cascades intarissables. Ils y récoltent la soie, l'huile, l'orge et le blé. Les hauteurs y sont presque inaccessibles et le rocher nu perce partout les flancs de ces montagnes. Mais l'infatigable activité de ce peuple, qui n'avait d'asile sûr pour sa religion que derrière ces pics et ces

---

1. Nous écrivons cette pensée de mémoire, nous n'en donnons que le sens.

précipices, a rendu le rocher même fertile; il a élevé d'étage en étage, jusqu'aux dernières crêtes, jusqu'aux neiges éternelles, des murs de terrasses formées avec des blocs de roches roulantes; sur ces terrasses il a porté le peu de terre végétale que les eaux entraînaient dans les ravins, il a pilé la pierre même pour rendre sa poussière féconde en la mêlant à ce peu de terre, et il a fait du Liban tout entier un jardin couvert de mûriers, de figuiers, d'oliviers et de céréales. Le voyageur ne peut revenir de son étonnement quand, après avoir gravi pendant des journées entières sur les parois à pic des montagnes, qui ne sont qu'un bloc de rocher, il trouve tout à coup dans les enfoncements d'une gorge élevée, ou sur le plateau d'une pyramide de montagnes, un beau village bâti de pierres blanches, peuplé d'une nombreuse et riche population, avec un château moresque au milieu, un monastère dans le lointain, un torrent qui roule son écume au pied du village, et tout autour un horizon de végétation et de verdure où les pins, les châtaigniers, les mûriers, ombragent la vigne ou les champs de maïs et de blé. Les villages sont suspendus quelquefois les uns sur les autres presque perpendiculairement; on peut jeter une pierre d'un village dans l'autre, on peut s'entendre avec la voix; et la déclivité de la montagne exige cependant tant de sinuosités et de détours pour y tracer le sentier de communication, qu'il faut une heure ou deux pour passer d'un hameau à l'autre. »

Puisque, comme le dit M. de Lamartine dans cet article, en pilant la pierre on la rend féconde, ne pourrait-on pas piler le sable pour lui donner plus de fertilité?

A propos de terres stériles, ayant eu récemment l'occasion de faire le voyage de Reims avec un jeune Champenois et de nous entretenir avec lui de la stérilité de certaines contrées de son pays, il nous disait que sous la terre crayeuse de la Champagne pouilleuse il s'en trouvait quelquefois de végétale et de très-bonne qualité. Sur l'observation que nous lui faisions qu'on devrait amener cette terre à la surface, il nous répondit que ce serait trop coûteux. Nous croyons cependant que lorsqu'on va bien au Pérou chercher du guano pour féconder la terre, on pourrait plus facilement, au contraire, retirer de son intérieur même une terre végétale qui rendrait féconde celle qui est à la surface; il nous semble que puisqu'on est bien parvenu à cultiver le roc même sur le rocher ou plutôt sur une montagne comme le Liban, on pourrait bien, puisqu'il ne s'agit que de travail, rendre pour toujours féconde une terre située au milieu de la France et jusqu'à ce moment rebelle à la culture. Lorsqu'on extrait bien la marne de l'intérieur de la terre, on peut bien en extraire la terre même.

Note EE.

Réunie à la note L.

Note FF.

Nous espérons qu'après l'exemple que nous donnons du rapprochement de l'anglais avec le français, on ne sera pas tenté de refuser aux anglais le titre d'anglo-gallo-latins que nous leur avons donné et qu'eux-mêmes ont le droit de prendre.

Peut-être dira-t-on : pour démontrer qu'il y a du français dans l'anglais, vous avez choisi une page toute française de leur dictionnaire ; nous répondrons qu'il est bien certain que pour démontrer qu'il y a du français dans l'anglais nous n'avons pas choisi une page d'allemand.

On trouvera la nomenclature des mots anglais que nous avons donnés pour exemples page 424 du nouveau *Dictionnaire français anglais et anglais français*, par Smith, in-32, Paris, Hingray, 1859.

Quant à la traduction, comme elle était pour certains mots trop développée dans cet ouvrage et qu'à cause de la nécessité de placer chaque mot en regard l'un de l'autre sur trois colonnes il ne nous fallait, par conséquent, qu'un mot correspondant à l'autre, nous l'avons prise page 76 du *Dictionnaire français anglais et anglais français* de Tibbins, in-32, édition diamant, Paris, Baudry, 1834. L'allemand a été pris dans le *English German and German English pocket dictionary by Oelschlager*, in-18, 1858, Francfort-sur-Mein, Joseph Baer.

Nota. Cet ouvrage ne nous a pas donné la traduction de tous les mots ; nous avons dû laisser quelques lacunes que nous n'avons pas cru nécessaire de combler, pensant que ce que nous donnions suffisait pour se rendre compte qu'il y a au moins autant de français que d'allemand dans l'anglais.

Note GG.

Acte de navigation [1] *publié par Cromwell en 1652, et confirmé par un édit de Charles II, en 1661.*

Article 1er, A commencer du premier jour de décembre 1660,

---

1. On est convenu d'appeler cet acte le *palladium*, ou le dieu tutélaire de l'Angleterre. Tout le monde sait qu'il eut originairement pour but de diminuer la suprématie, alors très-redoutable, de la marine hollandaise. Cet acte, dont le principe paraît émaner d'une loi de Richard II, a depuis subi de nombreuses altérations.

il ne sera importé ni exporté aucunes denrées ni marchandises dans toutes les colonies appartenantes ou qui appartiendront à Sa Majesté ou à ses successeurs, en Asie, Afrique ou Amérique, que dans des vaisseaux bâtis en pays de la domination d'Angleterre, ou qui appartiendront véritablement et réellement aux sujets de Sa Majesté; et des uns et des autres, le maître et les trois quarts des matelots au moins seront Anglais [1]. Les contrevenants seront punis par la saisie et la confiscation de leurs vaisseaux et de leurs marchandises.

Art. 2. Il est encore ordonné qu'aucune personne, née hors des États de Sa Majesté, qui ne sera pas naturalisée, ne pourra exercer, après le premier jour de février 1664, aucun commerce pour lui ou les autres dans lesdites colonies, sous les peines ci-dessus mentionnées.

Art. 3. Aucunes marchandises du cru de l'Asie et de l'Amérique ne pourront être apportées en aucun pays et terres de l'obéissance de Sa Majesté, que dans les vaisseaux tels que ci-dessus, sous peine de saisie et de confiscation contre les contrevenants.

Art. 4. Les marchandises et denrées d'Europe ne pourront être apportées en Angleterre par d'autres vaisseaux que par ceux qui sortiront des ports des pays où se fabriquent les marchandises et croissent les denrées, sous les peines ci-dessus exprimées.

Art. 5. Les poissons de toute espèce (et même les huiles et fanons de baleine) qui n'auront pas été péchés par des vaisseaux anglais et seront apportés en Angleterre, payeront la douane étrangère double [2].

Art. 6. Il est défendu à tous vaisseaux qui ne seront pas anglais et conformes aux règles ci-dessus exprimées, de charger qui que ce soit dans un port d'Irlande ou d'Angleterre, pour le porter en aucun autre endroit des États de Sa Majesté; le commerce, appelé de port en port, n'étant permis qu'aux seuls vaisseaux anglais, et ce, sous les mêmes peines de saisie et de confiscation.

1. En 1696, on exigea que les bâtiments eussent été construits en Angleterre, en Irlande ou dans les colonies, excepté les prises; mais on permit, en 1740, de se servir, en temps de guerre, d'équipages dont les trois quarts seraient étrangers.

2. Charles II alla plus loin encore : il défendit l'importation de tout poisson pêché par l'étranger. Guillaume III fit plus tard une exception en faveur de la morue sèche et des anguilles vivantes. Depuis, Georges Ier étendit cette exception aux anchois, esturgeons; il permit même l'importation franche des homards et turbots. Plus récemment, on accorda des primes d'encouragement aux pêcheurs anglais. Enfin le dernier tarif de douanes a réglé les droits sur l'importation des poissons étrangers à 8 livres 6 sh. ster. (par cargaison).

Art. 7. Tous les vaisseaux qui jouiront de toutes les diminutions faites ou à faire sur les droits de la douane seront les vaisseaux bâtis en Angleterre, ou ceux qui, étant de construction étrangère, appartiendront aux Anglais; les uns et les autres ayant au moins le maître et les trois quarts de l'équipage anglais [1].

Art. 13 [2]. Il sera permis aux vaisseaux anglais de charger en Espagne les marchandises des Canaries et autres d'Espagne, et en Portugal, celles des Açores et autres colonies du Portugal.

Art. 16. Tout vaisseau français qui, après le vingtième d'octobre 1660, abordera en quelque lieu d'Angleterre et d'Irlande que ce soit, pour y embarquer ou débarquer des passagers et marchandises, payera aux receveurs du roi cinq shellings par tonneau, et le port dudit vaisseau sera estimé par l'officier du roi. Lesdits vaisseaux français ne pourront sortir du port ou havre avant d'avoir payé ledit impôt, qui continuera tant que l'impôt de cinquante sols par tonneau sera levé sur les vaisseaux des sujets de Sa Majesté [3], et même trois mois après qu'il aura été supprimé.

Art. 17. Après le premier avril 1661, les sucres [4], tabacs et autres marchandises provenant du cru de nos colonies, n'en pourront être apportés en Europe que dans les lieux de l'obéissance de Sa Majesté, où l'on sera obligé de débarquer lesdites marchandises, sous peine de saisie et de confiscation.

Si nous voulons examiner de quel résultat avantageux fut l'acte de navigation pour l'Angleterre, nous verrons : d'une part, qu'il porta un coup funeste au commerce de la Hollande (et ce devait être aussi la politique de Charles II); de l'autre, qu'il fit sortir comme par enchantement, et en quelque sorte du néant, la marine anglaise, qui lui doit toute sa prospérité ; mais cet acte de navigation n'aurait-il point aussi provoqué de loin la révolution d'Amérique?

1. Sous Georges II, le parlement a déclaré que les trois quarts de l'équipage, soit des bâtiments marchands, soit des vaisseaux de guerre, pourraient être composés d'étrangers.

2. Les cinq articles intermédiaires n'offrant aucune disposition importante, nous les omettons ainsi que les deux suivants.

3. Un acte de Georges III (vingt-sixième année de son règne) règle la manière dont les bâtiments marchands doivent être enregistrés dans les ports d'Angleterre.

4. Le parlement a depuis permis, en 1789, à quelques îles d'Amérique d'envoyer leur sucre où bon leur semblerait.

Note III.

Dans un passage que nous avons cité pages 74 à 77 de cette brochure, M. Laboulaye dit, après avoir parlé de notre révolution, que « pour qui sort du continent et envisage froidement les choses en les dégageant de tout préjugé national, il est clair que, dans l'histoire du monde, la révolution américaine est un événement plus marquant que la nôtre. »

Nous devons avouer que c'est là une opinion que nous ne partageons nullement; M. Laboulaye est dans l'erreur, la révolution américaine n'a été par elle-même qu'un événement des plus simples et des plus ordinaires; mais comme nous venons de le dire, les fautes de l'Angleterre ont fait *depuis* la fortune de l'Amérique.

Sans l'ambition démesurée et l'imprévoyance de l'Angleterre, nous gardions la Louisiane, et les États-Unis restaient, malgré leur révolution, qui n'en existait pas moins pour cela, avec leurs treize colonies, au lieu de trente et quelques qu'ils ont maintenant. Voilà comment la révolution américaine l'emporte sur la nôtre. Que les États-Unis aient de l'importance, c'est ce que nous sommes loin de contester; mais que ce soit à leur révolution qu'ils la doivent, non, la cause en est ailleurs. Les hommes prennent toujours l'accident pour le principe, disait Napoléon.

Note II

Ce n'est pas d'aujourd'hui que la France cause des appréhensions à l'Angleterre, car nous trouvons le passage suivant dans un livre publié en 1769 sous le titre d'*Histoire du gouvernement des anciennes Républiques*, et écrit par un anglais, Édouard Worthley Montague.

« La constitution de la république de Carthage a trop de ressemblance avec le gouvernement de la Grande-Bretagne, pour ne pas intéresser l'attention du peuple anglais. On voit ces deux États offrir le même tableau dans des temps différents. Leurs pavillons sont également respectés sur les mers dont ils ont l'empire. Leur commerce florissant les débarrasse de leur superflu et amène chez eux les richesses de l'étranger. Puissants sur la mer par eux-mêmes, ils étendent leur domination sur la terre, en soudoyant des étrangers qui leur vendent leur sang et leur repos.

« Si nous examinons Carthage commerçante avoir pour voisins les Romains toujours dévorés de la passion des conquêtes; si

nous approfondissons la nature des forces militaires de ces deux
nations rivales, nous conviendrons que notre destinée vis-à-vis
de la France doit être la même que celle de Carthage vis-à-vis des
Romains. La ruine de cette république, la plus florissante de
l'univers et la plus formidable ennemie que Rome ait jamais eu
à combattre, mérite de fixer nos regards. Ses fautes sont des
leçons qui doivent nous instruire ; nous verrons que sa prospérité naquit et fleurit par l'étendue de son commerce qui, en la
rendant la plus riche, rendait ses voisins plus faibles et plus
pauvres, et qu'elle n'eût jamais succombé sous les armes victo-
rieuses des Romains si des troubles domestiques n'avaient point
altéré sa constitution. Tout corps politique conserve aisément
son embonpoint s'il n'a point de vice intérieur. Le germe de son
dépérissement est en lui-même [1]. »

Note JJ.

Nous pourrions à l'appui de cette opinion citer un grand nombre
d'exemples ; nous préférons nous contenter de citer la petite anecdote suivante :

« Le Français, furieux lorsqu'on lui résiste, est plein de douceur
et de générosité pour un ennemi désarmé. C'est ce que le comte
de Salms, général de l'infanterie ennemie, et qui avait été fait
prisonnier par les Français à la bataille de Nerwinde, en 1692,
ne put s'empêcher de reconnaître. Quelle nation est la vôtre !
s'écria le comte de Salms, en parlant au chevalier du Rozel, un
des officiers généraux de l'armée française ; vous vous battez
comme des lions, et vous traitez les ennemis vaincus comme
s'ils étaient vos meilleurs amis. »

Revenons à l'Angleterre.

Nous le répétons de nouveau et ne saurions trop le dire : que
l'Angleterre cesse de contrecarrer la France, et que la France
oublie ses griefs contre l'Angleterre ; la nécessité le commande,
tandis qu'elle ne commande point la guerre. Si l'Angleterre nous
demande franchement la main, ouvrons-lui les bras : ce sera la
vengeance la plus belle, la plus noble, la plus sainte que nous
puissions jamais tirer d'elle. Après tout, cette Angleterre, est-ce
qu'elle n'est pas laborieuse ? est-ce qu'elle ne travaille pas pour
nourrir une population exubérante qui a faim ? Elle a voulu être

1. *Histoire du gouvernement des anciennes Républiques*, où l'on découvre les
causes de leur élévation et de leur dépérissement, par M. Turpin. (Traduit de
l'anglais d'Édouard Worthley Montague.) Paris, de Hansy, MDCCLXIX, in-12,
pages 226-237.

grande; mais est-ce que la France ne l'a pas voulu et ne veut pas encore l'être aussi. Nous reconnaissons que l'Angleterre a eu le tort jusqu'à ce moment de vouloir l'être seule. Qu'aujourd'hui elle le soit avec nous, soyons-le avec elle. L'Angleterre est un ouvrier laborieux qui travaille pour nourrir sa famille et qui fait les plus sublimes efforts pour y arriver. La France ira-t-elle immoler cet ouvrier dont les enfants, au nombre de 29 millions, viendront ensuite, avec des mains suppliantes, lui demander du pain? Nous ne lui ferons pas l'injure de le lui conseiller.

L'Angleterre a eu de grands torts envers nous, et serait, nous le croyons, encore très-disposée aujourd'hui à en avoir d'autres; mais elle a un lourd fardeau sur les épaules, et loin de songer à l'accabler, peut-être même faudra-t-il un jour l'aider à le porter: nous en avons quelques pressentiments.

FIN DES NOTES.

SOUS PRESSE

Réfutation d'un point de l'histoire de France admis à tort jusqu'à ce moment par tous les historiens, brochure in-8.

Le sujet et le véritable titre de cette brochure seront indiqués plus tard, lorsque la dernière main aura été mise à cet opuscule, qui est présentement écrit.

On pourra voir par le traité passé entre la France, l'Angleterre et
le royaume-uni de Suède et de Norvége, que nous avons joint à notre
édition du *Testament de Pierre le Grand,* comment il a été mis fin aux
empiétements de la Russie en Occident. Par le traité de Paris qui suit,
on verra comment il y a été mis fin du côté de l'Orient.

TRAITÉ DE PARIS

DU

TRENTE MARS MIL HUIT CENT CINQUANTE-SIX

SUIVI DE LA

DÉCLARATION DU SEIZE AVRIL DE LA MÊME ANNÉE

qui règle divers points de droit maritime.

Décret impérial portant promulgation du traité de paix et d'amitié conclu, le 30 mars 1856, entre la France, l'Autriche, le royaume-uni de la Grande-Bretagne et d'Irlande, la Prusse, la Russie, la Sardaigne et la Turquie.

NAPOLÉON,

Par la grâce de Dieu et la volonté nationale, empereur des Français,

A tous présents et à venir, salut :

Sur le rapport de notre ministre et secrétaire d'État au département des affaires étrangères,

Avons décrété et décrétons ce qui suit :

ARTICLE PREMIER.

Un traité de paix et d'amitié, suivi d'un article additionnel et transitoire, et de trois conventions annexes, ayant été conclu à Paris, le 30 mars 1856, entre la France, l'Autriche, le royaume-uni de la Grande-Bretagne et d'Irlande, la Prusse, la Russie, la Sardaigne et la Turquie ; et les actes de ratification ayant été échangés le 27 du présent mois d'avril, ledit traité, dont la teneur suit, recevra sa pleine et entière exécution.

AU NOM DE DIEU TOUT-PUISSANT.

Leurs Majestés l'empereur des Français, la reine du royaume-uni de la Grande-Bretagne et d'Irlande, l'empereur de toutes les Russies, le roi de Sardaigne et l'empereur des Ottomans, animés du désir de mettre un terme aux calamités de la guerre, et voulant prévenir le retour des complications qui l'ont fait naître, ont résolu de s'entendre avec Sa Majesté l'empereur d'Autriche sur les bases à donner au rétablissement et à la consolidation de la paix, en assurant, par des garanties efficaces et réciproques, l'indépendance et l'intégrité de l'empire ottoman.

A cet effet, Leursdites Majestés ont nommé pour leurs plénipotentiaires, savoir :

Sa Majesté l'empereur des Français :

Le sieur Alexandre, comte Colonna Walewski, sénateur de l'Empire, grand-officier de l'ordre impérial de la Légion d'honneur, chevalier grand-croix de l'ordre équestre des Séraphins, grand-croix de l'ordre des Saints Maurice et Lazare, décoré de l'ordre impérial du Médjidié de première classe, etc., etc., etc., son ministre et secrétaire d'État au département des affaires étrangères,

Et le sieur François-Adolphe, baron de Bourqueney, grand-croix de l'ordre impérial de la Légion d'honneur et de l'ordre de Léopold d'Autriche, décoré du portrait du sultan en diamants, etc., etc., etc., son envoyé extraordinaire et ministre plénipotentiaire près Sa Majesté Impériale et Royale Apostolique;

Sa Majesté l'empereur d'Autriche :

Le sieur Charles-Ferdinand, comte de Buol-Schauenstein, grand-croix de l'ordre impérial de Léopold d'Autriche, et chevalier de l'ordre de la Couronne de fer de première classe, grand-croix de l'ordre impérial de la Légion d'honneur, chevalier des ordres de l'Aigle-Noir et de l'Aigle-Rouge de Prusse, grand-croix des ordres impériaux d'Alexandre Newski en brillants, et de l'Aigle-Blanc de Russie, grand-croix de l'ordre de Saint-Jean-de-Jérusalem, décoré de l'ordre impérial du Médjidié de première classe, etc., etc., etc., son chambellan et conseiller intime actuel, son ministre de la maison et des affaires étrangères, président de la conférence des ministres,

Et le sieur Joseph-Alexandre, baron de Hübner, grand-croix de l'ordre impérial de la Couronne de Fer, grand-officier de l'ordre impérial de la Légion d'honneur, son conseiller intime actuel et son envoyé extraordinaire et ministre plénipotentiaire à la cour de France;

Sa Majesté la reine du royaume-uni de la Grande-Bretagne et d'Irlande :

Le très-honorable George-Guillaume-Frédéric, comte de Clarendon, baron Hyde de Hindon, pair du Royaume-Uni, conseiller de Sa Majesté Britannique en son conseil privé, chevalier du

très-noble ordre de la Jarretière, chevalier grand-croix du très-
honorable ordre du Bain, principal secrétaire d'État de Sa Majesté pour les affaires étrangères,

Et le très-honorable Henri-Richard-Charles, baron Cowley,
pair du Royaume-Uni, conseiller de Sa Majesté en son conseil
privé, chevalier grand-croix du très-honorable ordre du Bain, et
ambassadeur extraordinaire et plénipotentiaire de Sa Majesté
près Sa Majesté l'empereur des Français;

Sa Majesté l'empereur de toutes les Russies :

Le sieur Alexis, comte Orloff, son aide de camp général et
général de cavalerie, commandant du quartier général de Sa
Majesté, membre du conseil de l'empire et du comité des ministres, décoré des deux portraits en diamants de Leurs Majestés
feu l'empereur Nicolas et l'empereur Alexandre II, chevalier de
l'ordre de Saint-André en diamants et des ordres de Russie,
grand-croix de l'ordre de Saint-Étienne d'Autriche de première
classe, de l'Aigle-Noir de Prusse en diamants, de l'Annonciade
de Sardaigne et de plusieurs autres ordres étrangers,

Et le sieur Philippe, baron de Brunnow, son conseiller privé,
son envoyé extraordinaire et ministre plénipotentiaire près la
Confédération Germanique et près Son Altesse Royale le grand-
duc de Hesse, chevalier de l'ordre de Saint-Wladimir de première classe, de Saint-Alexandre Newski enrichi de diamants,
de l'Aigle-Blanc, de Sainte-Anne de première classe, de Saint-
Stanislas de première classe, grand-croix de l'ordre de l'Aigle
rouge de Prusse de première classe, commandeur de l'ordre de
Saint-Étienne d'Autriche, et de plusieurs autres ordres étrangers;

Sa Majesté le roi de Sardaigne :

Le sieur Camille Benso, comte de Cavour, grand-croix de
l'ordre des Saints Maurice et Lazare, chevalier de l'ordre du
mérite civil de Savoie, grand-croix de l'ordre impérial de la
Légion d'honneur, décoré de l'ordre impérial du Médjidié de
première classe, grand-croix de plusieurs autres ordres étrangers, président du conseil des ministres, et son ministre et secrétaire d'État pour les finances,

Et le sieur Salvator, marquis de Villamarina, grand-croix de
l'ordre des Saints Maurice et Lazare, grand officier de l'ordre
impérial de la Légion d'honneur, etc., etc., etc., son envoyé extraordinaire et ministre plénipotentiaire à la cour de France;

Et Sa Majesté l'empereur des Ottomans :

Mouhammed-Emin-Aali-Pacha, grand vézir de l'empire ottoman, décoré des ordres impériaux du Médjidié et du Mérite de
première classe, grand-croix de l'ordre impérial de la Légion

d'honneur, de Saint-Étienne d'Autriche, de l'Aigle-Rouge de Prusse, de Sainte-Anne de Russie, des Saints Maurice et Lazare de Sardaigne, de l'Étoile Polaire de Suède, et de plusieurs autres ordres étrangers.

Et Mohammed-Djémil-Bey, décoré de l'ordre impérial du Médjidié de seconde classe, et grand-croix de l'ordre des Saints Maurice et Lazare, son ambassadeur extraordinaire et plénipotentiaire près Sa Majesté l'empereur des Français, accrédité, en la même qualité, près Sa Majesté le roi de Sardaigne;

Lesquels se sont réunis en Congrès à Paris.

L'entente ayant été heureusement établie entre eux, Leurs Majestés l'empereur des Français, l'empereur d'Autriche, la reine du royaume-uni de la Grande-Bretagne et d'Irlande, l'empereur de toutes les Russies, le roi de Sardaigne et l'empereur des Ottomans, considérant que, dans un intérêt européen, Sa Majesté le roi de Prusse, signataire de la convention du treize juillet mil huit cent quarante et un, devait être appelée à participer aux nouveaux arrangements à prendre, et appréciant la valeur qu'ajouterait à une œuvre de pacification générale le concours de Sadite Majesté, l'ont invitée à envoyer des plénipotentiaires au Congrès.

En conséquence, Sa Majesté le roi de Prusse a nommé pour ses plénipotentiaires, savoir:

Le sieur Othon-Théodore, baron de Manteuffel, président de son conseil et son ministre des affaires étrangères, chevalier de l'ordre de l'Aigle-Rouge de Prusse, première classe, avec feuilles de chêne, couronne et sceptre; grand commandeur de l'ordre de Hohenzollern, chevalier de l'ordre de Saint-Jean de Prusse, grand-croix de l'ordre de Saint-Étienne de Hongrie, chevalier de l'ordre de Saint-Alexandre Newski; grand-croix de l'ordre des Saints Maurice et Lazare, et de l'ordre du Nichan-Iftihar de Turquie; etc., etc., etc.,

Et le sieur Maximilien-Frédéric-Charles-François, comte de Hatzfeldt-Wildenburg-Schœnstein, son conseiller privé actuel, son envoyé extraordinaire et ministre plénipotentiaire à la cour de France, chevalier de l'ordre de l'Aigle-Rouge de Prusse, seconde classe, avec feuilles de chêne et plaque, chevalier de la croix d'honneur de Hohenzollern, première classe, etc., etc., etc.

Les plénipotentiaires, après avoir échangé leurs pleins pouvoirs, trouvés en bonne et due forme, sont convenus des articles suivants:

ARTICLE PREMIER.

Il y aura, à dater du jour de l'échange des ratifications du présent Traité, paix et amitié entre Sa Majesté l'empereur des Français, Sa Majesté la reine du royaume-uni de la Grande-Bretagne et d'Irlande, Sa Majesté le roi de Sardaigne, Sa Majesté impériale le Sultan, d'une part, et Sa Majesté l'empereur de toutes les Russies, de l'autre part, ainsi qu'entre leurs héritiers et successeurs, leurs États et sujets respectifs, à perpétuité.

ART. 2.

La paix étant heureusement rétablie entre Leursdites Majestés, les territoires conquis ou occupés par leurs armées, pendant la guerre, seront réciproquement évacués.

Des arrangements spéciaux régleront le mode de l'évacuation, qui devra être aussi prompte que faire se pourra.

ART. 3.

Sa Majesté l'empereur de toutes les Russies s'engage à restituer à Sa Majesté le sultan la ville et citadelle de Kars, aussi bien que les autres parties du territoire ottoman dont les troupes russes se trouvent en possession.

ART. 4.

Leurs Majestés l'empereur des Français, la reine du royaume-uni de la Grande-Bretagne et d'Irlande, le roi de Sardaigne et le sultan s'engagent à restituer à Sa Majesté l'empereur de toutes les Russies les villes et ports de Sébastopol, Balaklava, Kamiesch, Eupatoria, Kertch, Ieni-Kaleh, Kinburn, ainsi que tous autres territoires occupés par les troupes alliées.

ART. 5.

Leurs Majestés l'empereur des Français, la reine du royaume-uni de la Grande-Bretagne et d'Irlande, l'empereur de toutes les Russies, le roi de Sardaigne et le sultan accordent une amnistie pleine et entière à ceux de leurs sujets qui auraient été compromis par une participation quelconque aux événements de la guerre, en faveur de la cause ennemie.

Il est expressément entendu que cette amnistie s'étendra aux sujets de chacune des parties belligérantes qui auraient continué, pendant la guerre, à être employés dans le service de l'un des autres belligérants.

ART. 6.

Les prisonniers de guerre seront immédiatement rendus de part et d'autre.

ART. 7.

Sa Majesté l'empereur des Français, Sa Majesté l'empereur d'Autriche, Sa Majesté la reine du royaume-uni de la Grande-Bretagne et d'Irlande, Sa Majesté le roi de Prusse, Sa Majesté l'empereur de toutes les Russies et Sa Majesté le roi de Sardaigne déclarent la Sublime Porte admise à participer aux avantages du droit public et du concert européens. Leurs Majestés s'engagent, chacune de son côté, à respecter l'indépendance et l'intégrité territoriale de l'empire ottoman, garantissent en commun la stricte observation de cet engagement, et considéreront, en conséquence, tout acte de nature à y porter atteinte comme une question d'intérêt général.

ART. 8.

S'il survenait, entre la Sublime Porte et l'une ou plusieurs des autres puissances signataires, un dissentiment qui menaçât le maintien de leurs relations, la Sublime Porte et chacune de ces puissances, avant de recourir à l'emploi de la force, mettront les autres parties contractantes en mesure de prévenir cette extrémité par leur action médiatrice.

ART. 9.

Sa Majesté Impériale le sultan, dans sa constante sollicitude pour le bien-être de ses sujets, ayant octroyé un firman qui, en améliorant leur sort, sans distinction de religion ni de race, consacre ses généreuses intentions envers les populations chrétiennes de son empire, et voulant donner un nouveau témoignage de ses sentiments à cet égard, a résolu de communiquer aux puissances contractantes ledit firman, spontanément émané de sa volonté souveraine.

Les puissances contractantes constatent la haute valeur de cette communication. Il est bien entendu qu'elle ne saurait, en aucun cas, donner le droit auxdites puissances de s'immiscer, soit collectivement, soit séparément, dans les rapports de Sa Majesté le sultan avec ses sujets, ni dans l'administration intérieure de son empire.

ART. 10.

La convention du treize juillet mil huit cent quarante et un, qui maintient l'antique règle de l'empire ottoman relative à la clôture des détroits du Bosphore et des Dardanelles, a été revisée d'un commun accord.

L'acte conclu à cet effet et conformément à ce principe, entre les hautes parties contractantes, est et demeure annexé au présent traité, et aura même force et valeur que s'il en faisait partie intégrante.

ART. 11.

La mer Noire est neutralisée : ouverts à la marine marchande de toutes les nations, ses eaux et ses ports sont, formellement et à perpétuité, interdits au pavillon de guerre soit des puissances riveraines, soit de toute autre puissance, sauf les exceptions mentionnées aux articles 14 et 19 du présent traité.

ART. 12.

Libre de toute entrave, le commerce, dans les ports et dans les eaux de la mer Noire, ne sera assujetti qu'à des règlements de santé, de douane, de police, conçus dans un esprit favorable au développement des transactions commerciales.

Pour donner aux intérêts commerciaux et maritimes de toutes les nations la sécurité désirable, la Russie et la Sublime Porte admettront des consuls dans leurs ports situés sur le littoral de la mer Noire, conformément aux principes du droit international.

ART. 13.

La mer Noire étant neutralisée, aux termes de l'article 11, le maintien ou l'établissement sur son littoral d'arsenaux militaires maritimes devient sans nécessité, comme sans objet. En conséquence, Sa Majesté l'empereur de toutes les Russies et Sa Majesté Impériale le sultan s'engagent à n'élever et à ne conserver sur ce littoral aucun arsenal militaire maritime.

ART. 14.

Leurs Majestés l'empereur de toutes les Russies et le sultan, ayant conclu une convention à l'effet de déterminer la force et le nombre des bâtiments légers, nécessaires au service de leurs côtes, qu'elles se réservent d'entretenir dans la mer Noire, cette convention est annexée au présent traité, et aura même force et valeur que si elle en faisait partie intégrante. Elle ne pourra être ni annulée ni modifiée sans l'assentiment des puissances signataires du présent traité.

ART. 15.

L'acte du congrès de Vienne ayant établi les principes destinés à régler la navigation des fleuves qui séparent ou traversent plusieurs États, les puissances contractantes stipulent entre elles qu'à l'avenir ces principes seront également appliqués au Danube et à ses embouchures. Elles déclarent que cette disposition fait désormais partie du droit public de l'Europe, et la prennent sous leur garantie.

La navigation du Danube ne pourra être assujettie à aucune entrave ni redevance qui ne serait pas expressément prévue par les stipulations contenues dans les articles suivants. En conséquence, il ne sera perçu aucun péage basé uniquement sur le fait de la navigation du fleuve, ni aucun droit sur les marchandises qui se trouvent à bord des navires. Les règlements de police et de quarantaine à établir, pour la sûreté des États séparés ou traversés par ce fleuve, seront conçus de manière à favoriser, autant que faire se pourra, la circulation des navires. Sauf ces règlements, il ne sera apporté aucun obstacle, quel qu'il soit, à la libre navigation.

ART. 16.

Dans le but de réaliser les dispositions de l'article précédent, une commission dans laquelle la France, l'Autriche, la Grande-Bretagne, la Prusse, la Russie, la Sardaigne et la Turquie seront, chacune, représentées par un délégué, sera chargée de désigner et de faire exécuter les travaux nécessaires, depuis Isatcha, pour dégager les embouchures du Danube, ainsi que les parties de la mer y avoisinantes, des sables et autres obstacles qui les obstruent, afin de mettre cette partie du fleuve et lesdites parties de la mer dans les meilleures conditions possibles de navigabilité.

Pour couvrir les frais de ces travaux, ainsi que des établissements ayant pour objet d'assurer et de faciliter la navigation aux Bouches du Danube, des droits fixes, d'un taux convenable, arrêtés par la commission à la majorité des voix, pourront être prélevés, à la condition expresse que, sous ce rapport comme sous tous les autres, les pavillons de toutes les nations seront traités sur le pied d'une parfaite égalité.

ART. 17.

Une commission sera établie et se composera des délégués de l'Autriche, de la Bavière, de la Sublime Porte et du Wurtemberg (un pour chacune de ces puissances), auxquels se réuniront les commissaires des trois principautés danubiennes, dont la nomination aura été approuvée par la Porte. Cette commission, qui sera permanente, 1° élaborera les règlements de navigation et de police fluviale; 2° fera disparaître les entraves, de quelque nature qu'elles puissent être, qui s'opposent encore à l'application au Danube des dispositions du traité de Vienne; 3° ordonnera et fera exécuter les travaux nécessaires sur tout le parcours du fleuve; et 4° veillera, après la dissolution de la commission européenne, au maintien de la navigabilité des embouchures du Danube et des parties de la mer y avoisinantes.

ART. 18.

Il est entendu que la commission européenne aura rempli sa tâche, et que la commission riveraine aura terminé les travaux désignés dans l'article précédent, sous les n°s 1 et 2, dans l'espace de deux ans. Les puissances signataires réunies en conférences, informées de ce fait, prononceront, après en avoir pris acte, la dissolution de la commission européenne; et, dès lors, la commission riveraine permanente jouira des mêmes pouvoirs que ceux dont la commission européenne aura été investie jusqu'alors.

ART. 19.

Afin d'assurer l'exécution des règlements qui auront été arrêtés d'un commun accord, d'après les principes ci-dessus énoncés, chacune des puissances contractantes aura le droit de faire stationner en tout temps deux bâtiments légers aux embouchures du Danube.

ART. 20.

En échange des villes, ports et territoires énumérés dans l'article 4 du présent traité, et pour mieux assurer la liberté de la navigation du Danube, Sa Majesté l'empereur de toutes les Russies consent à la rectification de sa frontière, en Bessarabie.

La nouvelle frontière partira de la mer Noire, à un kilomètre à l'est du lac Bourna-Sola, rejoindra perpendiculairement la route d'Akerman, suivra cette route jusqu'au val de Trajan, passera au sud de Bolgrad, remontera le long de la rivière de Yalpuck jusqu'à la hauteur de Saratsika, et ira aboutir à Katamori sur le Pruth. En amont de ce point, l'ancienne frontière, entre les deux empires, ne subira aucune modification.

Des délégués des Puissances contractantes fixeront, dans ses détails, le tracé de la nouvelle frontière.

ART. 21.

Le territoire cédé par la Russie sera annexé à la principauté de Moldavie, sous la suzeraineté de la Sublime Porte.

Les habitants de ce territoire jouiront des droits et priviléges assurés aux principautés, et, pendant l'espace de trois années, il leur sera permis de transporter ailleurs leur domicile, en disposant librement de leurs propriétés.

ART. 22.

Les principautés de Valachie et de Moldavie continueront à jouir, sous la suzeraineté de la Porte et sous la garantie des puissances contractantes, des priviléges et des immunités dont elles sont en possession. Aucune protection exclusive ne sera exercée sur elles par une des puissances garantes. Il n'y aura aucun droit particulier d'ingérence dans leurs affaires intérieures.

ART. 23.

La Sublime Porte s'engage à conserver auxdites principautés une administration indépendante et nationale, ainsi que la pleine liberté de culte, de législation, de commerce et de navigation.

Les lois et statuts aujourd'hui en vigueur seront revisés. Pour établir un complet accord sur cette révision, une commission spéciale, sur la composition de laquelle les hautes puissances contractantes s'entendront, se réunira sans délai, à Bucharest, avec un commissaire de la Sublime Porte.

Cette commission aura pour tâche de s'enquérir de l'état actuel des principautés et de proposer les bases de leur future organisation.

ART. 24.

Sa Majesté le Sultan promet de convoquer immédiatement, dans chacune des deux provinces, un divan *ad hoc*, composé de manière à constituer la représentation la plus exacte des intérêts de toutes les classes de la société. Ces divans seront appelés à exprimer les vœux des populations relativement à l'organisation définitive des principautés.

Une instruction du Congrès réglera les rapports de la commission avec ces divans.

ART. 25.

Prenant en considération l'opinion émise par les deux divans, la commission transmettra, sans retard, au siége actuel des conférences, le résultat de son propre travail.

L'entente finale avec la puissance suzeraine sera consacrée par une convention conclue à Paris entre les hautes parties contractantes; et un hatti-chériff, conforme aux stipulations de la con-

vention, constituera définitivement l'organisation de ces provinces, placées désormais sous la garantie collective de toutes
les puissances signataires.

ART. 26.

Il est convenu qu'il y aura, dans les principautés, une force
armée nationale, organisée dans le but de maintenir la sûreté
de l'intérieur et d'assurer celle des frontières. Aucune entrave
ne pourra être apportée aux mesures extraordinaires de défense
que, d'accord avec la Sublime Porte, elles seraient appelées à
prendre pour repousser toute agression étrangère.

ART. 27.

Si le repos intérieur des principautés se trouvait menacé ou
compromis, la Sublime Porte s'entendra avec les autres puissances contractantes sur les mesures à prendre pour maintenir
ou rétablir l'ordre légal. Une intervention armée ne pourra avoir
lieu sans un accord préalable entre ces puissances.

ART. 28.

La principauté de Servie continuera à relever de la Sublime
Porte, conformément aux hats impériaux qui fixent et déter-
minent ses droits et immunités, placés désormais sous la garantie
collective des puissances contractantes.

En conséquence, ladite principauté conservera son administration indépendante et nationale, ainsi que la pleine liberté de
culte, de législation, de commerce et de navigation.

ART. 29.

Le droit de garnison de la Sublime Porte, tel qu'il se trouve
stipulé par les règlements antérieurs, est maintenu. Aucune intervention armée ne pourra avoir lieu en Servie sans un accord
préalable entre les hautes puissances contractantes.

ART. 30.

Sa Majesté l'empereur de toutes les Russies et Sa Majesté le
Sultan maintiennent, dans son intégrité, l'état de leurs possessions en Asie, tel qu'il existait légalement avant la rupture.

Pour prévenir toute contestation locale, le tracé de la frontière
sera vérifié, et, s'il y a lieu, rectifié, sans qu'il puisse en résulter un préjudice territorial pour l'une ou l'autre des deux
parties.

A cet effet, une commission mixte, composée de deux commissaires russes, de deux commissaires ottomans, d'un commissaire français et d'un commissaire anglais, sera envoyée sur les lieux, immédiatement après le rétablissement des relations diplomatiques entre la cour de Russie et la Sublime Porte. Son travail devra être terminé dans l'espace de huit mois, à dater de l'échange des ratifications du présent traité.

ART. 31.

Les territoires occupés pendant la guerre par les troupes de Leurs Majestés l'empereur des Français, l'empereur d'Autriche, la reine du royaume-uni de la Grande-Bretagne et d'Irlande et le roi de Sardaigne, aux termes des conventions signées à Constantinople, le douze mars mil huit cent cinquante-quatre, entre la France, la Grande-Bretagne et la Sublime Porte; le quatorze juin de la même année, entre l'Autriche et la Sublime Porte, et le quinze mars mil huit cent cinquante-cinq, entre la Sardaigne et la Sublime Porte, seront évacués après l'échange des ratifications du présent traité, aussitôt que faire se pourra. Les délais et les moyens d'exécution feront l'objet d'un arrangement entre la Sublime Porte et les puissances dont les troupes ont occupé son territoire.

ART. 32.

Jusqu'à ce que les traités ou conventions qui existaient avant la guerre entre les puissances belligérantes aient été ou renouvelés ou remplacés par des actes nouveaux, le commerce d'importation ou d'exportation aura lieu réciproquement sur le pied des règlements en vigueur avant la guerre; et leurs sujets, en toute autre matière, seront respectivement traités sur le pied de la nation la plus favorisée.

ART. 33.

La convention conclue, en ce jour, entre Leurs Majestés l'empereur des Français, la reine du royaume-uni de la Grande-Bretagne et d'Irlande, d'une part, et Sa Majesté l'empereur de toutes les Russies, de l'autre part, relativement aux îles d'Aland, est et demeure annexée au présent traité et aura même force et valeur que si elle en faisait partie.

ART. 34.

Le présent traité sera ratifié, et les ratifications en seront échangées à Paris, dans l'espace de quatre semaines, ou plus tôt, si faire se peut.

En foi de quoi, les plénipotentiaires respectifs l'ont signé et y ont apposé le sceau de leurs armes.

Fait à Paris, le trentième jour du mois de mars de l'an mil
huit cent cinquante-six.

(L. S.) *Signé* A. WALEWSKI.
(L. S.) *Signé* BOURQUENEY.
(L. S.) *Signé* BUOL-SCHAUENSTEIN.
(L. S.) *Signé* HUBNER.
(L. S.) *Signé* CLARENDON.
(L. S.) *Signé* COWLEY.
(L. S.) *Signé* MANTEUFFEL.
(L. S.) *Signé* HATZFELDT.
(L. S.) *Signe* ORLOFF.
(L. S.) *Signé* BRUNNOW.
(L. S.) *Signé* CAVOUR.
(L. S.) *Signé* DE VILLAMARINA.
(L. S.) *Signé* AALI.
(L. S.) *Signé* MEHEMMED-DJÉMIL.

ARTICLE ADDITIONNEL ET TRANSITOIRE.

Les stipulations de la convention des détroits signée en ce
jour ne seront pas applicables aux bâtiments de guerre employés
par les puissances belligérantes pour l'évacuation par mer des
territoires occupés par leurs armées; mais lesdites stipulations
reprendront leur entier effet aussitôt que l'évacuation sera ter-
minée.

Fait à Paris, le trentième jour du mois de mars de l'an mil
huit cent cinquante-six.

(L. S.) *Signé* A. WALEWSKI.
(L. S.) *Signé* BOURQUENEY.
(L. S.) *Signé* BUOL-SCHAUENSTEIN.
(L. S.) *Signé* HUBNER.
(L. S.) *Signé* CLARENDON.
(L. S.) *Signé* COWLEY.
(L. S.) *Signé* MANTEUFFEL.
(L. S.) *Signé* HATZFELD.
(L. S.) *Signé* ORLOFF.
(L. S.) *Signé* BRUNNOW.
(L. S.) *Signé* CAVOUR.
(L. S.) *Signé* DE VILLAMARINA.
(L. S.) *Signé* AALI.
(L. S.) *Signé* MEHEMMED-DJÉMIL.

Première annexe.

AU NOM DE DIEU TOUT-PUISSANT.

Leurs Majestés l'empereur des Français, l'empereur d'Autriche, la reine du royaume-uni de la Grande-Bretagne et d'Irlande, le roi de Prusse, l'empereur de toutes les Russies, signataires de la convention du 43 juillet mil huit cent quarante et un, et Sa Majesté le roi de Sardaigne, voulant constater, en commun, leur détermination unanime de se conformer à l'ancienne règle de l'empire ottoman, d'après laquelle les détroits des Dardanelles et du Bosphore sont fermés aux bâtiments de guerre étrangers tant que la Porte se trouve en paix;

Lesdites Majestés, d'une part, et Sa Majesté le sultan, de l'autre, ont résolu de renouveler la convention conclue à Londres le treize juillet mil huit cent quarante et un, sauf quelques modifications de détail qui ne portent aucune atteinte au principe sur lequel elle repose.

En conséquence, Leursdites Majestés ont nommé, à cet effet, pour leurs plénipotentiaires, savoir :

Sa Majesté l'empereur des Français :

Le sieur Alexandre, comte Colonna Walewski, sénateur de l'empire, grand-officier de l'ordre impérial de la Légion d'honneur, chevalier grand-croix de l'ordre équestre des Séraphins, grand-croix de l'ordre des Saints Maurice et Lazare, décoré de l'ordre impérial du Médjidié de première classe, etc., etc., etc., son ministre secrétaire d'État au département des affaires étrangères,

Et le sieur François-Adolphe, baron de Bourqueney, grand-croix de l'ordre impérial de la Légion d'honneur et de l'ordre de Léopold d'Autriche, décoré du portrait du sultan en diamants, etc., etc., etc., son envoyé extraordinaire et ministre plénipotentiaire près Sa Majesté Impériale et Royale Apostolique;

Sa Majesté l'empereur d'Autriche :

Le sieur Charles-Ferdinand, comte de Buol-Schauenstein, grand-croix de l'ordre impérial de Léopold d'Autriche, et chevalier de l'ordre de la Couronne de Fer de première classe, grand-croix de l'ordre impérial de la Légion d'honneur, chevalier des ordres de l'Aigle-Noir et de l'Aigle-Rouge de Prusse, grand-croix des ordres impériaux d'Alexandre Newski en brillants, et de l'Aigle-Blanc de Russie, grand-croix de l'ordre de Saint-Jean-de-Jérusalem, décoré de l'ordre impérial de Médjidié de première classe, etc., etc., etc., son chambellan et conseiller intime actuel, son ministre de la maison et des affaires étrangères, président de la conférence des ministres,

Et le sieur Joseph-Alexandre, baron de Hübner, grand-croix de l'ordre impérial de la Couronne de Fer, grand-officier de l'ordre impérial de là Légion d'honneur, son conseiller intime actuel et son envoyé extraordinaire et ministre plénipotentiaire à la cour de France;

Sa Majesté la reine du royaume-uni de la Grande-Bretagne et d'Irlande :

Le très-honorable George-Guillaume-Frédéric, comte de Clarendon, baron Hyde de Hindon, pair du royaume-uni, conseiller de Sa Majesté britannique en son conseil privé, chevalier du très-noble ordre de la Jarretière, chevalier grand-croix du très-honorable ordre du Bain, principal secrétaire d'État de Sa Majesté pour les affaires étrangères,

Et le très-honorable Henri-Richard-Charles, baron Cowley, pair du royaume-uni, conseiller de Sa Majesté en son conseil privé, chevalier grand-croix du très-honorable ordre du Bain, ambassadeur extraordinaire et plénipotentiaire de Sa Majesté près Sa Majesté l'empereur des Français;

Sa Majesté le roi de Prusse :

Le sieur Othon-Théodore, baron de Manteuffel, président de son conseil et son ministre des affaires étrangères, chevalier de l'ordre de l'Aigle-Rouge de Prusse, première classe, avec feuilles de chêne, couronne et sceptre; grand commandeur de l'ordre de Hohenzollern, chevalier de l'ordre de Saint-Jean de Prusse, grand-croix de l'ordre de Saint-Étienne de Hongrie, chevalier de l'ordre de Saint-Alexandre Newski, grand-croix de l'ordre des Saints Maurice et Lazare et de l'ordre du Nichan-Iftibar de Turquie, etc., etc., etc.

Et le sieur Maximilien-Frédéric-Charles-François, comte de Hatzfeldt-Wildenburg-Schœnstein, son conseiller privé actuel, son envoyé extraordinaire et ministre plénipotentiaire à la cour de France, chevalier de l'ordre de l'Aigle-Rouge de Prusse, seconde classe, avec feuilles de chêne et plaque; chevalier de la croix-d'honneur de Hohenzollern, première classe, etc., etc., etc.

Sa Majesté l'empereur de toutes les Russies :

Le sieur Alexis, comte Orloff, son aide de camp général et général de cavalerie, commandant du quartier général de Sa Majesté, membre du conseil de l'Empire et du comité des ministres, décoré des deux portraits en diamants de Leurs Majestés feu l'empereur Nicolas et l'empereur Alexandre II, chevalier de l'ordre de Saint-André en diamants et des ordres de Russie, grand-croix de l'ordre de Saint-Étienne d'Autriche de première classe, de l'Aigle-Noir de Prusse en diamants, de l'Annonciade de Sardaigne, et de plusieurs autres ordres étrangers,

Et le sieur Philippe, baron de Brunnow, son conseiller privé, son envoyé extraordinaire et ministre plénipotentiaire près la Confédération germanique et près Son Altesse Royale le grand-duc de Hesse, chevalier de l'ordre de Saint-Wladimir de première classe, de Saint-Alexandre Newski enrichi de diamants, de l'Aigle-Blanc de Sainte-Anne de première classe, de Saint-Stanislas de première classe, grand-croix de l'ordre de l'Aigle-Rouge de Prusse de première classe, commandeur de l'ordre de Saint-Étienne d'Autriche, et de plusieurs autres ordres étrangers ;

Sa Majesté le roi de Sardaigne :

Le sieur Camille Benso, comte de Cavour, grand-croix de l'ordre des Saints Maurice et Lazare, chevalier de l'ordre du Mérite civil de Savoie, grand-croix de l'ordre impérial de la Légion d'honneur, décoré de l'ordre impérial du Médjidié de première classe, grand-croix de plusieurs autres ordres étrangers, président du conseil des ministres, et son ministre secrétaire d'État pour les finances,

Et le sieur Salvator, marquis de Villamarina, grand-croix de l'ordre des Saints Maurice et Lazare, grand officier de l'ordre impérial de la Légion d'honneur, etc., etc., etc., son envoyé extraordinaire et ministre plénipotentiaire à la cour de France ;

Et Sa Majesté impériale le sultan :

Mouhammed-Emin-Aali-Pacha, grand vézir de l'empire ottoman, décoré des ordres impériaux du Médjidié et du Mérite de première classe, grand-croix de l'ordre impérial de la Légion d'honneur, de Saint-Étienne d'Autriche, de l'Aigle-Rouge de Prusse, de Saint-Anne de Russie, des Saints Maurice et Lazare de Sardaigne, de l'Étoile-Polaire de Suède, et de plusieurs autres ordres étrangers,

Et Mehemmed-Djémil-Bey, décoré de l'ordre impérial du Médjidié de seconde classe, et grand-croix de l'ordre des Saints Maurice et Lazare, son ambassadeur extraordinaire et plénipotentiaire près Sa Majesté l'empereur des Français, accrédité en la même qualité près Sa Majesté le roi de Sardaigne ;

Lesquels, après avoir échangé leurs pleins pouvoirs, trouvés en bonne et due forme, sont convenus des articles suivants :

Art. 1er. Sa Majesté le sultan, d'une part, déclare qu'il a la ferme résolution de maintenir, à l'avenir, le principe invariablement établi comme ancienne règle de son empire, et en vertu duquel il a été de tout temps défendu aux bâtiments de guerre des puissances étrangères d'entrer dans les détroits des Dardanelles et du Bosphore, et que tant que la Porte se trouve en paix, Sa Majesté n'admettra aucun bâtiment de guerre étranger dans lesdits détroits.

Et Leurs Majestés l'empereur des Français, l'empereur d'Autriche, la reine du royaume-uni de la Grande-Bretagne et d'Irlande, le roi de Prusse, l'empereur de toutes les Russies et le roi de Sardaigne, de l'autre part, s'engagent à respecter cette détermination du sultan et à se conformer au principe ci-dessus énoncé.

Art. 2. Le sultan se réserve, comme par le passé, de délivrer des firmans de passage aux bâtiments légers sous pavillon de guerre, lesquels seront employés, comme il est d'usage, au service des légations des puissances amies.

Art. 3. La même exception s'applique aux bâtiments légers sous pavillon de guerre que chacune des puissances contractantes est autorisée à faire stationner aux embouchures du Danube, pour assurer l'exécution des règlements relatifs à la liberté du fleuve, et dont le nombre ne devra pas excéder deux pour chaque puissance.

Art. 4. La présente convention, annexée au traité général, signé à Paris en ce jour, sera ratifiée, et les ratifications en seront échangées dans l'espace de quatre semaines, ou plus tôt, si faire se peut.

En foi de quoi, les plénipotentiaires respectifs l'ont signée et y ont apposé le sceau de leurs armes.

Fait à Paris, le trentième jour du mois de mars de l'an mil huit cent cinquante-six.

> (L. S.) *Signé* A. WALEWSKI.
> (L. S.) *Signé* BOURQUENEY.
> (L. S.) *Signé* BUOL-SCHAUENSTEIN.
> (L. S.) *Signé* HUBNER.
> (L. S.) *Signé* CLARENDON.
> (L. S.) *Signé* COWLEY.
> (L. S.) *Signé* MANTEUFFEL.
> (L. S.) *Signé* HATZFELDT.
> (L. S.) *Signé* ORLOFF.
> (L. S.) *Signé* BRUNNOW.
> (L. S.) *Signé* CAVOUR.
> (L. S.) *Signé* DE VILLAMARINA.
> (L. S.) *Signé* AALI.
> (L. S.) *Signé* MEHEMMED-DJÉMIL.

Deuxième annexe.

AU NOM DE DIEU TOUT-PUISSANT.

Sa Majesté l'empereur de toutes les Russies et Sa Majesté impériale le sultan, prenant en considération le principe de la neutralisation de la mer Noire établi par les préliminaires consignés au protocole n° 1, signé à Paris le vingt-cinq février de la présente année, et voulant, en conséquence, régler d'un commun accord le nombre et la force des bâtiments légers qu'elles se sont réservé d'entretenir dans la mer Noire pour le service de leurs côtes, ont résolu de signer, dans ce but, une convention spéciale, et ont nommé à cet effet :

Sa Majesté l'empereur de toutes les Russies :

Le sieur Alexis, comte Orloff, son aide de camp général et général de cavalerie, commandant du quartier général de Sa Majesté, membre du conseil de l'empire et du comité de ministres; décoré des deux portraits en diamants de Leurs Majestés feu l'empereur Nicolas et l'empereur Alexandre II; chevalier de l'ordre de Saint-André en diamants, et des ordres de Russie; grand-croix de l'ordre de Saint-Étienne d'Autriche de première classe, de l'Aigle-Noir de Prusse en diamants, de l'Annonciade de Sardaigne et de plusieurs autres ordres étrangers;

Et le sieur Philippe, baron de Brunnow, son conseiller privé, son envoyé extraordinaire et ministre plénipotentiaire près la Confédération germanique et près Son Altesse Royale le grand-duc de Hesse, chevalier de l'ordre de Saint-Wladimir de première classe, de Saint-Alexandre Newski enrichi de diamants, de l'Aigle-Blanc, de Sainte-Anne de première classe, de Saint-Stanislas de première classe, grand-croix de l'Aigle-Rouge de Prusse de première classe; commandeur de l'ordre de Saint-Étienne d'Autriche et de plusieurs autres ordres étrangers;

Et Sa Majesté Impériale le sultan :

Mouhammed-Emin-Aali-Pacha, grand vézir de l'empire ottoman, décoré des ordres impériaux du Médjidié et du Mérite de première classe; grand-croix de l'ordre impérial de la Légion d'honneur, de Saint-Étienne d'Autriche, de l'Aigle-Rouge de Prusse, de Saint-Anne de Russie, des Saints Maurice et Lazare de Sardaigne, de l'Étoile-Polaire de Suède, et de plusieurs autres ordres étrangers,

Et Mehemmed-Djémil-Bey, décoré de l'ordre impérial du Médjidié de seconde classe, et grand-croix de l'ordre des Saints Maurice et Lazare, son ambassadeur extraordinaire et plénipotentiaire près Sa Majesté l'empereur des Français, accrédité en la même qualité près Sa Majesté le roi de Sardaigne ;

Lesquels, après avoir échangé leurs pleins pouvoirs, trouvés en bonne et due forme, sont convenus des articles suivants :

Article 1er. Les hautes parties contractantes s'engagent mutuellement à n'avoir dans la mer Noire d'autres bâtiments de guerre que ceux dont le nombre, la force et les dimensions sont stipulés ci-après.

Art. 2. Les hautes parties contractantes se réservent d'entretenir chacune, dans cette mer, six bâtiments à vapeur de cinquante mètres de longueur à la flottaison, d'un tonnage de huit cents tonneaux au maximum, et quatre bâtiments légers à vapeur ou à voile, d'un tonnage qui ne dépassera pas deux cents tonneaux chacun.

Art. 3. La présente convention, annexée au traité général signé à Paris en ce jour, sera ratifiée, et les ratifications en seront échangées dans l'espace de quatre semaines, ou plus tôt, si faire se peut.

En foi de quoi, les plénipotentiaires respectifs l'ont signée et y ont apposé le sceau de leurs armes.

Fait à Paris, le trentième jour du mois de mars de l'an mil huit cent cinquante-six

(L. S.) *Signé* ORLOFF.
(L. S.) *Signé* BRUNNOW.
(L. S.) *Signé* AALI.
(L. S.) *Signé* MEHEMMED-DJÉMIL.

Troisième annexe.

AU NOM DE DIEU TOUT-PUISSANT.

Sa Majesté l'empereur des Français, Sa Majesté la reine du royaume-uni de la Grande-Bretagne et d'Irlande, et Sa Majesté l'empereur de toutes les Russies, voulant étendre à la mer Baltique l'accord si heureusement rétabli entre elles en Orient, et consolider par là les bienfaits de la paix générale, ont résolu de conclure une convention, et nommé à cet effet :

Sa Majesté l'empereur des Français :

Le sieur Alexandre, comte Colonna Walewski, sénateur de l'empire, grand-officier de l'ordre impérial de la Légion d'honneur, chevalier grand-croix de l'ordre équestre des Séraphins, grand-croix de l'ordre des Saints Maurice et Lazare, décoré de

l'ordre impérial du Médjidié de première classe, etc., etc., etc.,
son ministre et secrétaire d'État au département des affaires
étrangères,

Et le sieur François-Adolphe, baron de Bourqueney, grand-
croix de l'ordre impérial de la Légion d'honneur et de l'ordre
de Léopold d'Autriche, décoré du portrait du sultan en diamants, etc., etc., etc., son envoyé extraordinaire et ministre
plénipotentiaire près Sa Majesté Impériale et Royale Apostolique;

Sa Majesté la reine du royaume-uni de la Grande-Bretagne et
d'Irlande :

Le très-honorable George-Guillaume-Frédéric, comte de Clarendon, baron Hyde de Hindon, pair du Royaume-Uni, conseiller
de Sa Majesté britannique en son conseil privé, chevalier du
très-noble ordre de la Jarretière, chevalier grand-croix du très-
honorable ordre du Bain, principal secrétaire d'État de Sa Majesté pour les affaires étrangères;

Et le très-honorable Henri-Richard-Charles, baron Cowley,
pair du Royaume-Uni, conseiller de Sa Majesté en son conseil
privé, chevalier grand-croix du très-honorable ordre du Bain,
ambassadeur extraordinaire et plénipotentiaire de Sa Majesté
près Sa Majesté l'empereur des Français;

Et Sa Majesté l'empereur de toutes les Russies :

Le sieur Alexis, comte Orloff, son aide de camp général et général de cavalerie, commandant du quartier général de Sa Majesté, membre du conseil de l'empire et du comité des ministres,
décoré des deux portraits en diamants de Leurs Majestés feu
l'empereur Nicolas et l'empereur Alexandre II; chevalier de
l'ordre de Saint-André en diamants, et des ordres de Russie;
grand-croix de l'ordre de Saint-Étienne d'Autriche de première
classe, de l'Aigle-Noir de Prusse en diamants, de l'Annonciade
de Sardaigne et de plusieurs autres ordres étrangers,

Et le sieur Philippe, baron de Brunnow, son conseiller privé,
son envoyé extraordinaire et ministre plénipotentiaire près la
Confédération germanique et près Son Altesse Royale le grand-
duc de Hesse, chevalier de l'ordre de Saint-Wladimir de première classe, de Saint-Alexandre Newski enrichi de diamants,
de l'Aigle-Blanc, de Sainte-Anne de première classe, de Saint-
Stanislas de première classe; grand-croix de l'ordre de l'Aigle-
Rouge de Prusse de première classe; commandeur de l'ordre
de Saint-Étienne d'Autriche et de plusieurs autres ordres étrangers;

Lesquels, après avoir échangé leurs pleins pouvoirs, trouvés
en bonne et due forme, sont convenus des articles suivants :

Article 1er. Sa Majesté l'empereur de toutes les Russies, pour répondre au désir qui lui a été exprimé par Leurs Majestés l'empereur des Français et la reine du royaume-uni de la Grande-Bretagne et d'Irlande, déclare que les îles d'Aland ne seront pas fortifiées, et qu'il n'y sera maintenu ni créé aucun établissement militaire ou naval.

Art. 2. La présente convention, annexée au traité général signé à Paris en ce jour, sera ratifiée, et les ratifications en seront échangées dans l'espace de quatre semaines, ou plus tôt, si faire se peut.

En foi de quoi, les plénipotentiaires respectifs l'ont signée et y ont apposé le sceau de leurs armes.

Fait à Paris, le trentième jour du mois de mars de l'an mil huit cent cinquante-six.

(L. S.) *Signé* A. WALEWSKI.
(L. S.) *Signé* BOURQUENEY.
(L. S.) *Signé* CLARENDON.
(L. S.) *Signé* COWLEY.
(L. S.) *Signé* ORLOFF.
(L. S.) *Signé* BRUNNOW.

ARTICLE 2.

Notre ministre et secrétaire d'État au département des affaires étrangères est chargé de l'exécution du présent décret.

Fait à Paris, le 28 avril 1856.

NAPOLÉON.

Vu et scellé du sceau de l'État :

Par l'empereur :

Le garde des sceaux, ministre de la justice,

Le ministre des affaires étrangères,

ABBATUCCI.

A. WALEWSKI.

———

Décret impérial portant promulgation de la déclaration du 16 avril 1856, qui règle divers points de droit maritime.

NAPOLÉON,

Par la grâce de Dieu et la volonté nationale, empereur des Français ;

A tous présents et à venir, salut :

Ayant vu et examiné la déclaration conclue, le 16 avril 1856,

par les plénipotentiaires qui ont signé le traité de paix de Paris
du 30 mars de la même année,

Déclaration dont la teneur suit :

Déclaration.

Les plénipotentiaires qui ont signé le traité de Paris du 30
mars 1856, réunis en conférence,

Considérant :

Que le droit maritime, en temps de guerre, a été, pendant
longtemps, l'objet de contestations regrettables ;

Que l'incertitude du droit et des devoirs en pareille matière
donne lieu, entre les neutres et les belligérants, à des divergences
d'opinion qui peuvent faire naître des difficultés sérieuses et
même des conflits ;

Qu'il y a avantage, par conséquent, à établir une doctrine
uniforme sur un point aussi important ;

Que les plénipotentiaires, assemblés au congrès de Paris, ne
sauraient mieux répondre aux intentions dont leurs gouvernements sont animés, qu'en cherchant à introduire dans les rapports internationaux des principes fixes à cet égard ;

Dûment autorisés, les susdits plénipotentiaires sont convenus
de se concerter sur les moyens d'atteindre ce but, et, étant tom-
bés d'accord, ont arrêté la déclaration solennelle ci-après :

1° La course est et demeure abolie ;

2° Le pavillon neutre couvre la marchandise ennemie, à l'exception de la contrebande de guerre ;

3° La marchandise neutre, à l'exception de la contrebande de
guerre, n'est pas saisissable sous pavillon ennemi ;

4° Les blocus, pour être obligatoires, doivent être effectifs,
c'est-à-dire maintenus par une force suffisante pour interdire
réellement l'accès du littoral de l'ennemi.

Les gouvernements des plénipotentiaires soussignés s'engagent à porter cette déclaration à la connaissance des États qui
n'ont pas été appelés à participer au congrès de Paris et à les
inviter à y accéder.

Convaincus que les maximes qu'ils viennent de proclamer ne
sauraient être accueillies qu'avec gratitude par le monde entier,
les plénipotentiaires soussignés ne doutent pas que les efforts de
leurs gouvernements pour en généraliser l'adoption ne soient
couronnés d'un plein succès.

La présente déclaration n'est et ne sera obligatoire qu'entre les puissances qui y ont ou qui y auront accédé.

Fait à Paris, le 16 avril 1856.

(L. S.) *Signé* A. WALEWSKI.
(L. S.) *Signé* BOURQUENEY.
(L. S.) *Signé* BUOL-SCHAUENSTEIN.
(L. S.) *Signé* HUBNER.
(L. S.) *Signé* CLARENDON.
(L. S.) *Signé* COWLEY.
(L. S.) *Signé* MANTEUFFEL.
(L. S.) *Signé* HATZFELDT.
(L. S.) *Signé* ORLOFF.
(L. S.) *Signé* BRUNNOW.
(L. S.) *Signé* CAVOUR.
(L. S.) *Signé* DE VILLAMARINA.
(L. S.) *Signé* AALI.
(L. S.) *Signé* MEHEMMED-DJÉMIL.

Sur le rapport de notre ministre et secrétaire d'État au département des affaires étrangères,

Nous avons décrété et décrétons ce qui suit :

Article 1er. La susdite déclaration est approuvée et recevra sa pleine et entière exécution.

Art. 2. Notre ministre et secrétaire d'État au département des affaires étrangères est chargé de l'exécution du présent décret.

Fait à Paris, le 28 avril 1856.

NAPOLÉON.

Vu et scellé du sceau de l'État :

*Le garde des sceaux, ministre
de la justice,*

ABBATUCCI.

Par l'empereur :

*Le ministre des affaires
étrangères,*

A. WALEWSKI.

TABLE DES MATIÈRES

                                                                    Pages.

Au lecteur... 1

Des races européennes.. 5
Race slave... 5
Race gothique.. 7
Race gallo-latine.. 7
Race tartare... 9
Race juive... 10
Race euskarienne ou basque..................................... 11
Race bohémienne.. 11
Types comparés des Galls et des Kimris......................... 80
Tableau de la population de l'empire chinois................... 80

Encore un mot sur le nom des Belges ou Gaulois, ou comme quoi
    les Belges sont les véritables Gaulois, et comme quoi les
    Celtes ne le sont pas....................................... 137

La Roumanie, sentinelle perdue du monde romain dans l'orient
    européen.. 148

Notes et pièces historiques et justificatives.................. 161

Note A. Sur les Cosaques....................................... 161
Note B. Sur la langue anglaise et sur l'époque où elle a dû cesser
    d'être appelée saxonne...................................... 162
Note C. Sur divers paronymes romano-latins qu'il ne faut pas
    confondre... 163
Note D. Sur la langue hongroise, etc........................... 165
Note E. Sur les Finlandais..................................... 166
Note F. Sur les Bohémiens...................................... 167
Note G. Sur l'unité de langage en France....................... 170
Note H. Sur les Hongrois et leurs différentes appellations..... 171
Note I. Sur la germanisation de la Hongrie..................... 172
Note J. Sur la situation des Slaves (Croates et autres) en Hongrie. 173
Note K. Sur divers paronymes slavons qu'il ne faut pas confondre 177
Notes L et EE. Sur la Hongrie.................................. 178
    Populations hongroises d'après M. Paul de Bourgoing....... 185
        »   » un Hongrois, M. Fényes..... 186
        »   » une brochure intitulée : *la*

Pages.

Question hongroise, par un autre Hongrois............. 195
Notes M et N. Sur les Slaves et sur leurs appellations......... 197
Note O. Sur les Slaves et le congrès de Prague.. 203
Note P. Sur les Slaves par rapport au panslavisme............ 204
Note Q. Sur les langues dérivées du latin.......... 205
Note R. Sur l'Italie, tirée de Masselin.................. 206
Note S. Sur les Gaulois et Alexandre le Grand............. 207
Note S *bis*. Sur les Grecs, frères des Latins.............. 208
Note T. Sur une rencontre de Gallois et de Gallo-Bretons après
    une séparation de treize siècles, et sur une rencontre de Gallo-
    Ambrons barbares et de Gallo-Ambrons romains après une
    séparation de neuf siècles....................... 209
Note U. Sur la confusion des Celtes et des Gaulois............ 210
Note V. Sur les Celtes et autres populations irlandaises........ 211
Note V *bis*. Sur la synonymie du mot Gael et sur celle du mot
    Celte... 211
Note X. Sur l'île de Gottland...................... 212
Note Y. Sur le mot Gall ou G'hall................... 213
Note Z. Sur le mot gallique *Tachd* et sur le mot gothique *Land*. 214
Note AA. Sur le mot *Groyddelod*, donné à tort par Henri Martin
    comme paronyme de Gaël......................... 214
Note BB. Sur la propagation de certaines erreurs............. 216
Note CC. Remplacée par « Encore un mot sur le nom des Belges
    ou Gaulois » 137
Note   » . Sur les Anglo-Américains................... 247
Note CC *bis*. Sur les Chinois...................... 247
Pensées sur les Chinois........................... 221
Note   »   Circulaire de M. le prince Gortschakoff........... 222
Note DD. Sur quelques moyens qui pourront être employés pour
    fertiliser le Sahara............................ 225
Note EE. Réunie à la note L........................ 178
Note FF. Sur la page où sont comparées les langues anglaise,
    française et allemande.......................... 228
Note GG. Ou acte de navigation de Cromwell......... 228
Note HH. Sur la révolution américaine................. 231
Note II. Sur l'Angleterre comparée avec Carthage............. 231
Note JJ. Sur l'Angleterre et la France.................. 232

Traité de Paris........ 235
    »   »   Première annexe...................... 248
    »   »   Deuxième annexe..................... 252
    »   »   Troisième annexe..................... 253

Décret portant promulgation de la déclaration du 16 avril 1856 qui
    règle divers points de droit maritime............... 255

PARIS. — IMPRIMERIE DE J. CLAYE, RUE SAINT-BENOIT.